이 책에 쏟아진 찬사!

MALCOLM GLADWELL

★ 《다윗과 골리앗》의 독자는 엄청난 난관을 극복한 다채로운 인물들과 함께 여행하면서 브리튼 전투, 암 치료, 민권 투쟁에 관한 흥미로운 사실들을 알게 될 것이다. 말콤 글래드웰이 이 책에서 다룬 광범위한 주제 중 몇 가지만 언급해도 이 정도다. 재미난 책이다. _크리스토퍼 차브리스, 〈월스트리트 저널〉

★ 도발적이다. 《다윗과 골리앗》은 군더더기 없이 간결하고 매혹적인 책이다. 이 책에서 가장 교묘하고 매력적인 장은 인상파 운동과 대학 선택을 결합해서 우리가 보통 강점이라고 인식하는 명문교 합격 사실이 성공의 보증서가 아니라는 것을 강조한다. _존 윌월, 〈샌프란시스코 크로니클〉

★ 말콤 글래드웰의 가장 도발적인 책. 《다윗과 골리앗》은 역사와 심리학, 그리고 설득력 있는 서술로 무장하여 장애물과 약점에 대한 우리의 사고방식에 이의를 제기하고 주변 세계를 어떻게 볼 것인지, 삶이 던지는 과제들을 어떻게 다룰 것인지 다시 생각해 보게 한다. _수전 자피 〈콜럼버스 디스패치〉

★ 말콤 글래드웰은 내가 탐사 에세이라고 불리는 장르에서 계속 빛나는 성과를 보여준다. 내 생각에 그는 단독으로 이 장르를 개발한 것 같다. 그는 먼저 친숙한 이야기를 굉장히 유익하고 재미있게 들려준 뒤 무심한 관찰자라면 간과했을 증거들을 제시하며 또 다른 관점에서 이야기를 설명한다. 그는 끊임없이 흥미로운 주제를 선택하여 차분하게 글을 써 내려간다. 재미와 깨달음을 동시에 선사하는 그의 능력이 경이롭다. 브라보! _스콧 코프먼, 〈루이빌 쿠리어 저널〉

다윗과 골리앗

다윗과 골리앗

1판 1쇄 발행 2020. 9. 1.
1판 3쇄 발행 2022. 1. 26.

지은이 말콤 글래드웰
옮긴이 김규태

발행인 고세규
편집 심성미 디자인 윤석진
발행처 김영사
등록 1979년 5월 17일(제406-2003-036호)
주소 경기도 파주시 문발로 197(문발동) 우편번호 10881
전화 마케팅부 031)955-3100, 편집부 031)955-3200 | 팩스 031)955-3111

값은 뒤표지에 있습니다.
ISBN 978-89-349-9081-9 03320

홈페이지 www.gimmyoung.com   블로그 blog.naver.com/gybook
인스타그램 instagram.com/gimmyoung   이메일 bestbook@gimmyoung.com

좋은 독자가 좋은 책을 만듭니다.
김영사는 독자 여러분의 의견에 항상 귀 기울이고 있습니다.

MALCOLM GLADWELL

다윗과 골리앗
거인을 이기는 기술

DAVID AND GOLIATH

말콤 글래드웰

김규태 옮김

김영사

진정한 약자인 A.L.과 S.F.에게

차례

제1부 ——— **강점이 약점이 되는 순간**

GOLIATH

여호와께서 사무엘에게 이르시되 그의 용모와 키를 보지 말라 내가 이미 그를 버렸노라 내가 보는 것은 사람과 같지 아니하니 사람은 외모를 보거니와 나 여호와는 정수를 보느니라 하시더라. _〈사무엘상〉16장 7절

다윗의 강점과 골리앗의 약점

"네가 나를 개로 여기고
막대기들을 가지고 내게 나아왔느냐?"

전투의 서막

고대 팔레스타인의 중심부는 세펠라라고 불리는 지역으로, 첩첩이
어깨를 맞댄 산등성이와 골짜기가 동쪽의 유대산맥과 드넓게 펼쳐
진 지중해의 평원을 연결한다. 세펠라는 포도밭과 밀밭, 플라타너스
와 테레빈 나무 숲이 자리 잡은 숨이 막힐 정도로 아름다운 곳이다.
또한 전략적 요충지다.

　수 세기 동안 이 지역을 손에 넣기 위해 수많은 전투가 벌어졌다.
지중해의 평원에서 솟아오른 산등성이 사이 골짜기들이 해안지방
사람들에게 유대고원의 도시들인 헤브론, 베들레헴, 예루살렘으로
곧장 갈 수 있는 길을 제공했기 때문이다. 가장 중요한 골짜기는 북
쪽의 아얄론이지만, 역사적으로 가장 유명한 곳은 엘라다. 엘라는
12세기에 살라딘이 십자군 기사들과 격전을 벌인 전장이었고, 그보

다 1천 년도 더 전에는 시리아와 벌인 마카베오 전쟁에서 중요한 역할을 했다. 그리고 가장 중요하게는 구약 시대에 신생왕국 이스라엘이 블레셋 군대와 맞서 싸운 곳이다.

블레셋인은 크레타섬 출신으로, 팔레스타인으로 옮겨가 해안을 따라 정착한 해양민족이다. 이스라엘인은 사울 왕의 영도 아래 산간지대에 모여 살았다. 기원전 11세기 하반기에 블레셋인이 동쪽으로 이주를 시작하여 엘라 골짜기의 아래쪽에서 상류로 진격했다. 그들의 목표는 베들레헴 근방의 산등성이를 차지하여 사울의 왕국을 두 동강 내는 것이었다. 블레셋인은 역전의 용사에다 위협적이었고 이스라엘과는 불구대천의 원수였다. 놀란 사울 왕은 블레셋군과 맞서기 위해 병사들을 모아 서둘러 산기슭으로 내려갔다.

블레셋군은 엘라의 남쪽 산등성이를 따라 진을 쳤고, 이스라엘은 반대편인 북쪽 산등성이에 진을 쳤다. 그래서 양 군대가 골짜기를 사이에 두고 마주 보게 되었다. 어느 쪽도 선뜻 움직일 엄두를 내지 못했다. 공격하려면 언덕 아래로 내려가 적군이 있는 건너편 산등성이 위로 목숨을 내놓고 올라가야 했기 때문이다. 그러다 마침내 블레셋군이 더 이상 참지 못하고 일대일로 승부를 겨루기 위해 블레셋에서 가장 위대한 전사를 골짜기로 내려보냈다.

그는 키가 최소 6피트 9인치(약 2미터 10센티미터)에 달하는 거인이었다. 머리에는 청동 투구를 쓰고 온몸을 갑옷으로 무장한 데다 던지는 창과 찌르는 창, 칼을 들었다. 시종 한 명이 커다란 방패를 들고 앞서서 걸어갔다. 거인은 이스라엘군을 마주 보고 소리쳤다. "너희는 한 사람을 택하여 내게로 내려보내라! 그가 능히 싸워서 나를 죽이면 우리가 너희의 종이 될 것이고 만일 내가 이겨 그를 죽이면 너희가 우리의 종이 되어 우리를 섬길 것이니라."

이스라엘 진지에서는 아무도 움직이지 않았다. 누가 그렇게 무서운 상대와 맞붙어 이길 수 있겠는가? 그때 베들레헴에서 형들에게 음식을 가져다주려고 내려온 한 양치기 소년이 앞으로 나서서 자원했다. 사울 왕은 그를 말렸다. "네가 가서 저 블레셋인과 싸우기에 능치 못하리니, 너는 소년이요, 그는 어릴 때부터 용사였느니라." 하지만 양치기 소년은 뜻을 굽히지 않았다. 소년은 그 사람보다 더 포악한 적도 상대해 봤다고 주장했다. "사자나 곰이 와서 양떼에서 새끼를 움키면 내가 따라가서 그것을 치고 그 입에서 새끼를 건져내었나이다." 사울에게는 다른 선택지가 없었다.

왕이 동의하자 양치기 소년은 골짜기에 서 있는 거인을 향해 언덕을 내달렸다. 거인은 적이 다가오는 것을 보고 소리쳤다. "내게로 오라. 내가 네 살을 공중의 새들과 들판의 짐승들에게 주리라." 이렇게 해서 역사상 가장 중요한 대결 중 하나가 시작되었다. 거인의 이름은 골리앗, 양치기 소년의 이름은 다윗이었다.

한쪽이 절대적으로 강할 때

《다윗과 골리앗》[1]은 평범한 사람이 거인과 맞섰을 때 발생하는 일을 다룬 책이다. 여기에서 "거인"이란 군대와 강한 전사부터 장애, 불운, 억압에 이르기까지 온갖 종류의 강력한 적수를 의미한다. 이 책의 각 장은 유명하건 무명이건, 평범하건 뛰어나건 거대한 도전에 직면하여 대응할 수밖에 없었던 상이한 인물들의 이야기를 들려준다. 규칙대로 해야 할까, 아니면 본능을 따라야 할까? 끈기 있게 버텨야 할까, 아니면 포기해야 할까? 보복해야 할까, 아니면 용서해야 할까?

이 이야기들을 통해 나는 두 가지 생각을 탐구하고 싶다. 첫째는 우리가 우리 세계에서 가치 있다고 생각하는 것 대부분이 이렇게 한쪽으로 치우친 대립에서 나온다는 것이다. 압도적인 역경에 맞서는 행위가 위대함과 아름다움을 만들어내기 때문이다. 둘째는 우리가 이런 유형의 대립을 끊임없이 오해한다는 것이다. 우리는 이런 대립을 오독하고 잘못 해석한다. 거인들은 우리가 생각하는 것과 다르다. 거인들의 강점처럼 보이는 특성들이 종종 치명적인 약점의 원인이 되기도 한다. 또한 약자라는 사실이 종종 우리가 인식하지 못하는 방식으로 사람을 뒤바꿀 수도 있다. 약자라는 입장은 종종 문을 열어 기회를 만들어주고 약자가 아니었다면 상상도 하지 못했을 것들을 가르치고 깨닫게 해주며 가능하게 해줄 수 있다. 우리에게는 거인에 맞설 때의 더 나은 지침이 필요하다. 그리고 해당 여정을 시작하는 데는 3천 년 전 엘라 골짜기에서 다윗과 골리앗 사이에 벌어진 영웅적 대결보다 더 좋은 출발점은 없다.

골리앗이 이스라엘군에게 소리쳤을 때 그가 요구한 것은 "일대일 결투"라고 불리는 싸움이었다. 일대일 결투는 고대에서 흔히 사용하

Malcolm Gladwell

던 방식이다. 싸움에서 양쪽이 야전에 돌입했을 때 심각한 유혈사태를 피하기 위해 저마다 대표 전사 한 명을 선택해서 내보냈다. 예컨대, 기원전 1세기에 로마의 역사학자 퀸투스 클라우디우스 콰드리가리우스[2]는 대규모 전투에서 갈리아의 한 전사가 로마의 적군들을 조롱하기 시작한 이야기를 들려준다. 콰드리가리우스는 "그러자 가장 고귀한 핏줄을 가진 젊은이 티투스 만리우스가 곧바로 격분했다"라고 썼다. 그리하여 티투스는 갈리아인에게 일대일 결투를 신청했다.

그는 로마인의 용맹성이 갈리아인에 의해 수치스럽게 더럽혀지는 것을 참지 못하고 앞으로 나섰다. 군단의 방패와 스페인 검을 든 그는 갈리아인을 마주 보았다. 결투는 양측 군대가 가슴을 조이며 지켜보는 가운데 아니에네강의 다리 위에서 벌어졌다. 두 사람은 서로를 마주하고 섰다.

갈리아인은 자신의 싸움 방식대로 방패를 앞으로 내밀고 공격을 기다렸다. 만리우스는 기술보다는 용기에 의지해 자기 방패로 상대의 방패를 쳐서 갈리아인 몸의 균형을 깨트렸다. 갈리아인이 중심을 잡으려 애쓰는 동안 만리우스가 다시 방패로 방패를 쳐서 상대를 물러서게 했다. 그는 이런 식으로 갈리아인의 검 밑으로 미끄러지듯 들어가 스페인 검으로 상대의 가슴을 찔렀다. (⋯)

만리우스는 상대를 죽인 뒤 목을 베고 혀를 잘라 피로 물든 혀를 자신의 목에 둘렀다.

골리앗은 이런 식의 싸움을 예상했다. 그는 자신과 비슷한 전사가 나와서 백병전을 벌일 줄 알았다. 다른 방식으로 싸울 것이라고는 한 번도 생각해 본 적이 없어서 백병전에 알맞은 준비를 했다. 몸에 가해질 타격을 막기 위해 물고기 비늘 같은 청동 조각 수백 개를 겹쳐 만든 정교한 갑옷을 입었다. 팔을 덮고 무릎까지 오는 이 갑옷은 무게가 100파운드(약 45킬로그램)도 넘었을 것이다. 거기에다 다리를 보호하는 청동 무릎 보호대를 차고 청동판으로 발을 덮었다. 무거운 금속 투구도 썼다. 또 백병전에 최적화된 무기 세 개를 들었다. 순 청동으로 된 투창은 방패나 심지어 갑옷까지 뚫을 수 있었다. 허리에는 칼을 찼다. 그리고 "베틀 채 굵기"의 금속 손잡이가 달린 특수한 단거리용 창도 들었다. 창에는 줄과 정교한 추들이 달려 있어 엄청나게 강력하고 정확하게 날아갈 수 있었다.

역사학자 모셰 가르시엘[3]이 쓴 것처럼, "이스라엘군이 보기에 골리앗이 강한 팔로 굵은 손잡이와 길고 무거운 쇠 창날이 달린 저 무시무시한 창을 던지면 어떤 청동방패와 청동갑옷도 뚫어버릴 것 같았다." 왜 이스라엘인들이 골리앗과 싸우겠다고 나서지 않았는지 알겠는가?

그때 다윗이 나타났다. 사울 왕은 다윗이 싸워볼 기회라도 갖도록 칼과 갑옷을 주려 했다. 그러나 다윗은 이를 거절했다. "익숙하지 못하니 이것을 입고 가지 못하겠나이다." 그 대신 다윗은 매끄러운 돌 다섯 개를 집어 들어 어깨에 멘 주머니에 담았다. 그런 뒤 양치기 지팡이를 들고 골짜기를 내려갔다. 골리앗은 소년이 다가오는 것을 보고 모욕감을 느꼈다. 노련한 전사와 맞붙을 것으로 여겼기 때문이다. 그런데 전사는커녕 가장 비천한 직업 중 하나인 양치기 소년이 보였다. 소년은 골리앗의 칼에 맞설 무기로 양치기 지팡이를 쓰려는 것 같았다. 골리앗이 지팡이를 가리키며 말했다. "네가 나를 개로 여기고 막대기들을 가지고 내게 나아왔느냐?"

그리고 그다음에 일어난 일은 전설이 되었다. 다윗이 돌 하나를 물매의 가죽 주머니에 집어넣고 골리앗의 노출된 이마를 향해 쏘았다. 골리앗은 기절하여 쓰러졌다. 그러자 다윗은 골리앗에게로 달려가 거인의 칼을 빼앗아 그의 목을 벴다. 성서에는 "블레셋인들은 자기 용사의 죽음을 보고 도망하는지라"라고 나온다.

이 대결에서는 하늘이 두 쪽 나도 이길 수 없다고 예상되던 약자가 기적적으로 승리를 거두었다. 이후 수 세기 동안 우리는 이 이야기를 이런 식으로 서로에게 전해왔고, "다윗과 골리앗"이라는 말은 있을 법하지 않은 승리에 대한 비유로 우리의 언어 속에 새겨졌다. 다윗과 골리앗 사건에 대한 이런 설명 대부분이 틀렸다는 것이 문제다.

투석병의 무기

고대의 군에는 세 유형의 병사가 있었다. 첫째는 말이나 전차를 탄 무장병사인 기병, 둘째는 갑옷을 입고 칼과 방패를 든 보병이었다. 셋째는 오늘날로 치면 포병이라고 불렸을 사격 전사로, 궁수와 더 중요하게는 투석병이 포함되었다. 투석병에게는 작은 가죽 주머니

양쪽에 긴 끈이 달린 물매가 있었다. 이들은 돌이나 납 조각을 주머니에 넣은 뒤 점점 더 넓고 빠르게 원을 그리며 빙빙 돌린 다음 줄의 한쪽 끝을 놓아 돌을 발사했다.

물매질에는 엄청난 기술과 훈련이 필요했다. 하지만 노련해지면 물매는 대단히 파괴적인 무기였다. 중세시대의 그림들에는 날고 있는 새를 물매로 맞히는 투석병들이 나온다. 아일랜드의 투석병들은 아무리 멀리서라도 눈으로 볼 수만 있으면 동전을 맞힐 수 있다고 하며, 구약의 〈사사기〉에서는 투석병들이 "머리카락 하나도 빗나가지 않게 맞힐 정도로" 정확했다고 묘사되어 있다. 노련한 투석병은 최대 200야드(약 182미터) 거리에서도 표적을 죽이거나 심각한 부상을 입힐 수 있었다.[4] 심지어 로마인에게는 물매에 맞은 가련한 병사의 시신에 박힌 돌을 빼내는 용도로 제작된 특수 부젓가락도 있었을 정도다.

공으로 당신의 머리를 겨냥하고 있는 메이저리그 투수 앞에 서 있다고 상상해 보라. 투석병과 마주한 것은 이런 상황과 비슷하다. 코르크나 가죽으로 만든 공이 아니라 단단한 돌을 던진다는 점만 다를 뿐.

역사학자 바루크 할펀[5]은 고대의 전쟁에서는 물매가 매우 중요한 역할을 해서 세 유형의 병사들이 가위바위보의 룰처럼 서로 균형이 맞았다고 주장한다. 보병은 긴 창과 갑옷으로 기병과 맞설 수 있었다. 또 기병은 사격 전사를 무찌를 수 있었는데, 말들이 너무 빨리 움직여 포병이 정확하게 조준하기가 어려웠기 때문이다. 그리고 사격 전사가 보병에게는 치명적이었다. 100야드 떨어진 곳에서 발사체를 날리는 투석병에게는 무거운 갑옷에 눌려 느릿느릿 움직이는 거구의 병사가 독 안에 든 쥐였기 때문이다. 할편은 "펠로폰네소스 전쟁에서 아테네의 시칠리아 원정이 실패한 것은 이 때문이다"라고 썼다. "투키디데스는 아테네의 중보병들이 산에서 현지 경보병들에게 주로 물맷돌에 맞아 떼죽음을 당한 과정을 자세히 묘사했다."

골리앗은 중보병이었다. 그는 티투스 만리우스가 갈리아인과 싸운 대로 자신이 또 다른 중보병과 일대일 결투를 벌일 것이라고 생각했다. "내게로 오라. 내가 네 살을 공중의 새들과 들짐승들에게 주리라"라는 골리앗의 말에서 핵심 구절은 "내게로 오라"였다. 이 말은 우리가 직접 맞붙어 싸울 수 있도록 바로 가까이 다가오라는 뜻이었다. 사울 왕이 다윗에게 갑옷을 입히고 칼을 주려 했을 때도 이와 같은 가정을 했다. 왕은 다윗이 골리앗과 백병전을 벌일 것이라고 여겼다.

하지만 다윗은 일대일 결투라는 관례를 존중할 의사가 없었다. 그가 사울에게 양을 치다가 곰과 사자를 죽였다고 말한 건 단지 자신의 용맹함을 증명하기 위해서가 아니라 또 다른 주장을 하기 위해서였다. 즉, 야생동물과의 싸움에서 익힌 방식대로 사격 전사로서 골리앗과 싸우겠다고 말한 것이다.

다윗은 골리앗에게로 달려갔다. 갑옷을 입지 않았기 때문에 다윗에게는 속도와 기동력이 있었다. 그는 돌을 물매에 넣은 뒤 거인의 몸에서 유일하게 노출되어 있는 이마를 겨냥하여 초당 6~7회전으로 점점 더 속도를 내서 휙휙 돌렸다. 최근 이스라엘 국방군의 탄도

다윗과 골리앗
David And Goliath

학 전문가 에이탄 허시가 계산을 해보니 물매 전문가가 35미터 거리에서 던진 보통 크기의 돌은 초속 34미터의 속도로 골리앗의 이마를 때렸을 것이라는 결과가 나왔다. 두개골을 뚫고 들어가 의식을 잃거나 죽게 만들고도 남을 속도다. 저지력 면에서는 상당한 크기의 현대 권총과 맞먹는다. 허시는 "우리는 다윗이 1초 남짓한 시간에 물매를 발사해 골리앗을 맞힐 수 있었다는 것을 알게 되었다. 너무 짧은 시간이라 골리앗은 자신을 보호하지 못했을 것이고 그 시간 동안 실제로 정지 상태였을 것이다."[6]

골리앗이 뭘 할 수 있었겠는가? 그는 무게가 100파운드가 넘는 갑옷을 입고 있었다. 게다가 움직이지 않고 서서 갑옷으로 공격을 막고 창으로 세차게 찌를 수 있는 근접전을 준비하고 있었다. 골리앗은 다가오는 다윗을 처음에는 업신여겼다가 놀라움을 금치 못했다. 그가 예상했던 대결의 형태가 갑자기 바뀌었다는 것을 깨닫는 순간 공포가 엄습해 왔다.

다윗이 골리앗에게 말했다. "너는 칼과 창과 단창으로 내게 나아오거니와 나는 만군의 여호와의 이름, 곧 네가 모욕하는 이스라엘 군대의 신의 이름으로 네게 나아가노라. 오늘 여호와께서 너를 내 손에 넘기시리니 내가 너를 칠 것이다. (…) 또 여호와의 구원하심이 칼과 창에 있지 아니함을 이 무리에게 알게 하리라. 전쟁은 여호와께 속한 것인즉 그가 너희를 우리 손에 넘기시리라."

다윗은 자신의 의도가 얼마나 다른지 강조하려는 듯 칼과 창을 두 차례 언급했다. 그런 뒤 주머니 속에 손을 넣어 돌을 꺼냈고, 그때

쯤이면 골짜기 양쪽 산등성이에서 보고 있던 어느 누구도 다윗의 승리가 불가능하다고 여기지 않았을 것이다. 다윗은 투석 전사였고 투석 전사는 보병을 수월하게 이기기 때문이다.

역사학자 로버트 도렌웬드[7]는 "골리앗이 다윗을 이길 가능성은 칼을 든 청동기의 전사가 45구경 자동권총으로 무장한 상대와 맞선 경우와 같았다"라고 썼다.[8]

너무나 유명한 전투에 대한 오해

그날 엘라 골짜기에서 벌어진 일을 두고 왜 그토록 많은 오해가 있는 걸까? 이 결투는 한편으로는 힘에 대한 우리의 가정이 어리석다는 것을 보여준다. 사울 왕이 다윗의 승산에 대해 회의적이었던 이유는 다윗은 몸집이 작은 반면 골리앗은 거구였기 때문이다. 사울 왕은 힘을 육체적 능력 측면에서 생각했다. 그는 힘이 다른 형태로도 나타날 수 있다는 것, 그러니까 규칙을 깨고 육체적 능력을 속도와 기습공격으로 대체할 수 있다는 것을 알지 못했다. 사울 왕만 이런 실수를 하는 건 아니다. 이 책에서 나는 우리가 오늘날에도 그런 실수를 계속 되풀이하여 자녀 교육법에서부터 범죄 및 무질서와 싸우는 방법에 이르기까지 모든 측면에 영향을 주고 있다는 주장을 펼치려 한다.

하지만 여기에는 더 심오한 두 번째 문제가 존재한다. 사울 왕과 이스라엘인들은 자신들이 골리앗에 대해 알고 있다고 여겼다. 그들은 골리앗을 어림잡아 평가해 보고 그의 능력을 성급하게 단정했다. 하지만 그들은 실제로는 골리앗을 알지 못했다. 진실은 골리앗의 행동에 이상한 점이 있었다는 것이다. 골리앗은 강한 전사로 여겨졌다. 그런데 그는 강한 전사처럼 행동하지 않았다. 그는 시종을 데리고 골짜기 아래로 내려갔다. 시종이 골리앗의 방패를 들고 앞서서 걸어갔다. 고대에는 방패지기가 종종 궁수와 동행하여 전투에 나섰다. 활과 화살을 쓰는 병사는 자신을 보호할 무기를 들 손이 없기 때문이다. 그런데 일대일 칼싸움을 요구한 골리앗이 왜 궁수의 방패를 들고 있는 제삼자의 도움이 필요했을까?

게다가 왜 골리앗은 다윗에게 "내게로 나아오라"고 했을까? 왜 골리앗은 다윗에게로 가지 못했을까? 성서에서는 골리앗이 얼마나 느리게 움직였는지 강조하는데, 막강한 힘을 가진 전쟁영웅을 그렇게 묘사하는 게 이상하다. 어쨌거나 왜 골리앗은 다윗이 어떤 칼이나 방패도 없이 갑옷도 입지 않고 언덕을 내려오는 모습을 보고 훨씬 더 빨리 대응하지 않았을까? 다윗을 봤을 때 골리앗의 첫 반응은 겁이 아니라 모욕감이었다. 그는 주변에서 무슨 일이 일어나고 있는지 감지하지 못한 것으로 보인다. 마침내 그가 양치기 지팡이를 들고 오는 다윗을 발견한 뒤에 한 말은 더 이상하다. "네가 나를 개로 여기고 막대기들을 가지고 내게 나아왔느냐?" 막대기들이라고? 다윗은 막대기 하나만 들고 있었다.

사실 현재 의료전문가의 다수가 골리앗이 치명적인 질병을 앓고 있었을 거라고 믿고 있다. 골리앗의 외양이나 말투로 미루어 뇌하수체의 양성종양으로 발생하는 말단비대증을 앓았던 것으로 추정된다.[9] 이 종양은 인간 성장호르몬을 과잉 생성하는데, 골리앗이 엄청난 거구였던 이유가 이것으로 설명이 된다.(역사상 최장신으로 기록된 로버트 워들로가 말단비대증을 앓았다. 그는 사망 당시 키가 약 2미터 70센티미터였고 여전히 키가 자라는 중이었던 것 같다.)

게다가 말단비대증의 가장 흔한 증상 중 하나가 시력 악화다. 뇌하수체 종양이 눈으로 이어지는 신경을 압박할 정도까지 커져서 말단비대증이 있는 사람들은 종종 심각한 시야제한과 복시를 겪는다. 골리앗은 왜 시종의 안내를 받아 계곡 아래로 내려갔을까? 시종이 그의 시각 안내인이었기 때문이다. 골리앗은 왜 그렇게 느릿느릿 움직였을까? 주위 세상이 흐릿해 보였기 때문이다. 골리앗은 다윗이 규칙을 바꿔버린 걸 왜 그렇게 늦게 깨달았을까? 다윗이 가까이 올 때까지 보지 못했기 때문이다.

그는 "내게로 오라. 내가 네 살을 공중의 새들과 들판의 짐승들에게 주리라"라고 소리쳤는데, 해당 요구에 그의 취약성에 대한 암시가 담겨 있다. **네가 내게 가까이 와야 한다. 그러지 않으면 난 네가 어디 있는지 모르니까.** 그리고 다른 방식으로는 도저히 설명이 안 되는 "네가 나를 개로 여기고 막대기들을 가지고 내게 나아왔느냐?"라는 말도 있다. 다윗은 막대기 하나만 들고 있었다. 그런데 골리앗은 두 개로 보았다.

이스라엘인들이 높은 산등성이 위에서 본 것은 위협적인 거인이었다. 그를 거구로 만든 바로 그 요인이 실제로는 그의 가장 치명적인 약점의 원인이기도 했다. 온갖 유형의 거인들과의 싸움에서 얻은 중요한 교훈이 여기에 있다. 힘 있고 강하게 보인다고 해서 실제도 그런 것은 아니다.

다윗은 용기와 믿음으로 힘을 얻어 골리앗을 향해 내달렸다. 골리앗은 다윗이 다가오는 것을 보지 못한 데다 판세가 어떻게 뒤집혔는지 이해하기에는 너무 몸이 크고 둔하며 시야까지 흐릿하여 패하고 말았다. 오랜 세월 동안 우리는 이런 이야기들을 잘못 말해왔다. 《다윗과 골리앗》은 그 이야기들을 바로잡는 책이다.

강점이 약점이 되는 순간

스스로 부한 체하여도 아무것도 없는 자가 있고 스스로 가난한 체하여도 재물이
많은 자가 있느니라. _〈잠언〉 13장 7절

1

규칙을 역이용하는 약자의 전술

"진짜 느닷없는 일이었어요. 무슨 말인가 하면,
아빠는 지금껏 한 번도 농구를 해본 적이 없었거든요."

농구계의 음모

비벡 라나디베는 딸 안잘리의 농구팀을 코치하겠다고 결정했을 때
두 가지 원칙을 세웠다. 첫 번째 원칙은 절대 목소리를 높이지 않겠
다는 것이었다. 이 팀은 농구판 리틀리그인 전미 유소년 농구 클
럽NJB에 속해 있었다. 선수들은 주로 열두 살짜리들이었고, 라나디
베는 열두 살짜리들에겐 고함이 그리 효과가 없다는 걸 경험으로 알
고 있었다. 라나디베는 자신의 소프트웨어 회사 운영 방식대로 농구
팀을 운영해 보기로 마음먹었다. 차분하고 부드럽게 말하리라. 그래
서 이성과 상식에 호소하는 지혜로운 접근방식으로 아이들을 설득
해야지.

두 번째 원칙이 더 중요했다. 사실 라나디베는 미국인이 농구를
하는 방식을 보고 어리둥절했다. 라나디베는 뭄바이 출신으로, 크리

켓과 축구를 하며 자랐다. 그는 농구 경기를 처음 봤던 때를 결코 잊지 못할 것이다. 농구는 머리를 쓸 필요가 없는 경기 같았다. A팀이 득점을 하면 곧바로 자기 팀 코트의 끝 쪽으로 물러난다. B팀은 사이드라인에서 공을 패스하여 A팀의 코트 끝 쪽으로 드리블해 가고, 그곳에는 A팀이 참을성 있게 기다리고 있다. 그런 뒤 이 과정이 반대로 진행된다.

농구장의 규정 길이는 94피트(약 28.6미터)다. 한 팀은 대부분의 시간 동안 그중 약 24피트(약 7.3미터) 정도만 방어하고 나머지 70피트(약 21.3미터)는 내준다. 때때로 팀들이 전면압박수비를 펼쳐 공을 몰고 코트를 전진하려는 상대팀의 시도를 저지하기도 한다. 하지만 그런 수비는 한 번에 고작 몇 분 동안일 뿐이다. 라나디베는 경기를 수행하는 방식과 관련해 농구계에 일종의 음모 같은 게 있고 그 음모가 강팀과 약팀의 격차를 벌리는 게 아닐까 생각했다. 강팀에는 어쨌거나 장신에 드리블과 슈팅 실력이 좋은 선수들이 있다. 이 선수들은 미리 철저하게 준비되어 있던 플레이를 상대팀 코트의 끝 쪽에서 힘차게 펼칠 수 있다. 약팀들은 왜 강팀들이 그토록 능숙한 플레이들을 손쉽게 펼칠 수 있도록 경기를 하는 걸까?

라나디베는 자신의 팀 선수들을 살펴보았다. 모건과 줄리아는 농구를 진지하게 생각하는 선수들이었다. 하지만 닉키, 안젤라, 대니, 홀리, 애니카, 그리고 딸 안잘리는 이전에 농구를 해본 적이 없었다. 모두들 키도 그다지 크지 않았다. 슈팅도 못했다. 그렇다고 드리블을 잘하는 것도 아니었다. 이 아이들은 매일 저녁 운동장에 모여 즉석 경기를 벌일 정도로 농구에 빠져 있는 부류가 아니었다. 라나디베는 캘리포니아주 실리콘밸리의 중심에 있는 멘로파크에 살았다. 그의 팀은 라나디베의 표현에 따르면 "어린 금발소녀들"로 구성되어 있었다. 이 아이들은 세상물정 모르는 공부벌레들과 컴퓨터 프로그래머들의 딸이었다. 과학 프로젝트에 공을 들이고, 길고 복잡한 책을 읽고, 커서 해양생물학자가 되길 꿈꾸는 아이들. 라나디베는 이 아이들이 종래의 방식대로 경기를 한다면(아무런 저지 없이 상대팀이 코트 위쪽으로 공을 드리블해 오게 놔둔다면) 농구에 미친 아이들에게 질 게 뻔하다는 걸 알고 있었다.

라나디베로 말하자면 열일곱의 나이에 단돈 50달러를 쥐고 미국에 건너온 사람이었다. 패배를 쉽게 받아들이는 사람이 아니었다. 그래서 그의 두 번째 원칙은 매 경기에 항상 전면압박수비를 하는 것이었다. 그의 팀은 결국 전국 대회까지 나갔다. "진짜 느닷없는 일이었어요." 딸 안잘리 라나디베가 말했다. "무슨 말인가 하면, 아빠는 지금껏 한 번도 농구를 해본 적이 없었거든요."

고지식한 소녀들의 반란

지난 200년간 강대국과 약소국 사이에 벌어진 모든 전쟁의 총계를 낸다고 생각해 보자. 이때 한쪽의 인구와 군사력이 다른 쪽보다 적어도 열 배는 더 크다고 가정해 보자. 더 큰 나라가 이긴 경우가 과연 얼마나 될 것 같은가? 대다수가 더 큰 나라가 100퍼센트 확률로 이길 거라고 말할 것이다. 열 배 차이는 엄청난 거니까. 하지만 실제 답을 들으면 아마 놀랄 것이다. 몇 년 전 정치학자 이반 아레귄 토프트가 계산해 보니 71.5퍼센트라는 수치가 나왔다. 3분의 1에 약간 못미치는 비율로 더 약한 국가가 승리한 것이다.[1]

그러자 아레귄 토프트는 이 질문을 약간 바꾸어보았다. 다윗이 했던 식으로 약소국이 더 큰 국가가 원하는 방식대로 싸우길 거부하고 비정규적이거나 게릴라 전술을 사용한다면 강대국과 약소국 사이의 전쟁은 어떻게 될까? 답은 이렇다. 더 약한 국가가 승리한 비율이 28.5퍼센트에서 63.6퍼센트로 뛰어올랐다. 쉽게 설명하자면, 미국의 인구가 캐나다의 열 배인데 만약 두 나라가 전쟁이 붙어 캐나다가 비정규적인 방식으로 싸울 경우 역사는 당신에게 캐나다 쪽에 베팅하라고 권한다는 뜻이다.

우리는 약자가 승리하기는 거의 불가능할 거라고 생각한다. 다윗과 골리앗의 이야기가 아직까지 강한 울림을 주는 이유가 그 때문이다. 하지만 아귈라 토프트는 전혀 그렇지 않다고 주장한다. 약자들이 언제나 승리한다. 그렇다면 왜 우리는 다윗이 골리앗을 이길 때마다 그렇게 충격을 받는 걸까? 왜 우리는 더 작거나 더 가난하거나 더 미숙한 누군가가 꼭 불리한 입장에 있다고 무의식적으로 가정하는 걸까?

아레귄 토프트가 정리한 승리한 약자들의 목록에는 제1차 세계 대전이 끝날 무렵 아라비아를 점령한 터키군에 대항하여 아랍 반란을 이끈 T. E. 로렌스('아라비아의 로렌스'로 더 잘 알려진 인물이다)가 올라 있다. 영국이 아랍인들의 반란을 도왔고, 이들의 목표는 터키인들이 다마스쿠스에서 헤자즈사막 깊숙한 곳까지 건설한 긴 철로를 파괴하는 것이었다.

이것은 만만찮은 과제였다. 터키는 막강한 현대식 군을 갖추었던 반면 로렌스는 군기가 잡히지 않은 베두인족 무리를 지휘했다. 이들은 숙련된 병사가 아니었다. 유목민이었다. 이 지역의 영국 사령관 중 한 명인 레지널드 윈게이트 경은 이들을 "대다수가 라이플총도 한 번 쏴본 적이 없는, 훈련받지 않은 오합지졸들"이라고 불렀다. 하지만 이들은 강하고 기동성이 좋았다. 베두인족 병사는 보통 라이플총 한 정, 탄약 100발, 화약 45파운드만 소지했다. 그래도 심지어 여름에도 하루에 110마일(약 177킬로미터)씩 사막을 가로질러 이동할 수 있었다. 마실 물도 고작 1파인트(약 0.568리터)만 들고 다녔다. 사막에서 물을 찾는 데 능했기 때문이다.

로렌스는 "우리가 쥔 카드는 공격력이 아니라 속도와 시간이었다. 우리가 이용할 수 있는 가장 큰 자원은 정규전에 익숙하지 않은 부족민, 기동성, 인내심, 개인적 지능, 그 고장에 관한 지식, 용기가 자산인 사람들이었다"라고 썼다.

18세기의 장군 모리스 드 삭스는 전쟁술에서는 팔이 아니라 다리가 중요하다는 말을 했는데 로렌스의 병사는 다들 다리를 써서 전쟁을 치렀다. 1917년 봄의 한 전형적인 시기만 보더라도 그의 병사들은 3월 24일에 부에어에서 철로 예순 곳을 다이너마이트로 폭파하고 전신선을 끊었다. 3월 25일에는 아부 알 남에서 열차 한 대와 철로 스물다섯 곳을 파괴했고, 3월 27일에는 이스타블 안타르에서 철로 열다섯 곳을 다이너마이트로 파괴하고 전신선을 끊었다. 3월 29일에는 터키군 수비대를 급습하고 열차를 탈선시켰으며 3월 31일에는 부에어로 돌아와 다시 철로를 파괴했다. 4월 3일에 헤디아에서 철로 한 곳을 다이너마이트로 파괴했고 4월 4일과 5일에는 와디 다이지 지역의 철도 노선을 급습했으며 4월 6일에는 두 차례 공격을 벌였다.

로렌스는 항구도시 아카바를 공격하면서 절묘한 작전을 폈다. 터키군은 아카바만 해역을 순찰하던 영국 전함들이 서쪽에서 공격해 오리라 예상했다. 그러나 로렌스는 무방비 상태의 사막을 통해 도시에 접근하여 동쪽에서 공격하기로 결정했고, 이를 위해 병사들을 이끌고 헤자즈에서 북쪽으로 올라가 시리아사막으로 들어간 뒤 아카바를 향해 내려오는 600마일(약 966킬로미터)에 걸친 고리 모양의 대담한 경로로 이동했다. 때는 여름이었다. 병사들은 중동에서 사람이 머물기 가장 힘든 지역 중 일부를 통과했고, 로렌스는 터키군을 속이기 위해 방향을 틀어 다마스쿠스 외곽에 들르기도 했다. 로렌스는 《지혜의 일곱 기둥Seven Pillars of Wisdom》에서 이 여정의 한 단계에 관해 "올해 골짜기에는 뿔뱀들과 큰 독사들, 코브라, 검정뱀들이 기어 다니는 것 같다"라고 썼다.

어두워진 뒤에는 섣불리 물을 뜨러 가서는 안 된다.[2] 웅덩이 속에 뱀들이 헤엄을 치고 있거나 웅덩이 언저리에 삼삼오오 모여 있기 때문이다. 우리가 커피를 마시며 토론을 하느라 둥글게 모여 있던 원 안으로 큰 독사가 비집고 들어온 적도 두 번이나 있었다. 병사 중 세 명이 독사에 물려 목숨을 잃었고, 네 명은 독이 퍼진 팔다리가 퉁퉁 부어오르며 극심한 공포와 고통을 겪다가 겨우 회복되었다. 호웨이타트족의 치료법은 뱀 껍질로 상처 부위를 붕대처럼 감은 뒤 병자가 숨질 때까지 코란을 읽어주는 것이었다.

마침내 아카바에 도착한 로렌스의 전사들 수백 명은 1,200명의 터키군 병사들을 죽이거나 포로로 붙잡았다. 반면 로렌스 쪽에서 잃은 병사는 단 두 명뿐이었다. 터키군은 적이 사막에서 접근해 올 만큼 무모할 것이라곤 상상도 하지 못했다.

레지널드 윈게이트 경은 로렌스의 병사들을 "훈련받지 않은 오합지졸"이라고 불렀다. 그는 터키군의 압승을 예상했다. 그런데 이게 얼마나 얼토당토않은 생각인지 알겠는가? 터키군의 많은 병사와 무기, 그리고 자원이 강점인 건 사실이다. 그런데 그 강점은 민첩한 이동에 방해가 되고 방어 태세를 취하게 한다. 반면 로렌스의 병사들에게 넘쳐나던 기동성, 인내심, 개인적 지능, 그 고장에 관한 지식, 용기는 동쪽에서 아카바를 공격한다는 불가능한 작전, 너무도 대담해서 터키군이 적군이 진격해 오는 것을 보지도 못했던 작전을 수행할 수 있게 했다. 물적 자원과 관련된 강점이 있는가 하면 물적 자원이 없을 때 생기는 강점도 있다. 약자가 자주 승리하는 이유는 후자가 때때로 전자와 전적으로 대등하기 때문이다.

무슨 이유에서인지 우리는 이 교훈을 잘 깨닫지 못하는데, 내 생각엔 우리가 강점에 대해 굉장히 엄격하고 제한된 정의를 내리기 때문인 것 같다. 우리는 실제로는 도움이 안 되는 것들을 도움이 된다고 생각하고, 사실은 우리를 더 강하고 현명하게 만들어주는 것들을 도움이 안 된다고 생각한다. 《다윗과 골리앗》의 제1부에서는 이러한 오류의 결과를 탐구해 보려고 한다. 거구의 사람을 보면 우리는 왜 그 사람이 전투에서 이길 것이라고 자동적으로 가정하는가? 또한 다윗이나 아라비아의 로렌스, 혹은 같은 맥락에서 비벡 라나디베와 그가 지도한 실리콘밸리의 고지식한 소녀들처럼 전통적 질서를 당연하게 받아들이지 않는 사람이 되려면 무엇이 필요한가?

전면압박수비가 답이다

비벡 라나디베의 농구팀은 전미 유소년 농구 클럽의 7~8학년부에서 레드우드시티를 대표하여 뛰었다. 아이들은 산카를로스 근방의 페이스 플레이스 체육관에서 연습했다. 라나디베는 농구를 해본 적이 없었던 터라 그를 도와줄 전문가 두 명을 채용했다. 한 명은 라나디베의 소프트웨어 회사에서 일했던 전직 프로 운동선수 로저 크레이그였다.[3]

크레이그는 라나디베와 계약을 한 뒤 대학 농구팀에서 뛰었던 딸 로메트라를 영입했다. 로메트라는 상대팀 에이스를 전담 마크하는 역할을 맡았던 선수였다. 아이들은 로메트라를 무척 따랐다. 안잘리 라나디베는 "로메트라는 항상 큰언니 같았어요"라고 말한다. "로메트라와 함께할 수 있어서 진짜 좋았어요."

　레드우드시티는 어느 농구팀이건 공을 앞으로 몰고 나가기 위해 지켜야 하는 두 가지 제한시간을 중심으로 전략을 세웠다. 첫 번째는 인바운드 패스에 할당된 시간이었다. 한 팀이 득점하면 상대팀의 선수가 공을 라인 밖으로 가져간 뒤 5초 내에 코트 안의 같은 팀 선수에게 패스해야 한다. 그 제한시간을 놓치면 공이 상대팀에게 넘어간다. 보통 이 제한시간은 문제가 되지 않는데, 팀들이 인바운드 패스를 막으려고 얼쩡거리지는 않기 때문이다. 그 대신 선수들은 자기 팀 코트 쪽으로 달려간다.

　그런데 레드우드시티는 그렇게 하지 않았다. 각 선수가 상대팀 선수를 밀착 수비했다. 어떤 팀들은 압박수비를 할 때 수비수가 자신이 마크하는 공격수가 공을 잡을 경우 방해하기 위해 그 선수 뒤에서 플레이를 한다. 반면 레드우드시티의 선수들은 더 공격적이고 위험한 전략을 펼쳤다. 상대팀 선수가 애초에 인바운드 패스를 잡지 못하도록 그 선수 앞에 자리를 잡은 것이다. 또한 공을 코트 안으로 패스하는 상대팀 선수를 마크하는 전담자는 따로 두지 않았다. 뭐하러 그러겠는가? 라나디베는 이렇게 해서 남는 선수를 상대팀의 에이스를 마크하는 두 번째 수비수 역할의 플로터floater(한 가지 임무에 배정하지 않고 필요에 따라 다양한 임무를 맡기는 선수)로 활용했다.

　"풋볼을 생각해 보세요"라고 라나디베가 말했다. "쿼터백은 공을 안고 뛸 수 있어요. 게다가 필드 전체에 공을 던질 수 있는데도 패스에 성공하기가 더럽게 힘들잖아요." 농구는 더 힘들다. 더 작은 코트,

5초의 시간제한, 더 크고 무거운 공. 레드우드시티의 상대팀들은 대개 5초 시간제한 내에 인바운드 패스를 하지도 못했다. 아니면 인바운드 패스를 하는 선수가 5초가 다 끝나간다는 생각에 당황해 공을 그냥 던져버렸다. 아니면 레드우드시티 선수 중 한 명이 그 선수가 패스한 공을 가로챘다. 라나디베의 선수들은 미친 사람들 같았다.

농구에서 두 번째 시간제한은 10초 이내에 공을 중앙선 너머 상대팀 코트로 보내야 한다는 것이다. 레드우드시티 선수들은 상대팀이 첫 번째 시간제한을 지켜 제시간에 인바운드 패스에 성공하면 두 번째 시간제한으로 관심을 돌렸다. 그리고 인바운드 패스를 잡은 선수에게 달려들어 그 선수를 둘러싸서 "가두었다." 안잘리는 이런 수비를 펼치는 트래퍼trapper였다. 그녀는 드리블하는 선수에게 전속력으로 달려가 긴 팔을 높이 활짝 뻗어 동시에 두 명이 함께 마크했다. 안잘리가 공을 뺏기도 하고 상대팀 선수가 당황해서 공을 놓치기도 했다. 아니면 갇혀서 이러지도 저러지도 못하고 있다가 결국 심판이 호루라기를 불기도 했다.

안잘리는 "처음에 우리는 수비고 뭐고 아는 사람이 없었어요"라고 회상했다. "그래서 아빠가 경기 내내 말씀하셨어요. '네 임무는 누군가에게 따라붙어 상대팀이 인바운드 플레이에서 공을 잡지 못하도록 막는 것이다'라고요. 누군가에게 공을 뺏는 기분은 세상 최고예요. 우리는 압박을 해서 공을 빼앗았어요. 몇 번이고 반복해서요. 그러면 사람들이 초조해했어요. 우리보다 훨씬 뛰어나고 오래 경기를 해온 팀들도 있었지만 우리가 그 팀들을 이겼어요."

레드우드시티 선수들은 4대0, 6대0, 8대0, 12대0으로 훌쩍 앞서 갔다. 한 차례 25대0으로 앞지르기도 했다. 레드우드시티 선수들은 보통 상대팀 골대 바로 아래에서 공을 잡았기 때문에 기술과 연습이 필요하고 성공 확률이 낮은 장거리 슛을 시도할 필요가 없었다. 그래서 레이업 슛을 했다. 그해 레드우드시티가 패한 경기는 얼마 되지 않았는데, 그중 하나는 레드우드시티에서 네 명의 선수만 출전한 경기였다. 어쨌거나 이 네 명이 압박수비를 펼쳤다. 안 될 게 뭐 있겠는가? 레드우드시티의 아이들은 그 경기에서 아쉽게 3점 차이로 졌다.

로메트라 크레이그는 "그런 수비는 우리 약점을 숨길 수 있다는 장점이 있었어요"라고 분석한다. "우리 팀에 외곽 슛을 잘하는 선수가 없다는 사실을 숨길 수 있었죠. 최장신 선수가 없다는 사실도 숨길 수 있었고요. 악착같이 수비를 하면 공을 빼앗고 쉬운 레이업 슛을 할 수 있었으니까요. 저는 아이들에게 솔직하게 말했어요. '우리가 최고의 농구팀은 아니다'라고요. 하지만 아이들은 자신의 역할을 이해하고 있었어요." 열두 살짜리 소녀들은 로메트라를 위해 전쟁에 나갔다. 그녀는 "아이들은 진짜 대단했어요"라고 회상한다.

로렌스는 터키군이 강세인 곳이 아니라 취약한 곳, 가장 멀고 가장 황량한 변방의 철로를 따라 공격했다. 레드우드시티는 경기에서 강팀이 약팀 못지않게 취약한 부분인 인바운드 패스를 공략했다. 다윗은 골리앗을 상대로 자신이 질 게 뻔한 백병전을 벌이지 않았다. 그 대신 뒤로 뚝 떨어져 계곡 전체를 전장으로 삼았다. 레드우드시티의 선수들도 같은 전술을 사용하여 농구 코트의 94피트 전체를 수비했다. 전면압박수비는 팔이 아니라 다리로 한다. 능력을 노력으로 대체하는 전술이다. 이것은 로렌스의 베두인족처럼 "정규전에 익숙하지 않고 기동성, 인내심, 개인적 지능 (…) 용기가 자산인" 사람들을 위한 농구다.

"완전히 진을 빼는 전략이었어요." 로저 크레이그가 말한다. 그와 라나디베는 라나디베가 운영하는 소프트웨어 회사의 회의실에서 그들의 드림 시즌을 추억했다. 라나디베는 화이트보드에 레드우드시티가 펼친 복잡한 압박수비를 그림으로 표현했고 크레이그는 테이블에 앉아 있었다.

"우리 아이들은 다른 선수들보다 체력이 좋아야 했어요"라고 라나디베가 말했다.

"라나디베는 아이들에게 달리기를 시키곤 했어요!" 크레이그가 고개를 끄덕이며 거들었다.

라나디베는 "우리는 실제로 축구에서 쓰는 전략을 따랐어요"라고 말을 이었다. "아이들을 뛰고, 뛰고, 또 뛰게 했죠. 제가 그렇게 단시일 내에 아이들에게 기술을 가르칠 수는 없었어요. 그래서 우리가 한 건 아이들이 체력을 갖추고 경기에 관해 어느 정도 기본적인 이해를 하게 하는 것뿐이었어요. 그래서 태도가 몹시 중요한 역할을 했어요. 사람은 지치기 마련이니까요."

"지친다"라는 단어를 발음하는 라나디베의 목소리에는 인정한다는 기색이 실려 있었다. 파일럿이던 그의 아버지는 인도 항공기들의 안전에 대해 계속 이의를 제기하다가 정부에 의해 투옥되었다. 라나디베는 MIT에 관한 다큐멘터리를 본 뒤 자신에게 딱 맞는 곳이라는 판단에 이 학교에 진학했다. 당시는 학부공부를 위해 해외유학을 가려면 인도 정부가 외화 반출을 허가해 주어야 했던 1970년대였고, 라나디베는 인도중앙은행 총재의 집무실 밖에서 농성을 하여 허가를 얻어냈다. 라나디베는 호리호리하고 뼈대가 가늘며 나른한 걸음걸이에 차분한 분위기를 풍긴다. 하지만 이런 모습을 보고 태평한 사람이라고 오해해서는 안 된다. 라나디베 가족은 불굴의 의지를 가진 사람들이다.

라나디베가 크레이그를 돌아보았다. "우리 구호가 뭐였죠?"

두 사람은 잠깐 생각하더니 한목소리로 즐겁게 외쳤다. "하나, 둘, 셋, 태도!"

레드우드시티의 전체 철학의 밑바탕은 다른 누구보다 열심히 노력하겠다는 의지였다.

"한번은 새로운 아이들이 팀에 들어왔어요." 라나디베가 말했다. "그래서 첫 연습 때 그 아이들에게 '얘들아, 이게 앞으로 우리가 할 일이야'라고 설명해 주었어요. '태도가 가장 중요하단다'라고 말했죠. 어떤 신입이 있었는데, 전 그 아이가 태도의 중요성을 이해하지 못할까 봐 걱정이 되었어요. 그런 뒤 우리가 구호를 외쳤는데 그 아이가 이렇게 말하지 뭐예요. '아니, 그게 아니에요. 하나, 둘, 셋, 태도가 아니라 하나, 둘, 셋, 태도, 하!라고 해야 해요.'" 이렇게 말하며 라나디베와 크레이그는 웃음을 터뜨렸다.

약점 덕분에 가능했던 승리

1971년 1월, 포드햄대학교의 램스팀이 매사추세츠대학교의 레드맨 팀과 시합을 했다. 경기는 애머스트에 있는 케이지라는 전설적인 경기장에서 펼쳐졌다. 레드맨은 1969년 이후 이 경기장에서 한 번도 패한 적이 없었다. 램스와의 전적은 11승 1패였다. 레드맨의 스타는 다름 아닌 농구 역사상 최고의 선수 중 한 명으로 꼽히는 줄리어스 어빙(닥터 J)이었다. 매사추세츠대학교팀은 아주, 아주 강했다.

반면 포드햄팀은 브롱크스와 브루클린 출신의 오합지졸이었다. 게다가 센터를 맡은 선수가 연습 첫 주에 무릎이 찢어져 빠지는 바람에 현재 이 팀에서 최장신 선수의 키가 6피트 5인치(약 194센티미터)였다. 선발 포워드(포워드는 보통 거의 센터만큼 키가 크다)인 찰리 엘버튼은 6피트 2인치(약 188센티미터)밖에 되지 않았다.

하지만 램스팀은 경기 시작 버저가 울리는 순간부터 전면압박공격을 시작했고 절대 느슨해지지 않았다. "우리는 13대6까지 훌쩍 앞서 나갔어요. 그리고 나머지 시간은 전쟁이었죠." 당시 포드햄의 코치였던 디거 펠프스는 이렇게 회상한다. "우리 선수들은 거친 도시 아이들이었어요. 우리는 94피트의 코트 전체를 잘 이용했어요. 우리가 곧 상대팀이 제 기량을 발휘하지 못하게 만들 걸 알고 있었죠." 펠프스는 어빙을 마크하기 위해 브롱크스 출신의 끈질긴 아일랜드나 이탈리아 아이들을 차례로 내보냈고 이 악바리들은 차례로 반칙을 해 퇴장당했다. 그중 누구도 어빙만큼 잘하는 선수는 없었다. 하지만 그건 문제가 되지 않았다. 포드햄이 87대79로 승리를 거두었으니까.

농구계에는 이처럼 다윗이 전면압박수비를 이용해 골리앗을 물리친 전설적인 경기에 관한 이야기가 무수히 많다. 하지만 압박수비의 수수께끼는 이 전술이 인기를 끈 적이 없다는 것이다. 디거 펠프스는 매사추세츠대학교를 상대로 뜻밖의 놀라운 승리를 거둔 이후의 시즌에 어떻게 했을까? 그는 전면압박수비를 다시는 같은 방식으로 사용하지 않았다. 그렇다면 자신의 홈구장에서 그저 그런 패거리에게 굴욕을 당한 매사추세츠대학교의 코치 잭 리먼은 어땠을까? 다음에 약체 팀을 맡았을 때 압박수비 전법을 사용했을까? 그는 그렇게 하지 않았다.

농구계의 많은 사람이 압박수비를 신뢰하지 않는다. 완벽한 전법이 아니기 때문이다. 이 전법은 공을 자유자재로 다루고 빈틈없이 패스하는 선수들로 이루어진 훈련이 잘된 팀에게는 무너질 수 있다. 라나디베도 이 점을 선뜻 인정했다. 상대팀이 레드우드시티를 이기기 위해서는 마찬가지로 압박수비만 하면 되었다. 레드우드시티의 아이들은 같은 방식으로 보복할 만큼 뛰어난 선수들이 아니었다. 하지만 압박수비에 대한 모든 반대는 요점을 놓치고 있다. 만약 라나디베의 아이들이나 기대 이상의 성과를 낸 포드햄의 오합지졸이 전통적 방식으로 경기를 했다면 아마 30점 차이로 패했을 것이다. 압박수비는 약체가 골리앗을 물리칠 수 있는 최고의 기회다. 그렇다면 논리적으로는 약체인 모든 팀이 그런 식의 플레이를 해야 한다. 그렇지 않은가? 그런데 왜 그렇게 하지 않을까?

아레귄 토프트는 이와 동일한 의아한 패턴을 발견했다. 약체가 다윗처럼 싸우면 대개 승리를 거두었다. 그런데 대부분의 경우 약체는 다윗처럼 싸우지 않았다. 아레귄 토프트의 데이터베이스에 저장된, 한쪽이 일방적으로 처지는 202건의 충돌 가운데 약자가 전통적인 방식으로 골리앗과 정면대결을 선택한 경우가 152건이었고 그중 패한 경우가 119건이었다.

1809년에 페루인들이 스페인인들과 정면대결을 벌여 패했고, 1816년에는 그루지아인들이 러시아인들과 정면대결을 벌여 패했다. 1817년에는 핀다리(17~19세기에 활동한 인도의 마적)가 영국인들과 정면대결을 벌여 역시 패했다. 1817년의 캔디왕국 봉기에서는 스리랑카인들이 영국인들과 정면대결을 벌여 패했다. 1823년에는 버마인들이 영국인들과 정면대결을 선택하여 패했다.

실패 목록은 끝이 없다. 1940년대에 베트남에서 일어난 공산주의 반란은 1951년까지 프랑스를 괴롭혔다. 그러나 1951년에 베트민의 전략가 보응우옌잡이 재래식 전쟁으로 전략을 바꾸자 즉시 잇달아 패배를 겪었다. 미국 독립혁명에서 조지 워싱턴도 초반에 식민지 주민에게 큰 도움이 되었던 게릴라 작전을 포기하고 이와 같이 전략을 바꾸었는데, 윌리엄 포크는 비재래식 전쟁의 역사를 다룬《폭력적 정치Violent Politics》[4]에서 "워싱턴은 할 수 있는 한 신속하게 영국식 군대인 대륙군을 창설하는 데 에너지를 쏟았다. 그 결과 번번이 패하여 거의 전쟁에서 질 뻔했다"라고 썼다.

로렌스가 사막을 건너 아카바까지 긴 행군을 했던 일을 돌아보지 않으면 이해가 가지 않을 것이다. 병사들에게 산뜻한 군복을 입혀 고적대의 연주소리에 맞춰 행진시키는 것이 낙타를 타고 뱀이 우글 거리는 사막을 통과해 600마일을 가게 하는 것보다 쉽다. 득점할 때 마다 자기편 코트로 물러나 숨을 고르는 것(그리고 완벽하게 연출된 플 레이를 펼치는 것)이 이리저리 몰려다니면서 팔을 마구 휘젓고 농구장 구석구석에서 쟁탈전을 벌이는 것보다 쉽고 훨씬 더 만족스럽다. 약 자의 전략은 실행하기가 힘들다.

포드햄과 매사추세츠 간의 그 유명한 게임이 주는 교훈을 받아들 인 사람은 매사추세츠대학교 신입생팀의 작고 깡마른 가드 릭 피티 노뿐이었던 것 같다. 릭은 그날 경기를 뛰지 않고 참관만 했다. 그리 고 그의 눈이 더 점점 휘둥그레졌다. 40년이 더 지난 지금도 그는 포 드햄팀 선수들의 이름을 거의 모두 기억해 낼 수 있다. 옐버튼, 설리 번, 메이너, 찰스, 잠베티. "내가 봐왔던 것 중에 가장 믿기 힘든 압박 수비를 펼치는 팀이었어요." 피티노가 말했다. "키가 6피트(약 180센 티미터)에서 6피트 5인치(약 2미터)사이인 다섯 녀석들이었죠. 그 녀 석들이 경기장을 어떻게 누비는지 믿기지 않을 정도였어요. 자세히 관찰해 봤어요. 그들이 우리를 이길 방법은 없었어요. 케이지에서 우 리를 물리친 팀은 없었거든요."

스물다섯 살이던 1978년에 보스턴대학교의 수석 코치가 된 피티 노는 압박수비 전법을 사용해 24년 만에 처음으로 이 학교를 NCAA 토너먼트에 진출시켰다. 그다음으로 수석코치를 맡은 프로비던스 칼리지에서는 전년도 전적이 11승 20패이던 팀을 물려받았다. 선수들은 단신에다 재능이라곤 찾아보기 힘들었다. 포드햄 램스의 판박이였다. 이들은 압박수비를 펼쳤고 전국대회 준결승전까지 올라갔다. 코치로 일하는 동안 피티노는 경쟁자들에 비해 형편없는 역량의 팀을 데리고 거듭해서 뛰어난 성과를 거두었다.

피티노는 "매년 많은 코치가 압박수비를 배우려고 옵니다"라고 말한다. 그는 지금 루이빌대학교 농구팀의 수석코치인데, 루이빌은 골리앗을 물리치는 법을 배우려는 모든 다윗의 성지가 되었다. "그런 뒤 제게 이메일을 보내 압박수비를 못 쓰겠다고 말해요. 선수들이 버텨낼지 모르겠다면서요." 피티노는 고개를 절레절레 흔들더니 말을 이었다. "우리는 매일 두 시간씩 연습해요. 선수들은 연습시간의 거의 98퍼센트를 움직이죠. 말하는 시간은 거의 없어요. 잘못을 바로잡아 줄 때, 그러니까 피티노와 코치들이 플레이를 중단시키고 지시를 내릴 때는 7초 만에 끝내요. 심장박동이 쉴 틈이 없게요, 우리는 항상 움직이고 있어요."

7초라니! 루이빌을 찾아온 코치들은 스탠드에 앉아 그 끊임없는 움직임을 보고는 낙담한다. 다윗의 룰을 따르려면 필사적이 되어야 한다. 실력이 너무도 형편없어서 다른 선택의 여지가 없을 정도여야 한다. 그 코치들의 팀은 그런대로 실력이 괜찮아서 그들은 이 전법이 효과를 내지 못할 것을 알고 있었다. 그들의 선수들에게 그렇게 힘들게 플레이하라고 설득하지 못할 것이다. 그들은 충분히 필사적이지 않다. 그렇다면 라나디베는? 그는 필사적이다. 라나디베의 선수들을 보면 완전히 엉망인 패스, 드리블, 슈팅 실력이 그들의 최대

약점이라고 생각될 것이다. 하지만 그렇지 않았다. 바로 그 약점 덕분에 그들의 승리전략이 실현 가능해졌다.

전통적인 규칙을 뒤집다

레드우드시티가 승리를 거두기 시작하면서 일어난 일 가운데 하나는 상대팀 코치들이 화를 내기 시작했다는 것이다. 레드우드시티가 공정하게 경기하지 않고 있다는 인식, 이제 막 경기의 기본을 이해하기 시작한 열두 살짜리 아이들에게 전면압박수비를 사용하는 것이 옳지 않다는 인식이 나타났다. 반대자들은 유소년 농구에서 중요한 것은 농구 기술을 배우는 것이라고 입을 모았다. 그들은 라나디베의 선수들이 진짜 농구를 하고 있지 않다고 여겼다. 물론 압박수비를 하면서 열두 살짜리 아이가 훨씬 더 귀중한 교훈, 즉 노력이 실력을 이길 수 있고 관례란 도전받게 되어 있다는 점을 배운다고 쉽게 반박할 수 있었다. 하지만 일방적인 득점을 올린 레드우드시티와 붙은 상대팀 코치들은 그렇게 철학적이 될 마음이 없었다.

"주차장에서 제게 싸움을 건 사내도 있었어요"라고 라나디베가 말했다. "거구였어요. 딱 봐도 풋볼과 농구를 한 사람이었는데, 자기 팀 경기에서 그를 이긴 비쩍 마른 외국 놈을 주차장에서 본 거죠. 그 사람은 저를 두들겨 패려고 했어요."

로저 크레이그는 때때로 자신이 본 광경에 놀란다고 말했다. "다른 코치들은 선수들에게 고함을 지르고 망신을 주고 야단을 쳐요.

심판들에게는 '그건 반칙이잖아요! 반칙이라고요!'라며 항의하고요. 하지만 우리는 반칙하지 않았어요. 공격적인 수비를 했을 뿐이죠."

"한번은 새너제이 동부에서 온 팀과 경기를 하는 중이었어요"라고 라나디베가 말한다. "수년간 경기를 해온 선수들이었어요. 농구공을 껴안고 태어난 아이들이었죠. 우리가 그 선수들을 깨부수고 있었어요. 20대0 정도로 앞서갔죠. 심지어 인바운드 패스조차 못하게 막으니까 상대팀 코치가 너무 열이 받아서 의자를 집어던졌어요. 그코치는 선수들에게 고함을 지르기 시작했고, 그 나이대 아이들은 그럴수록 더 긴장하는 게 당연하죠." 라나디베는 고개를 절레절레 저었다. 절대로 목소리를 높여서는 안 된다. "결국 심판이 코치를 건물 밖으로 내쫓았어요. 저는 걱정이 되었어요. 그 사람이 참지 못할 거라고 생각했거든요. 이쪽 선수들은 분명 실력이 더 낮은 금발 소녀들인데 그쪽 선수들을 작살내고 있었으니까요."

이상적인 농구선수를 판가름하는 자질은 기술의 적용과 섬세하게 조정된 실행 능력이다. 그런데 경기가 노력이 능력을 이기는 쪽으로 흘러가면 그런 자질은 알아볼 수 없게 되고 신통치 못한 플레이와 제멋대로 휘적거리는 팔다리를 본 실력 있는 선수들이 패닉에 빠져 공을 라인 밖으로 던지는 등 엉망진창이 되고 만다. 그런 식으로 플레이할 배짱이 있으려면 농구를 잘 모르는 외국인이거나 벤치 끝에 앉아 있는 뉴욕 출신의 말라깽이거나 아무튼 기성세력에 속하지 않은 사람이어야 한다.

로렌스가 승리를 거둘 수 있었던 것은 그가 진정한 영국군 장교와는 가장 동떨어진 인물이었기 때문이다. 로렌스는 영국사관학교를 우등으로 졸업하지 않았다. 그의 직업은 고고학자였고 공상적인 산문을 썼다. 군의 상관들을 만나러 갈 때면 샌들을 신고 베두인족의 전통의상을 입었다. 아랍어가 현지인처럼 유창했으며 평생 낙타를 타온 사람처럼 낙타를 능숙하게 다뤘다. 로렌스는 군의 기득권층이 그의 "훈련받지 않은 오합지졸"에 대해 어떻게 생각하든 상관하지 않았다. 군의 기득권층과 이해관계가 거의 없었기 때문이다. 그리고 다윗도 있다. 다윗은 블레셋인과의 결투를 정규적 방법인 칼싸움으로 진행해야 한다는 것을 알고 있었던 게 틀림없다. 하지만 그는 고대에 가장 미천한 직업 중 하나이던 목동이었다. 군의 세부적인 의례를 지킨다고 얻을 수 있는 게 없었다.

우리는 명성과 자원, 그리고 엘리트 그룹에 속하는 것이 우리를 더 잘살게 한다고 생각한다. 그런 물질적 강점이 우리의 선택권을 제한하는 데 관해서는 충분히 생각하지 않는다. 라나디베가 사이드라인에 서 있을 때 상대팀 선수들의 부모와 코치가 그에게 욕설을 퍼부었다. 대다수는 그런 비난을 코앞에서 들으면 움츠러들기 마련이다. 하지만 라나디베는 아니었다. "진짜 느닷없는 일이었어요. 무슨 말인가 하면, 아빠는 지금껏 한 번도 농구를 해본 적이 없었거든요." 농구계가 그를 어떻게 생각하든 뭐 하러 신경 쓰겠는가? 라나디베는 자신도 문외한인 스포츠에 재능이 없는 아이들을 코치했다. 그는 약자였고 부적응자였다. 그런 위치가 그에게 다른 누구도 꿈조차 꾸지 못한 일들을 시도할 자유를 주었다.

전국대회에서 레드우드시티 선수들은 첫 번째와 두 번째 경기에서 승리를 거두었다. 세 번째 경기에서 붙은 상대는 멀리 떨어진 오렌지카운티의 어딘가에 있는 팀이었다. 레드우드시티는 상대팀의 경기장에서 뛰어야 했고 상대팀은 자기 측 심판까지 투입했다. 경기는 아침 8시에 열렸다. 레드우드시티의 선수들은 교통체증을 피하기 위해 새벽 6시에 호텔을 나섰다. 거기서부터 고난이었다. 심판은 "하나, 둘, 셋, 태도, 하!"라는 구호를 인정하지 않았다. 인바운드 패스를 막는 플레이는 농구가 아니라고 생각했고 연거푸 반칙을 선언하기 시작했다.

"터치 반칙이라고 했어요"라고 크레이그가 말했다. 부당한 처사였다. 고통스러운 기억이었다.

"우리 선수들은 납득하지 못했어요." 라나디베가 회상했다. "심판은 우리에게 상대팀보다 거의 네 배나 많은 반칙을 주었죠."

"관중은 야유를 보내고 있었고요." 크레이그가 회상했다. "개판이었어요."

"두 배라면 그러려니 해도 네 배라니요?" 라나디베가 고개를 저었다.

"한 선수는 반칙으로 퇴장당했어요."

"하지만 우리는 쉽게 지지 않았어요. 아직 이길 가능성이 있었고요. 하지만…."

라나디베는 압박수비를 중단했다. 그렇게 할 수밖에 없었다. 레드우드시티 선수들은 자기 팀 코트의 끝 쪽으로 물러나 상대팀 선수들이 코트를 전진해 오는 모습을 소극적으로 지켜보았다. 레드우드시 티의 아이들은 뛰지 않았다. 공을 차지하지 않은 동안에는 멈춰 서서 신중을 기했다. 아이들은 농구란 원래 이렇게 해야 한다고 기대되는 방식으로 경기를 했고, 결국 패했다. 하지만 골리앗이 스스로 생각하는 것처럼 그렇게 대단하지는 않다는 것을 입증한 뒤였다.

<u>2</u>

더 크고 더 강하고 더 부유한 자의 딜레마

"제가 맡은 가장 규모가 큰 학급은 학생이 스물아홉 명이었어요.
참 재미있었죠."

학생 수가 절반으로 줄어든다면

베이비붐 시대의 아이들을 수용하기 위해 세포그밸리중학교가 처음 문을 열었을 때는 매일 아침 스쿨버스에서 300명의 학생들이 쏟아져 나왔다. 몰려드는 학생들을 감당하기 위해 건물 입구에는 양쪽으로 열리는 문들이 늘어서 있었고 건물 안의 복도들은 고속도로를 방불케 할 만큼 북적거렸다.

하지만 이는 아주 오래전 이야기다. 베이비붐이 생겨났다 사라졌다. 세포그밸리가 위치한 코네티컷주의 구석진 전원 지대, 매력적인 식민지시대의 마을들과 구불구불한 시골길들이 자리 잡은 이곳을 뉴욕의 부유한 부부들이 발견했다. 부동산 가격이 뛰면서 이젠 젊은 가족들이 거주하기 힘든 곳이 되었다. 입학생 수가 245명으로 감소했다가 다시 200명이 조금 넘는 수준으로 줄어들었다. 현재 6학년생 수는 여든한 명이다. 지역의 초등학교들에서 진학하는 학생 수를 감안하면 그 수는 곧 절반으로 줄어들 예정이다. 이는 학교의 반 평균 학생 수가 곧 전국 평균보다 훨씬 적어질 것이라는 뜻이다. 한때 북적거리던 학교가 이제 서로서로를 잘 아는 학교가 되었다.

당신이라면 아이를 셰포그밸리중학교에 보내겠는가?

'자연 실험'이 의미하는 것

비벡 라나디베와 레드우드시티 농구팀의 이야기는 우리가 생각하는 강점과 약점이 항상 옳은 것은 아니며 우리가 그 범주를 혼동하고 있음을 시사한다. 이번 장과 다음 장에서는 교육에 관한, 겉으로는 단순해 보이는 두 가지 문제에 이 생각을 적용해 보려고 한다. "겉으로는"이라는 표현을 쓴 것은 이 문제들이 단순해 보이지만 나중에 알게 되는 대로 사실 전혀 단순하지 않기 때문이다.

셰포그밸리중학교가 이 단순한 두 문제 중 첫 번째다. 내 생각에 아마 여러분은 아이가 그렇게 서로서로를 잘 아는 학급에 들어가는 것을 선호할 것이다. 세계의 거의 모든 곳에서 부모와 정책 입안자들은 학생 수가 적을수록 더 좋은 학급이라는 생각을 당연하게 받아들인다. 미국, 영국, 네덜란드, 캐나다, 홍콩, 싱가포르, 한국, 중국 등 몇몇 나라만 꼽아보아도 과거 몇 년간 정부들은 학급 규모를 줄이기 위해 중요한 조치들을 취해왔다. 주의 학급 규모를 축소하겠다는 전면 계획을 발표한 캘리포니아 주지사는 3주 안에 인기가 두 배로 치솟았다. 그러자 한 달도 지나지 않아 다른 주지사 스무 명이 이를 따르는 계획을 발표했고 한 달 반도 채 안 되어 백악관이 자체적인 학급 규모 축소 계획을 내놓았다. 지금도 미국인의 77퍼센트가 교사의 봉급 인상보다 학급 규모 축소에 납세자의 돈을 쓰는 것이 더 합당하다고 여긴다. 미국인의 무려 77퍼센트가 동의하는 일이 얼마나 드문지 알고 있는가?

과거 셰포그밸리중학교의 학급당 학생 수는 스물다섯 명 정도였다. 이제 그 수가 때로는 열다섯 명까지 줄어들었다. 이는 셰포그밸리중학교의 학생들이 전보다 교사로부터 개인적인 관심을 훨씬 더 많이 받는다는 뜻이고, 상식적으로 보면 아이들이 교사의 관심을 더 많이 받을수록 학습 경험이 향상될 것이다. 새로운 친밀한 분위기의 셰포그밸리중학교의 학생들은 예전의 북적대던 셰포그밸리의 학생들보다 학교 성적이 좋아야 한다. 그렇지 않은가?

정말로 그런지 테스트해 볼 훌륭한 방법이 있다. 코네티컷주에는 셰포그밸리중학교와 같은 학교가 많다. 코네티컷주는 작은 초등학교들이 있는 소도시가 많은 주이고, 소도시의 작은 학교들은 출생률과 부동산 가격의 자연스러운 변동의 영향을 받게 되어 있다. 한 학년이 한 해는 거의 비어 있다가 다음 해에는 학생들로 북적거릴 수 있다는 뜻이다. 코네티컷주의 또 다른 중학교의 5학년 재적생 수는 다음과 같다.

연도	학생 수	연도	학생 수
1993	18	2000	21
1994	11	2001	23
1995	17	2002	10
1996	14	2003	18
1997	13	2004	21
1998	16	2005	18
1999	15		

2001년에는 5학년 학생 수가 스물세 명이었는데 다음 해에는 열 명이었다! 2001년과 2002년 사이에 이 학교의 다른 모든 상황은 똑같았다. 같은 교사, 같은 교장, 같은 교과서, 같은 도시의 같은 건물. 지역경제와 인구도 거의 동일했다. 바뀐 건 5학년 학생 수뿐이었다. 따라서 인원이 더 많은 해의 학생들이 더 적은 해의 학생들보다 공부를 잘했다면 학급 규모 때문이라는 상당한 확신이 가능하다, 그렇지 않은가?

이런 실험은 이른바 "자연 실험"이라고 불린다. 때때로 과학자들은 가설을 테스트하기 위해 형식적 실험을 준비한다. 그런데 실세계가 그와 동일한 이론을 테스트하는 자연적인 방법을 제공하는 경우가 드물게 있다. 그리고 자연 실험은 형식적 실험보다 이점이 많다. 그렇다면 코네티컷주에 대해 자연 실험을 하여 소규모 학급에 들어간 모든 아이의 성적과 학생 수가 많은 해에 들어간 아이들의 성적을 비교해 보면 어떨까? 경제학자 캐롤라인 학스비가 코네티컷주의 모든 초등학교를 살펴보며 바로 이 실험을 수행했다. 그리하여 학스비가 발견한 것은 아무것도 없었다! 학스비는 "일부 정책 변경에서 통계학적으로 유의미한 효과를 발견하지 못했다고 말하는 연구가 많이 있습니다"라고 설명한다. "그렇다고 효과가 없었다는 뜻은 아닙니다. 단지 연구자들이 데이터에서 그 효과를 발견하지 못했다는 뜻이죠. 그런데 이 연구에서 저는 0에 가까운 아주 정확한 평가 추정치를 발견했습니다. 정확하게 0이 나왔어요. 다시 말하자면 아무 효과가 없었다는 뜻입니다."

물론 이건 하나의 연구에 불과하다. 하지만 학급 규모에 대한 모든 연구를 살펴봐도 실태가 더 명확하게 파악되지 않는다.[1] 그런 연구가 수년 동안 수백 건 이루어졌다. 그중 15퍼센트의 연구는 학생들이 더 소규모 학급에서 더 공부를 잘한다는 통계학적으로 유의미한 증거를 찾았다. 그리고 거의 같은 비율의 연구에서 학생들이 더 소규모 학급에서 더 공부를 못한 것으로 나타났다. 20퍼센트는 학스비의 연구와 비슷하게 전혀 효과를 발견하지 못했다. 나머지 연구들은 어느 쪽으로든 약간의 증거를 발견했지만 실질적인 결과를 도출할 만큼의 설득력은 없었다. 학급 규모에 관한 한 전형적인 연구는 다음과 같이 결론을 내렸다.

네 개 국가(오스트리아, 홍콩, 스코틀랜드, 미국)에서는 우리의 식별 전략이 극도로 부정확한 추정치를 얻어 학급 규모의 영향에 관해 어떤 확신 있는 주장도 할 수 없다. 두 개 국가(그리스, 아이슬란드)에서는 축소

다윗과 골리앗
David And Goliath

된 학급 규모가 적잖은 유익한 효과를 미친 것으로 보인다. 프랑스는 수학과 과학 교육 사이에 주목할 만한 차이가 있는 것으로 보이는 유일한 국가다. 수학에서는 학급 규모가 통계학적으로 상당히 유의미한 효과를 미친 반면 과학 과목에서는 이와 유사한 정도의 효과를 배제해도 되었다. 수학과 과학 과목 둘 다에서 학급 규모가 미치는 효과를 무시할 수 있는 학교 체계는 벨기에의 두 개 학교, 캐나다, 체코공화국, 한국, 포르투갈, 루마니아, 슬로베니아, 스페인의 각각 한 개 학교로 모두 아홉 개 학교였다. 마지막으로, 일본과 싱가포르의 두 개국가에서는 학급 규모가 학생의 성적에 미치는 어떤 주목할 만한 원인 영향도 무시할 수 있다.

이를 이해하겠는가? 열여덟 개 국가 학생들의 성적에 관한 수천쪽의 데이터를 자세히 살펴본 경제학자들은 "축소된 학급 규모가 적잖은 유익한 효과"를 미친 곳이 세계에서 그리스와 아이슬란드, 단둘뿐이라는 결론을 내렸다. 그리스와 아이슬란드라고? 미국에서 학급 규모를 줄이기 위한 노력은 1996년부터 2004년 사이에 거의 25만 명의 교사가 신규 채용되는 결과를 낳았다. 같은 기간에 미국에서 학생 1인당 지출이 21퍼센트나 치솟았고 그 수백억 달러 중 대부분이 교사를 추가로 채용하는 데 사용되었다. 지난 20년 동안 교사만큼 그렇게 많이, 그렇게 빨리, 혹은 그렇게 큰 비용을 들여 그 수가 증가한 직업은 없다고 말해도 무방하다. 국가들이 차례차례 그런 예산을 지출했다. 우리가 모든 교사가 모든 학생을 알 기회가 있는 셰포그밸리중학교 같은 학교를 보면 "내 아이를 보낼 곳"이라고 생각하기 때문이다. 하지만 증거들은 우리가 큰 장점이라고 확신하는 것이 그렇게 큰 장점이 아닐 수 있음을 보여준다.[2]

어느 백만장자의 고민

얼마 전에 나는 할리우드에서 가장 유력한 인물 중 한 명과 자리를 같이했다. 그는 미니애폴리스에서 보낸 어린 시절에 관해 이야기하면서 대화를 시작했다. 어린 시절 그는 매년 겨울이 시작될 때면 집 진입로와 보도의 눈을 치워달라는 사람들의 의뢰를 받느라 동네를 오르락내리락했다. 그런 뒤 동네의 다른 아이들에게 일을 맡겼다. 자신이 고용한 일꾼이 작업을 마치면 수중에 있는 현금으로 바로 임금을 지불했고, 일을 맡긴 가족에게서는 나중에 수금했다. 이것이 일꾼이 열심히 일하게 만드는 가장 확실한 방법이라는 것을 알고 있었기 때문이다. 그의 임금대장에는 여덟 명, 때로는 아홉 명의 아이들이 올라 있었다. 가을이 되면 그는 업종을 낙엽 치우기로 바꾸었다.

그는 "고객에게 그들이 원하는 대로 진입로의 눈을 치웠다고 말할 수 있도록 제가 직접 현장에 나가 작업을 체크했어요"라고 회상했다. "일을 제대로 하지 않는 아이들이 항상 한두 명씩 있었어요. 그런 아이들은 해고해야 했죠." 그때 그는 열 살이었다. 열한 살이 되자 통장에 600달러가 모였다. 전부 직접 번 돈이었다. 당시는 1950년대였고, 600달러면 지금으로 치면 5천 달러에 맞먹는 액수였다. "가고 싶은 곳이 있어서 돈을 모은 건 아니었어요"라고 하며 그는 열한 살짜리는 가고 싶은 곳이 있는 게 당연하다는 듯 어깨를 으쓱하며 말을 이었다. "아무리 바보라도 돈은 쓸 줄 알죠. 하지만 돈을 벌고 모으면, 그래서 원하는 걸 갖는 기쁨의 순간을 뒤로 미루면 돈의 가치를 다르게 평가하는 법을 배울 수 있어요."

그의 가족은 완곡한 표현으로 "혼합 동네mixed neighbor-hood"라고 불리는 지역에 살았다. 그는 공립학교에 다녔고 물려받은 옷을 입었다. 대공황을 겪었던 그의 아버지는 돈에 대해 솔직하게 이야기했다. 그가 가령 새 운동화나 자전거 같은 무언가를 갖고 싶어 하면 아버지는 그에게 금액의 반을 내라고 말했다고 한다. 그가 쓸데없이 불을 켜두면 아버지가 전기요금 고지서를 들이밀었다. "아버지는 '보렴, 우리가 전기를 쓰는 대가로 내야 하는 돈이야. 넌 그냥 게으름을 부리느라 불을 안 끈 거고 우리는 네가 게으름을 부린 대가로 돈을 내야 해. 하지만 네가 일을 하기 위해 불을 켜야 한다면 하루 스물네 시간 불을 켜놔도 괜찮아'라고 말씀하셨어요."

열여섯 살이 되던 해 여름, 그는 아버지의 고철상에서 일했다. 고된 육체노동이었다. 그는 다른 직원과 똑같은 대우를 받았다. "그 일을 하면서 미니애폴리스에서 살고 싶지 않아졌어요. 아버지의 고철상 일에 의탁할 맘이 싹 사라졌지요. 끔찍했어요. 지저분하고 힘든 데다 지루했고요. 고철을 통에 담는 일이었거든요. 저는 5월 15일부터 노동절(9월 첫째 월요일)까지 그곳에서 일했어요. 늘 먼지투성이였죠. 돌아보면 아버지가 제게 그 고철상에서 일을 시킨 이유는 제가 그곳에서 일해보면 달아나고 싶어 할 걸 알았기 때문인 것 같아요. 다른 무언가를 하고 싶은 동기 부여가 되었거든요."

대학에서 그는 부유한 동급생을 대상으로 드라이클리닝을 할 옷을 수거하고 배달하는 세탁 서비스를 했다. 유럽으로 가는 학생의 전세비행기를 주선하는 일도 했다. 친구와 농구경기를 보러 가서는 기둥으로 막힌 끔찍한 좌석에 앉아서 코트사이드의 프리미엄석에 앉으면 과연 어떨까 궁금해하기도 했다. 뉴욕의 경영대학원과 로스쿨에 다닌 그는 돈을 절약하려고 브루클린의 빈민가에 살았다. 졸업 후에는 할리우드에서 일자리를 구했는데 이 일이 더 중요한 일자리로, 그다음에는 훨씬 더 중요한 일자리로 발전했고 부가계약과 상과 잇따른 엄청난 성공으로 이어졌다. 지금은 비행기 격납고만 한 비벌리힐스 저택과 전용비행기를 소유하고 차고에는 페라리가 서 있을 정도로. 영원히 이어질 것 같은 진입로 앞의 대문은 유럽의 중세시대 성에서 공수해 온 것처럼 보인다. 그는 돈을 잘 아는 사람이다. 그리고 돈을 잘 아는 건 고향 미니애폴리스 거리에서 돈의 가치와 기능을 철저한 교육을 통해 배웠기 때문이라고 느낀다.

그는 "저는 더 많은 자유를 누리고 싶었어요. 다양한 것을 갖고자 열망했죠. 돈은 내 열망과 욕구, 충동을 위해 사용할 수 있는 도구였어요"라고 말한다. "아무도 제게 가르쳐준 사람은 없었어요. 제가 스스로 배웠어요. 일종의 시행착오와 비슷했어요. 저는 그 결실을 좋아했어요. 어느 정도의 자긍심도 얻었고요. 제 인생에 대해 더 많은 통제력을 얻었다고 느꼈죠."

웬만한 집 한 채 크기인 재택 사무실에서 이야기를 이어가던 그는 마침내 핵심으로 들어갔다. 그에게는 몹시 사랑하는 아이들이 있었다. 여느 부모와 마찬가지로 그는 아이들을 뒷바라지하고 자신이 가진 것보다 더 많은 것을 주고 싶었다. 하지만 그는 거대한 모순을 만들었고, 그것을 알고 있었다. 그가 성공한 이유는 돈의 가치와 일의 의미, 세상에서 자신의 길을 개척하는 즐거움과 성취감을 오랜 시간 고생하며 배웠기 때문이다. 하지만 그가 거둔 성공 덕분에 그의 아이들은 그런 교훈을 배우기 힘들 것이다. 할리우드 백만장자의 아이들은 비벌리힐스 이웃들의 낙엽을 치우지는 않는다. 쓸데없이 불을 켜두었을 때 아버지가 화를 내며 전기요금 고지서를 흔들어대지도 않는다. 농구장의 기둥 뒤에 앉아서는 코트사이드에 앉으면 어떨까 궁금해하지도 않는다. 그들이 코트사이드에 살고 있으니까.

"부유한 환경에서 아이들을 키운다는 게 사람들이 보통 생각하는 것보다 훨씬 힘든 일인 것 같아요"라고 그가 말했다. "사람들은 경제적으로 힘들면 황폐해져요. 하지만 부유해서 황폐해지기도 합니다. 야망을 잃고, 자긍심을 잃고, 자존감을 잃기 때문이죠. 어느 쪽이든 양극단에 있으면 힘들어요. 아마 중간의 어느 지점이 가장 좋을 것 같습니다."

물론 자기 아이들이 딱하다는 백만장자의 하소연보다 공감이 안 가는 말은 드물 것이다. 이 할리우드 인사의 아이들은 가장 좋은 집이 아니면 살지 않을 것이고 1등석이 아니면 앉지 않을 것이다. 하지만 그는 물질적인 안락을 말하는 게 아니었다. 그는 자수성가한 사람이었다. 그의 형제 중 한 명은 가업인 고철상을 물려받아 성공시켰고 의사가 된 다른 형제가 개업한 병원도 번창했다. 그의 아버지는 성취감과 의욕이 강하고 세상에서 스스로 무언가를 이룬 세 아들을 두었다. 그리고 그가 말하는 요점은 수억 달러를 가진 자신이 그의 아버지가 미니애폴리스의 혼합 동네에서 그랬던 것처럼 성공적으로 아이들을 기르기가 더 힘들다는 것이었다.

자식을 키우기에 너무나 많은 돈

이런 점을 깨달은 사람이 이 할리우드 인사가 처음은 아니다. 내가 생각하기에 우리 대부분이 이것을 직감적으로 알고 있다. 부모와 돈과의 관계에 관한 우리의 사고에 지침이 되는 중요한 원칙이 있다. 더 많다고 항상 좋은 건 아니라는 원칙이다.

돈이 너무 없으면 좋은 부모가 되기 어렵다. 이는 너무도 당연한 말이다. 가난은 심신을 지치게 하고 스트레스를 준다. 투잡을 뛰어 겨우 입에 풀칠을 한다면 저녁에 아이들이 잠들기 전에 책을 읽어줄 기운이 남아 있을 리 없다. 혼자 아이를 키우는 엄마나 아빠가 힘들게 장거리 통근을 하면서 육체적으로 고된 일을 하여 집세를 내고 가족을 먹이고 입히려 애쓴다면 아이들에게 끊임없는 애정과 관심을 주고 건전한 가정을 만드는 데 도움이 되는 훈육을 하기 힘들다.

하지만 돈이 많을수록 더 좋은 부모가 될 수 있다는 말이 항상 참이라고 주장할 사람은 없을 것이다. 양육과 돈의 관계를 그래프로

그려보라는 요청을 받았을 때 사람들이 이런 식으로 그리지는 않을 것이다.

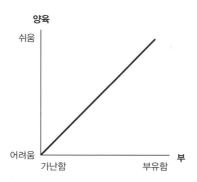

돈은 일정 지점까지는 양육을 더 수월하게 한다. 그러다 어느 지점에 이르면 돈이 더 이상 큰 차이를 만들어내지 않는다. 그 지점이 어디일까? 행복에 관해 연구한 학자들[3]은 가정의 연소득이 약 7만 5천 달러 이하일 때는 돈이 많을수록 가족의 행복감이 커진다고 제시한다. 그 이상부터는 경제학자들이 "한계수확체감"이라고 명명하는 현상이 시작된다. 만약 당신의 가족이 1년에 7만 5천 달러를 벌고 이웃집은 10만 달러를 벌 경우 이웃집은 그 차액 2만 5천 달러로 더 좋은 차를 구입하고 좀 더 자주 외식을 할 수 있다. 하지만 그렇다고 이웃이 당신보다 더 행복해지거나 좋은 부모가 되는 데 도움이 되는 수천 가지의 크고 작은 일들을 할 준비를 더 잘 갖추는 것은 아니다. 양육-소득 관계에 대한 더 나은 그래프의 형태는 다음과 같다.

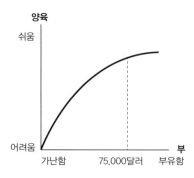

하지만 이 곡선이 말해주는 건 이야기의 일부일 뿐이다. 그렇지 않은가? 부모의 소득이 충분히 높아지면 양육이 다시 더 힘들어지기 시작하기 때문이다. 우리 대부분에게는 우리가 자라온 세계의 가치와 우리가 아이들에게 마련해 주는 세계의 가치가 그리 다르지 않다. 하지만 어마어마한 부자가 된 누군가에게는 그렇지 않다. 심리학자 제임스 그러브먼은 1세대 백만장자를 묘사하기 위해 "부유한 세계로의 이민자immigrants to wealth"라는 멋진 표현을 사용했다. 이 백만장자들이 아이들과 관련해서 직면하는 과제들이 어디건 새로운 나라에 이민 온 사람들이 부딪치는 과제와 같다는 뜻이다.

앞서 말한 할리우드의 거물 같은 사람이 자랄 때 살던 세계는 결핍이 큰 동기요인이자 스승 역할을 하는 중산층이었다. 그의 아버지는 아들에게 돈의 의미와 독립과 근면의 가치를 가르쳤다. 하지만 그의 아이들은 그 세계와 다른 당황스러운 규칙이 적용되는 부유한 신세계에 살고 있다. 주변 환경을 둘러보면 자신이 결코 열심히 일하거나 독립적이 되거나 돈의 의미를 배울 필요가 없다는 걸 알게 되는 아이들에게 "열심히 일해라, 독립적이 되어라, 돈의 의미를 배워라"라고 어떻게 가르치겠는가? 세계의 많은 문화에서 부유한 환경에서 아이를 키우는 어려움을 묘사하는 속담을 볼 수 있는 건 이 때문이다. 영어에는 "셔츠 바람으로 시작해서 3대 만에 셔츠 바람으로 돌아간다"라는 속담이 있다. 이탈리아인은 "별에서 마구간 신세로"라고 말하고, 스페인에서는 "가지지 않은 자는 가지고, 가진 자는 함부로 쓴다"라고 한다. 부유함에는 스스로를 파괴하는 씨앗이 들어 있다.

그러브먼은 "부모는 제한선을 정해두어야 해요. 하지만 그건 부유한 세계로의 이민자에게 가장 힘든 일 중 하나예요. '우린 그럴 만한 형편이 안 돼'라는 구실이 사라졌을 때 어떻게 말해야 할지 모르기 때문이죠"라고 말한다. "부모들은 거짓으로 '우린 돈이 없어'라고 말하고 싶어 하진 않아요. 당신이 10대라면 '뭐라고요? 아빠는 포르셰가 있잖아요, 엄마는 마세라티가 있고요'라고 대답할 테니까요. 부모들은 '아니, 그럴 형편이 안 돼'에서 '아니, 그렇게 안 할 거야'로 바꿔 말하는 법을 배워야 합니다."

하지만 그러브먼은 "그렇게 안 할 거야"가 훨씬 말하기 어렵다고 설명한다. "그럴 형편이 안 돼"라는 말은 간단하다. 때로는 부모가 한두 번만 말해도 된다. 중산층 가족의 아이들이 투도어 스포츠카를 갖고 싶다고 졸라봤자 소용없다는 것을 깨닫는 데는 오랜 시간이 걸리지 않는다. 스포츠카는 결코 현실이 될 수 없으니까.

"아니, 우리는 스포츠카를 사지 않을 거야"라는 말에는 대화가 필요하다. 그리고 가능한 것이 항상 옳은 것은 아니라는 점을 설명하기 위한 솔직함과 기술이 필요하다. "저는 부유한 부모들에게 어떻게 해야 할지 각본을 알려주었어요. 그래도 그 부모들은 어떻게 말해야 할지 모르더군요"라고 그러브먼이 말했다. "저는 부모들에게 '그래, 내가 너한테 그걸 사 줄 수는 있어. 하지만 사 주지 않을 거야. 우리 가치관과 맞지 않는 일이니까'라고 말하라고 가르쳤어요." 하지만 그러려면 당연히 일련의 가치관이 있어야 하고 그 가치관을 논리적으로 설명하는 법과 아이들이 타당성을 느끼도록 설득하는 법을 알아야 한다. 이 모두가 어떤 상황의 누구라도 실천하기 정말 힘든 일들이다. 특히 진입로에 페라리가 서 있고 전용기와 비벌리힐스에 비행기 격납고만 한 저택을 가진 사람에게는 더 힘들다.

그 할리우드 인사는 돈이 지나치게 많았다. 그게 부모로서 그의 문제였다. 그는 돈이 상황을 더 낫게 만드는 지점을 훨씬 지났고 돈이 그다지 중요하지 않게 된 지점도 훨씬 지났다. 그는 돈이 정상적이고 심리적으로 건전한 아이들을 키우는 일을 더 어렵게 만들기 시작하는 지점에 있다. 양육 그래프는 실제로 다음과 같은 형태를 띤다.

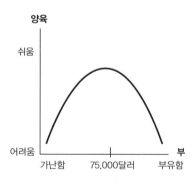

이런 형태를 '역U자형 곡선'이라고 부른다. 역U자형 곡선은 이해하기 어렵다. 이런 곡선은 거의 항상 우리에게 놀랍게 느껴진다. 그리고 우리가 강점과 약점을 자주 헷갈리는 이유 중 하나가 우리가 U자형 세계에서 움직이고 있다는 것을 잊기 때문이다.[4]

이 문제는 학급 규모의 수수께끼를 다시 떠올리게 한다. 학급의 학생 수와 학업 성적 간의 관계가 다음 그래프와 같지 않다면 어떨까?

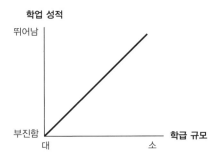

혹은 다음과 같은 형태도 아니라면?

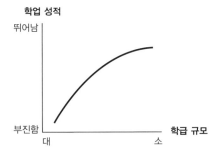

만약 다음과 같은 형태라면?

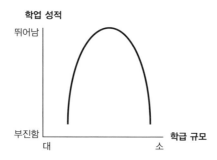

세포그밸리중학교의 교장은 테레사 드브리토라는 여성이다. 그녀는 이 학교에 재직한 5년 동안 해마다 신입생 학급의 규모가 줄어드는 것을 목격했다. 부모들에게는 좋은 소식일 수 있다. 하지만 드브리토는 이 문제를 생각하면 위의 마지막 곡선이 떠올랐다. 그녀는 "몇 년 안에 초등학교에서 올라오는 학생 수가 학년 전체에 쉰 명이 되지 않을 거예요"라고 말한다. 그녀는 그런 상황을 두려워하고 있다. "우리는 힘들어질 거예요."

수업을 하기에 너무나 작은 학급

역U자형 곡선은 세 부분으로 이루어져 있으며 각 부분이 상이한 논리를 따른다.[5] 왼쪽 부분에서는 더 많은 것을 할수록 혹은 더 많이 가질수록 상황이 더 나아진다. 평평한 중간 부분에서는 더 많이 한다고 큰 차이가 나타나지는 않는다. 그리고 오른쪽 부분에서는 더

많이 하거나 더 많이 가질수록 상황이 더 나빠진다.[6]

학급 규모의 수수께끼를 이런 방식으로 생각해 보면 혼란스러워 보이던 문제가 좀 더 이해되기 시작한다. 한 학급의 학생 수는 부모가 가진 재산과 비슷하다. 모두 당신이 곡선의 어느 부분에 있는지에 따라 이야기가 달라진다. 예컨대, 이스라엘은 전통적으로 초등학교의 학급 규모가 상당히 컸다. 이스라엘의 교육제도는 한 학급이 마흔 명이 넘지 않아야 한다고 선언한 12세기의 랍비의 이름을 딴 "마이모니데스 법칙"을 적용한다. 초등학교 학급의 학생 수가 종종 서른여덟 명이나 서른아홉 명에 이를 수 있다는 뜻이다. 하지만 한 학년의 학생이 마흔 명이라면 스무 명씩 두 반을 만들 수도 있다. 학스비식으로 분석하여 그런 대규모 학급 하나의 성적을 스무 명으로 이루어진 학급과 비교해 보면 소규모 학급의 성적이 더 좋을 것이다. 이 결과는 놀랄 일이 아니다. 학생 서른여섯 명이나 서른일곱 명은 어떤 교사건 한 명이 감당하기에는 많은 수다. 이스라엘은 역U자형 곡선의 왼쪽에 위치한다.[7]

이제 코네티컷주의 이야기로 돌아가 보자. 학스비가 살펴본 학교들은 학급 규모가 대부분 스무 명대 초중반과 열 명대 후반 사이였다. 자신의 연구에서 아무것도 발견하지 못했다는 학스비의 말은 그 중간 범위에서는 학급 규모를 줄여도 아무런 실질적인 효과를 발견하지 못했다는 뜻이다. 다시 말해 이스라엘과 코네티컷주 사이의 어딘가에서 학급 규모의 효과가 곡선을 따라 평평한 중간 구역으로 이동하고, 이 구역에서는 교실에 자원을 추가해도 아이들이 이로 말미

앉아 교실에서 더 나은 경험을 하는 효과가 나타나지 않는다.

학생 수가 스물다섯 명인 학급과 열여덟 명인 학급 사이에 왜 큰 차이가 없을까? 후자가 교사에게 더 수월하다는 데는 의문의 여지가 없다. 점수를 매길 시험지도 더 적고, 파악하고 지켜봐야 할 학생의 수도 더 적다. 하지만 업무량이 줄어들었을 때 교사가 교육 방식을 변화시키는 경우에만 학급 규모 축소가 더 나은 결과로 이어진다. 그리고 증거들은 이 중간 영역의 교사들이 꼭 교육 방식을 바꾸지는 않는다고 제시한다. 교사들은 그저 일을 덜 한다. 그게 인간의 본성이니까. 당신이 의사인데 금요일 오후에 스물다섯 명의 환자를 진료하다가 앞으로는 똑같은 급여를 받으면서 스무 명만 진료하면 된다는 것을 알게 되었다고 가정해 보자. 그러면 각각의 환자에게 더 많은 시간을 쓰겠는가? 아니면 7시 30분이 아니라 6시 30분에 퇴근해서 집에서 아이들과 함께 저녁을 먹겠는가?

이제 중요한 질문을 던질 차례다. 부모가 지나치게 돈을 많이 번다고 할 수 있는 것처럼 학급 규모가 지나치게 작다고 할 수도 있을까? 내가 미국과 캐나다의 많은 교사를 상대로 설문조사를 해서 이 질문을 해보았더니 교사들은 그럴 수 있다고 잇달아 동의했다.

다음은 그 질문에 대한 전형적인 답변이다.

내가 생각하는 완벽한 최적의 학생 수는 열여덟 명이다. 한 교실에 그만큼의 학생이 있으면 누구도 주눅들 필요가 없는 반면 모두가 중요한 사람이라고 느끼기에 충분하다. 열여덟 명은 둘, 셋, 혹은 여섯 개 그룹으로 쉽게 나눌 수 있으며, 그 자체로 다채로운 친밀감 형성이 가능하다. 학생이 열여덟 명이면 내가 필요할 때마다 언제든 학생 개개인에게 다가갈 수 있다. 내가 두 번째로 선호하는 학생 수는 스물네 명이다. 여섯 명이 늘어나면 학생들 사이에 의견이 다른 사람, 현재 상태에 이의를 제기하는 한두 명의 반항아가 나타날 가능성이 훨씬 더 높아진다. 그 대신 학생 수가 스물네 명이면 팀이 아니라 에너지 넘치는 청중이 생기는 것과 비슷한 반대급부가 발생한다. 여기에 여섯 명을 더 추가하여 서른 명이 되면 활기찬 유대가 약해져서 가장 카리스마 있는 교사도 항상 마력을 발휘하는 것이 어려워진다.

그렇다면 반대 방향으로 가면 어떠한가? 완벽한 열여덟 명에서 여섯 명이 줄어들어 최후의 만찬을 함께한 제자들과 같은 수가 된다면? 바로 그게 문제다. 열두 명은 휴일 저녁 식탁에 둘러앉기에 적당할 만큼 적은 수다. 너무 친밀한 분위기여서 고등학생들에게 자율성이 필요한 날에도 이를 보호받지 못한다. 또 허풍이나 따돌림에 너무 쉽게 휘둘릴 수 있는데, 어느 쪽이건 교사가 문제일 수도 있다. 한편 학생 수가 여섯 명으로 더 줄어들면 숨을 곳이 전혀 없어질 뿐 아니라 생각과 경험이 충분히 다양하지 않아 다수에서 얻을 수 있는 풍성함이 더해지기 힘들다.

다시 말해 교사에게는 어쩌면 소규모 학급이 대규모 학급 못지않게 관리하기 어려울 수도 있다. 어떤 경우에는 관리해야 하는 잠재적 상호작용의 수가 문제이고, 어떤 경우에는 잠재적 상호작용의 강도가 문제다. 또 다른 교사가 인상적으로 비유한 것처럼, 학급이 너무 작아지면 학생들이 "차 뒷자리에 앉은 형제자매처럼 행동하기 시작한다. 툭 하면 싸우는 아이들을 서로에게서 떼놓을 방법이 없어지는 것이다."

또 다른 고등학교 교사의 견해를 보자. 그는 최근 학생 수가 서른두 명인 학급을 맡았다면서 질색했다. "그렇게 큰 학급을 마주했을 때 처음 드는 생각은 '젠장, 채점해야 될 뭔가를 거둘 때마다 내 아이들과 함께 보낼 수 있는 몇 시간을 여기 학교에 박혀 있어야겠군'이다." 하지만 그는 스무 명 이하의 학급도 원하지 않았다.

어떤 학급이건 활기의 원천은 토론이고, 토론이 이루어지려면 어느 정도 충분한 머릿수가 필요하다. 내가 지금 가르치고 있는 학급의 학생들은 어떤 토론이건 하지 않는데, 때때로 몹시 힘이 든다. 학생 수가 너무 적으면 토론이 힘들어진다. 언뜻 생각하기에는 잘 이해가 가지 않는다. 서른두 명으로 된 학급에서 말하길 주저하는 조용한 아이들이 열여섯 명으로 구성된 학급에서는 좀 더 쉽게 입을 뗄 것이라 여기기 때문이다. 그런데 내 경험상 실제로는 그렇지 않다. 조용한 아이들은 어쨌거나 조용한 경향이 있다. 그리고 학급의 학생 수가 너무 적으면 말하는 아이들 중에서도 실제로 토론을 진행할 만큼 충분히 폭넓은 의견이 나오지 않는다. 또한 에너지 수준에 관해서도 정확하게 파악하기 힘든 무언가가 있다. 집단 규모가 너무 작으면 사람들 사이의 마찰에서 오는 에너지 따위가 부족한 경향이 있다.

그렇다면 정말로, 정말로 작은 학급은? 조심해야 한다.

아홉 명으로 이루어진 12학년 교양 프랑스어 수업을 맡은 적이 있다. 꿈같은 이야기다, 그렇지 않은가? 그런데 악몽이었다! 대상 언어로 어떤 대화나 토론도 진행시킬 수 없었다. 어휘, 문법 실력 등을 강화하기 위한 게임도 수행하기 어려웠다. 학습에 탄력이 붙지 않았다.

경제학자 제시 레빈이 네덜란드 학생들을 대상으로 이와 같은 맥락의 흥미로운 연구를 수행했다.[8] 학급에 대등한 수준의 동급생, 즉 학업 능력이 비슷한 학생들이 얼마나 많은지 조사한 레빈은 대등한 수준의 동급생 수가 학업 성적과 놀라운 상관관계가 있으며 특히 성적이 안 좋은 학생들에게 상관관계가 두드러진다는 것을 발견했다.[9] 다시 말해 학생들의 경우, 특히 열등생일 경우 자신과 같은 질문을 던지고 같은 문제와 씨름하며 같은 일로 걱정하는 사람들이 주변에 있어야 소외감을 덜 느끼고 자신이 정상적이라는 느낌을 좀 더 많이 받는다.

레빈은 아주 작은 학급의 문제가 이것이라고 주장한다. 한 교실에 학생이 너무 적으면 주변에 자신과 비슷한 사람이 충분히 있을 가능성이 아주 낮아지기 시작한다. 레빈은 학급 규모를 너무 지나치게 축소하면 "성적이 안 좋은 아이들이 보고 배울 수 있는 동급생들을 빼앗는다"라고 말한다.

테레사 드브리토가 셰포그밸리중학교에 대해 왜 그토록 걱정했는지 알겠는가? 그녀는 딱 사춘기라는 힘든 시기에 접어든 아이들을 가르치는 중학교의 교장이다. 이 나이대의 아이들은 서투르고 남의 시선을 의식하며 너무 똑똑하게 보일까 봐 걱정한다.

드브리토는 이 아이들을 교사와의 단순한 질의응답을 넘어서는 수업에 참여시키기란 "이를 뽑는 것"처럼 힘든 일이라고 말한다. 그녀는 교실에서 흥미롭고 다양한 의견이 많이 나오길 원하고 충분한 수의 학생들이 같은 문제와 씨름할 때 생기는 흥분을 원한다. 반쯤 빈 교실에서 어떻게 그렇게 하겠는가? 드브리토는 "학생이 많을수록 그런 토론에서 더 많은 다양성을 얻을 수 있습니다. 또래가 너무 적으면 아이들 입에 재갈을 물리는 것과 비슷하죠"라고 말을 이었다. 표현은 안 했지만 그녀는 누군가가 학교 옆 완만한 경사의 초원에 대규모 단독주택단지를 조성한다면 그리 불만스러워하지 않을 것이다.

"저는 메리던에서 중학교 수학 교사로 일을 시작했어요." 드브리토가 말을 이었다. 코네티컷주의 다른 지역에 위치한 메리던은 중산층과 저소득층이 거주하는 도시다. "제가 맡은 가장 큰 학급은 학생이 스물아홉 명이었어요." 그녀는 그때 얼마나 힘들었는지, 그렇게 많은 학생을 지켜보고 숙지하고 대응하느라 얼마나 고생했는지에 대해 이야기했다. "뒤통수에 눈이 달려 있어야 해요. 한 그룹을 상대하고 있을 때도 교실 안에 무슨 일이 일어나고 있는지 들을 수 있어야 하고요. 교실에 아이들이 그렇게 많을 때는 교사가 최고의 기량을 발휘해야 해요. 교실 저쪽 구석에서 아이들이 지금 해야 할 일과 아무 상관없는 이야기를 떠들고 있지 않게 하려면요."

그러다 그녀는 한 가지 사실을 털어놓았다. 그녀가 그 학급을 가르치는 일을 좋아했다는 것 말이다. 그 학급을 맡았을 때가 그녀의 경력에서 손에 꼽을 수 있는 최고의 해에 속했다. 열두 살, 열세 살짜리에게 수학을 가르치는 사람에게 힘든 일은 수학을 재미있어 보이게 만드는 것이다. 그리고 스물아홉 명의 학생도 흥미로웠다.

"상호 작용할 비슷한 수준의 동급생이 많았어요." 테레사가 설명한다. "그 반에서는 아이들이 항상 어느 한 그룹하고만 관계를 맺는 게 아니었어요. 다양한 경험을 할 기회가 더 많았죠. 그게 진짜 중요한 점이에요. 아이들에게 활기를 불어넣고 풍요롭게 만들고 참여시키기 위해, 그래서 수동적으로 머물지 않도록 하기 위해 할 수 있는 일들이 중요해요."

그녀가 셰포그밸리중학교의 모든 교실에 스물아홉 명의 학생이 있길 원할까? 당연히 아니다. 그녀는 자신이 좀 특이한 사람이고 교사 대부분에게 이상적인 학생 수는 그보다 적다는 것을 알고 있다. 그녀의 주장은 학급 규모라는 문제와 관련해 우리가 소규모 학급의 장점에만 사로잡혀 대규모 학급에서 얻을 수 있는 장점을 의식하지 못한다는 것이다. 학급에서 당신의 아이와 공부하는 다른 학생들을 학습이라는 모험의 동지가 아니라 교사의 관심을 받기 위한 경쟁자로 생각하는 게 이상하다. 그렇지 않은가?

테레사는 메리던에서 보낸 그해를 돌아보면서 아련한 눈빛이 되었다. "저는 시끌벅적한 게 좋아요, 학생들이 상호 작용하는 소리를 듣는 걸 좋아하죠. 아, 참 재밌었어요."

학부모를 위한 학교

셰포그밸리중학교에서 30분쯤 차를 타고 올라가면 코네티컷주 레이크빌이라는 마을에 호치키스중학교가 있다. 미국 최고의 사립 기숙학교 중 하나로 꼽히는 이 학교는 학비가 1년에 거의 5만 달러에 이른다. 이 학교에는 호수 두 개, 하키링크 두 개, 망원경 네 개, 골프 코스, 피아노 열두 대가 있다. 평범한 피아노가 아니라 학교가 애써 강조하는 것처럼 돈으로 살 수 있는 피아노 중에 최고 명성을 자랑하는 스타인웨이 피아노다.[10] 호치키스는 학생들의 교육에 돈을 아끼지 않는 곳이다.

이 학교의 평균 학급 규모는 얼마일까? 한 학급에 열두 명이다. 테레사 드브리토가 두려워하는 상황을 바로 길 위쪽에 있는 호치키스는 가장 큰 자산으로 선전한다. 이 학교는 "우리의 학습 환경은 친밀하고 대화식이며 포용적입니다"라고 자랑스럽게 선언한다.

왜 호치키스 같은 학교는 분명 학생들을 더 나빠지게 만드는 일을 하는 걸까? 한 가지 대답은 학교가 학생들을 염두에 두지 않고 있다는 것이다. 학교가 염두에 두는 건 골프 코스와 스타인웨이 피아노 같은 것들을 자신들이 내는 5만 달러가 잘 쓰이고 있다는 증거로 여기는 학부모들이다. 하지만 더 나은 대답은 호치키스가 부유한 사람들, 부유한 기관들, 부유한 국가들(모두 골리앗이다)이 너무 자주 걸리는 덫에 빠졌다는 것이다. 호치키스는 돈으로 구입할 수 있는 것들이 항상 현실 세계에서 강점이 될 수 있다고 가정한다. 그러나 당연히 그렇지 않다. 이것이 역U자형 곡선이 주는 교훈이다. 경쟁자보다 크고 강한 건 좋은 것이다.

하지만 너무 크고 강해서 시속 150마일로 발사된 돌멩이에 맞기 쉬운 표적이 되는 것은 좋지 않다. 골리앗이 원하는 걸 얻지 못한 이유는 그가 너무 몸집이 컸기 때문이다. 할리우드의 인사가 원하는 부모가 되지 못하는 건 그가 너무 부자이기 때문이다. 호치키스가 원하는 걸 얻지 못하는 이유는 이 학교의 학급들이 너무 작기 때문이다. 우리 모두는 더 크고 더 강하고 더 부유한 것이 항상 우리에게 가장 득이 된다고 가정한다. 그러나 비벡 라나디베, 다윗이라는 이름의 양치기 소년, 셰포그밸리중학교의 교장은 그렇지 않다고 말할 것이다.

3

큰 연못엔 큰 물고기가 살지 않는다

"제가 만약 메릴랜드대학교에 갔다면
저는 아직 과학계에 있었을 거예요."

인상파가 살롱을 포기했을 때

파리가 미술계의 중심지이던 150년 전, 바티뇰가에 있던 카페 게르부아에는 매일 저녁 한 무리의 화가들이 모여들곤 했다. 이 무리의 우두머리는 에두아르 마네였다. 이 무리에서 최고 연장자이자 가장 확실하게 자리를 잡은 화가이던 마네는 최신 유행하는 옷차림을 한 30대의 잘생기고 사교적인 남성이었으며 활기와 유머로 주변의 모든 사람을 매료했다. 마네의 절친한 친구는 에드가 드가였다. 드가는 마네와 재치를 겨룰 수 있는 몇 안 되는 사람 중 하나였다. 두 사람 다 불같은 성격과 독설의 소유자여서 때로는 격렬한 논쟁에 빠지기도 했다.

키가 크고 무뚝뚝하던 폴 세잔은 허리춤을 끈으로 묶은 바지를 입고 카페에 와서 구석진 곳에 우울하게 앉아 있었다. "당신에게 악수를 청하진 않겠소." 언젠가 세잔이 의자에 털썩 주저앉기 전에 마네에게 한 말이다. "8일 동안 안 씻었거든." 자아도취적이고 의지가 강하던 클로드 모네는 식료품 잡화상의 아들로 다른 몇몇보다 교육을 받지 못했다. 모네와 가장 친했던 사람은 "태평한 부랑아" 피에르 오귀스트 르누아르로, 그는 모네와 친구로 지내는 동안 모네의 초상화를 열한 점 그렸다.

이 무리의 도덕적 잣대를 담당한 사람은 철저하게 정치적이고 충실하며 원칙주의자였던 카미유 피사로였다. 성미가 가장 고약하고 소외된 인물이던 세잔도 피사로를 좋아했고, 몇 년 뒤 본인을 "피사로의 제자"라고 자칭하기도 했다.

이 뛰어난 화가 무리들은 인상주의[1]라고 불리는 운동을 함께 전개하여 근대미술을 창안했다. 이들은 서로의 모습을 그렸고 서로의 옆에서 그림을 그렸으며 정서적·경제적으로 협력했다. 오늘날 세계의 모든 주요 미술관에는 이들의 그림이 걸려 있다.

하지만 1860년대에 이 화가들은 생활고를 겪었다. 모네는 빈털터리였다. 한때 르누아르가 모네가 굶어죽지 않도록 빵을 가져다주어야 했을 정도였다. 르누아르의 상황도 별반 나을 게 없었다. 편지에 붙일 우표를 살 돈도 없었으니까. 그들의 그림에 관심을 가지는 미술거래상들이 거의 없었다. 미술평론가들이 인상파 화가들을 언급할 때면(1860년대에 파리에는 소규모 미술 비평가 집단이 있었다) 대개 그들을 업신여겼다.

마네와 친구들은 짙은 패널로 벽을 장식한 카페 게르부아에서 대리석 상판의 테이블과 엉성한 금속 의자에 앉아 먹고 마시며 정치, 문학과 예술, 그리고 가장 구체적으로는 자신들의 경력에 관해 언쟁을 벌였다. 인상파 화가들은 모두 한 가지 중요한 문제와 씨름하고 있었기 때문이다. 바로 살롱전을 어떻게 해야 할지의 문제였다.

미술은 19세기에 프랑스의 문화생활에서 대단한 역할을 했다. 회화는 황실미술부Ministry of the Imperial House and the Fine Arts라는 정부 부처에서 관장했으며 오늘날의 의학이나 법률처럼 전문직으로 여겨졌다. 촉망받는 화가가 되려면 파리의 국립고등미술학교École Nationale Supérieure des Beaux-arts에 들어가 이곳에서 드로잉 모사부터 시작해 살아 있는 모델을 그리는 작업까지 엄격한 공식교육을 받아야 했다. 교육 단계마다 경쟁이 있었다. 성적이 나쁜 학생들은 걸러졌고, 성적이 좋은 학생들은 상과 명예로운 장학금을 받았다. 그리고 이 직업의 정점이 유럽 전역에서 가장 중요한 미술 전시회인 살롱전이었다.

프랑스의 화가들은 해마다 전문 심사위원단에게 자신의 가장 훌륭한 유화 두세 점을 제출했다. 마감일은 4월 1일이었다. 전 세계의 예술가들이 캔버스를 실은 손수레를 밀고 파리 시내의 자갈길을 지나 샹젤리제와 센강 사이에 세워진 파리 만국박람회 전시장인 산업궁전Palais de l'Industrie에 작품을 제출했다. 그리고 다음 몇 주 동안 심사위원들이 차례차례 각 작품에 투표를 했다. 부적합한 것으로 판단된 작품에는 불합격rejected이라는 뜻으로 "R"이라는 빨간색 도장이 찍혔고, 합격한 작품들은 산업궁전의 벽에 걸렸다. 그런 뒤 5월 초부터 6주 동안 100만 명에 이르는 사람들이 전시회에 몰려들어 가장 중요하고 유명한 화가들의 작품을 서로 가까이에서 보려고 밀치락달치락했고, 마음에 들지 않는 작품들은 조롱했다. 최고의 작품들에는 메달이 주어졌다. 수상자는 칭송을 받았고 작품의 값어치가 치솟았다. 실패자들은 낙담한 채 집으로 돌아가 다시 캔버스 앞에 앉았다.

르누아르는 "파리에는 살롱전의 인정을 받지 않은 작품을 좋아할 줄 아는 미술 애호가가 불과 열다섯 명도 되지 않는다"라고 말한 적이 있다. "살롱전에 작품이 걸리지 않은 화가에게서는 그 무엇도 사지 않으려는 사람이 8만 명이나 있다." 르누아르는 살롱전 때문에 어찌나 불안했던지 어느 해에는 자신의 합격 여부를 일찍 알고 싶어서 심사위원들이 숙고하고 있는 산업궁전을 찾아가 밖에서 기다리기도 했다. 하지만 그때는 부끄러워서 자신을 르누아르의 친구라고 소개했다.

카페 게르부아의 또 다른 단골손님이던 프레데리크 바지유는 "나는 불합격할까 봐 지독하게 두려워했다"라고 고백했다. 화가 쥘 홀차펠은 1866년도 살롱전 심사에 통과하지 못하자 머리에 총을 쏘아 자살했다. 그가 자살하면서 남긴 쪽지에는 "심사위원들은 나를 거부했다. 그러니 난 재능이 없는 것이다"라고 쓰여 있었다. "나는 죽어 마땅하다." 19세기의 프랑스 화가에게는 살롱전이 전부였고, 살롱전이 인상파 화가들에게 그토록 쟁점이 되었던 이유는 살롱전 심사위원들이 계속해서 그들의 작품을 거부했기 때문이다.

살롱전은 전통을 고수했다. 미술사학자 수 로는 "작품들이 현미

경처럼 정확할 뿐 아니라 적절하게 '마무리되어' 있어야 하고 형식에 맞춰 액자에 담겨 있어야 하며 올바른 원근법과 모든 익숙한 미술적 관례를 따를 것으로 기대되었다"라고 썼다. "빛은 극적인 국면을 나타내고 어둠은 장중함을 암시했다. 서사적 그림에서는 장면이 '정확'해야 할 뿐 아니라 도덕적으로 허용할 수 있는 분위기를 설정해야 했다. 살롱전에서 보내는 오후는 파리오페라극장에서 보내는 밤과 비슷했다. 관객은 기분이 좋아지고 즐거워지길 기대했다. 사람들 대부분이 자신이 무엇을 좋아하는지 알고 있었고 자신이 아는 것을 보길 기대했다." 로는 메달을 받는 그림의 종류는 〈군인의 출발〉, 〈편지를 보며 우는 젊은 여인〉, 〈버림받은 순수〉 같은 제목에 프랑스의 역사나 신화의 장면들을 묘사하고 말과 군대나 아름다운 여인들이 등장하는 꼼꼼하게 그려진 거대한 유화였다고 말한다.

인상파 화가들은 예술에 대한 견해가 완전히 달랐다. 이들은 일상생활을 화폭에 담았다. 붓놀림이 뚜렷했고 인물들은 명확하지 않았다. 살롱전의 심사위원단과 산업궁전에 몰려든 관객에게 인상파 화가의 작품은 아마추어가 그린 것처럼 보이고 심지어 충격적이었다. 1865년에 살롱전은 놀랍게도 매춘부를 그린 마네의 그림 〈올랭피아〉를 통과시켰고, 이 작품은 파리 전체를 발칵 뒤집어 놓았다. 관람객 무리가 그림 가까이 오지 못하도록 경비까지 세워야 했다. 역사학자 로스 킹은 "히스테리와 심지어 공포의 분위기가 판을 쳤다"라고 썼다. "어떤 관객은 '전염된 것처럼 미친 폭소가 터져' 주저앉을 판이었던 반면 기겁을 하고 고개를 돌리는 사람들도 있었는데 이들은 주로 여성들이었다."

1868년에 르누아르, 바지유, 모네의 작품들이 가까스로 살롱전에 뽑혔다. 하지만 6주간 열리는 살롱전이 반쯤 지났을 즈음 이들의 작품은 주 전시공간에서 치워져 건물 후미진 곳에 있는 작고 어두운 방인 소위 **쓰레기장**dépotoir으로 추방되었다. 실패작이라고 여겨지는 작품들을 옮겨놓는 방이었다. 이는 심사에 통과되지 못한 것 못지않게 나쁜 일이었다.

살롱전은 세계에서 가장 중요한 미술전시회였다. 카페 게르부아의 모든 사람이 여기에 동의했다. 하지만 살롱전 통과에는 대가가 따랐다. 그들이 의미 있다고 생각하지 않는 유형의 작품을 제작해야 했고 다른 화가들의 작품들과 뒤섞여 관심을 받지 못할 위험도 있었다. 과연 그럴 만한 가치가 있을까? 밤마다 인상파 화가들은 살롱전의 문을 계속 두드려야 할지, 아니면 독립해서 자신들만의 전시회를 열어야 할지를 두고 논쟁을 벌였다. 그들은 살롱전이라는 큰 연못의 작은 물고기가 되고 싶었을까? 아니면 자신들이 선택한 작은 연못의 큰 물고기가 되고 싶었을까?

결국 인상파 화가들은 옳은 선택을 했다. 오늘날 세계의 모든 주요 미술관에 그들의 작품이 걸리게 된 데는 이 선택이 한몫을 했다. 하지만 우리의 삶에는 이와 같은 딜레마가 거듭해서 나타나고, 종종 우리는 그렇게 현명한 선택을 하지 않는다. 역U자형 곡선은 돈과 자원이 더 이상 우리의 삶을 더 낫게 만들지 않고 악화하기 시작하는 지점이 있음을 상기시킨다. 인상파 화가들의 이야기도 이와 비슷한 두 번째 문제를 제기한다. 우리는 최고를 얻으려고 노력하고, 할 수 있는 한 최상의 기관에 들어가는 것을 매우 중요하게 생각한다. 하지만 멈춰 서서 가장 명망 높은 기관들이 항상 우리에게 가장 이득이 되는지 깊이 생각하는 일은 거의 없다. 이런 예가 많지만 어느 대학에 갈지에 관한 우리의 사고방식보다 이 점을 더 효과적으로 보여주는 예는 드물다.

최우수 학생이 명문대에 입학했을 때

캐롤라인 색스(이름과 그녀를 특정할 수 있는 세부 내용은 바꾸었다)는 워싱턴D.C. 대도시권의 가장 변두리 지역에서 자랐고, 고등학교까지 공립학교를 다녔다. 그녀의 어머니는 회계사이고 아버지는 기술회사에서 일한다. 어릴 때 그녀는 교회 성가대에서 노래를 불렀고 글쓰기와 그림 그리기를 좋아했다. 하지만 그녀를 정말로 흥분시킨 것은 과학이었다.

색스는 "저는 돋보기와 스케치북을 들고 풀밭을 엄청나게 기어다니며 벌레들을 쫓아다니고 그랬어요"라고 말한다. 그녀는 사려 깊고 자신의 생각을 분명하게 표현하는 젊은 여성으로 기분 좋은 솔직함과 똑 부러지는 성격의 소유자였다. "저는 벌레들을 정말, 정말 좋아했어요. 상어도요. 그래서 한동안 수의사나 어류학자가 될까 생각도 했죠. 유지니 클라크가 제 영웅이었어요. 유지니는 최초의 여성 다이버예요. 뉴욕의 이민자 가정에서 자랐는데 결국 자기 분야에서 최고의 자리까지 올라갔죠. '오, 넌 여자야, 바다 밑으로 내려가면 안돼'라는 방해를 수두룩하게 겪었는데 말이에요. 정말 대단하다고 생각했어요. 아버지가 그녀를 만나 사인을 한 사진을 얻어주었을 때 정말 흥분했죠. 과학은 항상 제가 하는 일의 큰 부분을 차지했어요."

색스는 고등학교를 반에서 1등으로 순조롭게 마쳤다. 고등학교 때 근처 대학에서 정치학 강의를 들었을 뿐 아니라 지역 커뮤니티 칼리지에서 다변수 미적분학 강의도 들었다. 그녀는 이 두 과목에서 A를 받았고, 또한 고등학교 전 과목에서 A를 받았다. 대학과목 선이수제Advanced Placement 과정에서도 모든 과목에서 만점을 받았다.

고등학교 2학년을 마친 뒤 여름, 아버지가 그녀를 데리고 미국의 대학들을 후다닥 둘러보는 투어에 나섰다. "사흘 동안 다섯 학교를 봤던 것 같아요." 색스가 말했다. "웨슬리언, 브라운, 프로비던스 칼리지, 보스턴 칼리지, 그리고 예일. 웨슬리언은 재미있었지만 학교가 너무 작았어요. 예일대학교는 멋졌지만 확실히 저랑 분위기가 맞지 않았고요." 하지만 로드아일랜드주 프로비던스에 있는 브라운대학교가 그녀의 마음을 얻었다. 완만하게 경사진 언덕 꼭대기, 조지왕조 시대와 식민지시대의 붉은 벽돌 건물들로 이루어진 19세기풍 동네 한복판에 위치한 작고 고급스러운 학교였다. 브라운대학교의 캠퍼스는 아마 미국에서 가장 아름다울 것이다. 그녀는 브라운대학교에 지원했고, 예비책으로 메릴랜드대학교에 원서를 넣었다. 몇 달 뒤 그녀는 우편물을 받았다. 합격이었다.

"브라운대학교에 다니는 사람들은 전부 부자에다 세상 경험과 아는 게 많을 줄 알았어요." 그녀가 말한다. "그런데 학교에 가보니 모두 저와 비슷해 보였어요. 지적인 호기심이 많고 약간 긴장하고 들떠 있었죠. 이곳에서 친구를 사귈 수 있을지 잘 모르는 것도 비슷했고요. 굉장히 안심이 되더라고요." 가장 어려운 부분은 어떤 과목을 수강할지 선택하는 것이었다. 모든 과목이 좋아 보였기 때문이다. 결국 그녀는 화학 입문, 스페인어, '언어의 진화'라는 과목, 그리고 '현대의학의 식물학적 근원'을 선택했다. 그녀는 마지막 과목은 "반쯤은 식물학 수업이고 반쯤은 토착 식물들의 약품으로서의 용도와 그 용도가 어떤 화학적 이론들에 근거하고 있는지 살펴보는 수업"이라고 설명했다. 그녀는 천국에 온 기분이었다.

살롱전과 아이비리그의 공통점

캐롤라인 색스가 옳은 선택을 했을까? 우리 대부분은 그렇다고 말할 것이다. 그녀는 아버지와 함께 대학 투어를 할 때 자신이 본 대학들을 최고부터 최악까지 순위를 매겼다. 브라운대학교가 1등이었다. 메릴랜드대학교를 예비책으로 둔 이유는 어쨌거나 그 대학이 브라운만큼 좋은 대학은 아니었기 때문이다. 브라운은 아이비리그에 속한 대학이었다. 브라운대학교에는 메릴랜드대학교보다 더 많은 자원, 학문적으로 더 유능한 학생들, 더 큰 명성, 더 뛰어난 교수진이 있었다. 〈US 뉴스 앤드 월드리포트〉가 매년 발간하는 미국 대학 순위에서 브라운은 언제나 최상위 10대 혹은 20대 대학에 들었다. 메릴랜드대학교는 훨씬 후순위에 위치한다.

하지만 인상파 화가들이 살롱전에 대해 생각했던 방식으로 캐롤라인의 결정을 생각해 보자. 인상파 화가들이 카페 게르부아에서 벌인 끝없는 토론에서 이해했던 것은 살롱전과 단독전 사이의 선택은 단순히 최선의 선택지와 차선의 선택지의 문제가 아니라는 것이었다. 각각 저마다의 강점과 결점이 있는 아주 다른 두 가지 선택지 중에서의 선택이었다.

살롱전은 아이비리그 대학과 상당히 비슷했다. 명성이 만들어지는 곳. 그리고 살롱전을 특별하게 만든 것은 매우 선별적이라는 데 있었다. 1860년대 프랑스에는 "전국적 명성"을 얻은 화가들이 3천 명에 이르렀고 각 화가가 자신의 가장 뛰어난 작품 두세 점을 살롱전에 출품했다. 심사위원들이 족히 작은 산만큼 쌓인 캔버스 중에서 작품을 골라냈다는 뜻이다. 불합격이 보통이었고, 통과하는 것만으로도 대단한 일이었다. 마네는 "살롱전은 진짜 전쟁터"라고 말했다. "살아남기 위해 저마다 대책을 강구해야 하는 곳이다."

모든 인상파 화가 중에서 마네는 살롱전의 가치를 가장 확신한 사람이었다. 역시 게르부아 무리의 일원이던 미술 비평가 테오도르 뒤레도 여기에 동의했다. 뒤레는 1874년에 피사로에게 "자네는 아직 한 단계를 더 밟아야 하네"라고 편지를 썼다. "대중에게 알려지고 모든 거래상과 미술 애호가들에게 받아들여지는 데 성공해야 한단 말일세. (…) 살롱전에 작품을 전시하길 권하네. 자네는 세상을 시끄럽게 하고, 비평을 무시하는가 하면 이끌어내기도 하고, 많은 대중과

대면하는 데 성공해야 하거든."

하지만 살롱전을 그토록 매력적으로 만드는 바로 그 요소들(매우 선별적이고 명성이 높다는 점)이 문제도 되었다. 산업궁전은 2층 높이의 중앙 통로가 있는 300야드(약 274미터) 길이의 거대한 건물이었다. 살롱전에서는 보통 3천 점에서 4천 점 정도의 작품을 통과시켰고, 이 작품들은 바닥부터 천장까지 쭉 네 줄로 전시되었다. 심사위원들에게서 만장일치로 동의를 받은 작품들만 눈높이의 가장 잘 보이는 곳에 걸렸다. "하늘까지 올라가면", 즉 천장 가까이에 걸리면 관객이 그 작품을 보기가 거의 불가능했다(한번은 르누아르의 그림 중 한 점이 **쓰레기장**의 하늘까지 올라갔다). 어떤 화가도 세 점 이상의 작품을 제출할 수 없었다. 그리고 살롱전에는 대개 압도적일 정도로 많은 관객이 몰렸다. 살롱전은 큰 연못이었다. 하지만 살롱전에서 작은 물고기가 아닌 무언가가 되기는 대단히 힘들었다.

피사로와 모네는 마네와 의견이 달랐다. 두 사람은 작은 연못의 큰 물고기가 되는 것이 더 타당하다고 생각했다. 그들은 스스로 살롱전에서 벗어나 자신들만의 전시회를 열면 〈올랭피아〉가 막돼먹은 작품 취급을 받고 군인과 울고 있는 여인들의 그림으로 메달을 받는 살롱전의 제한적인 규칙에 얽매이지 않을 것이라고 피력했다. 무엇이든 자신이 원하는 것을 그릴 수 있고, 인파에 묻혀 관심을 받지 못하는 일도 없을 것이다. 인파가 몰리지 않을 테니 말이다. 1873년에 피사로와 모네는 인상파들에게 무명화가·조각가·판화가협회Société Anonyme Coopérative des Artistes Peintres, Sculpteurs, Graveurs라는 단체를 설립하자고 제안했다. 이 협회에는 어떤 경쟁도, 심사위원도, 메달도 없을 것이다. 모든 예술가가 동등하게 대우받을 것이다. 마네만 제외하고 모두 이 협회에 가입했다.

협회는 카퓌신대로에 있는 한 건물 꼭대기층에서 전시회를 할 만한 공간을 찾아냈다. 사진작가가 쓰다가 막 떠난 곳으로, 적갈색 벽의 작은 방들이 여럿 있는 곳이었다. 인상파의 전시회는 1874년 4월 15일에 개장해 한 달간 이어졌다. 입장료는 1프랑이었다. 세잔이 세 점, 드가가 열 점, 모네가 아홉 점, 피사로가 다섯 점, 르누아르가 여섯 점, 그리고 알프레드 시슬리가 다섯 점을 출품하는 등 165점의 작품이 전시되었다. 시내 건너편에서 열린 살롱전의 벽들에 걸린 작품 수에 비하면 새 발의 피였다. 인상파들은 이 전시회에서 자신이 원하는 만큼 많은 작품을 전시할 수 있었고 사람들이 실제로 작품을 볼 수 있게끔 벽에 걸 수 있었다. 미술사가 해리슨 화이트와 신시아 화이트는 "인상파의 작품들은 심사를 통과해도 살롱전의 수많은 그림들 사이에서 관심을 받지 못했다"라고 썼다. "그러다 독립적인 그룹전을 열면서 대중의 주목을 받을 수 있었다."

전시회를 찾은 관객은 3,500명이었다. 첫날에만 175명이 왔는데, 그 정도면 비평가들의 관심을 끌기에 충분했다. 모든 관심이 긍정적인 것은 아니었다. 인상파들이 하고 있는 일은 권총에 페인트를 장전해 캔버스에 쏘는 격이라고 조롱하는 이도 있었다. 하지만 그런 반응은 '큰 물고기-작은 연못' 협상의 부차적 부분이었다. 큰 물고기-작은 연못이라는 선택지는 일부 외부인에게는 비웃음을 살 수도 있었지만 작은 연못은 그 안의 사람들에게는 반가운 곳이었다. 이런 연못은 공동체와의 친분에서 오는 갖가지 지원을 받았고 혁신과 개성에 눈살을 찌푸리지 않는 곳이었다.

희망에 찬 피사로는 친구에게 "우리는 우리에게 꼭 맞는 곳을 만들기 시작하고 있네"라고 편지를 썼다. "불청객으로서 군중의 한가운데에 우리의 작은 깃발을 꽂는 데 성공한 걸세." 이들의 과제는 "여론을 걱정하지 말고 나아가는 것"이었다. 피사로의 말이 옳았다. 인상파 화가들은 스스로 살롱전에서 벗어남으로써 새로운 정체성을 발견했다. 새로운 창조적 자유를 느꼈고, 얼마 지나지 않아 외부 세계가 관심을 보이며 주목하기 시작했다. 근대미술의 역사에서 이보다 더 중요하거나 더 유명한 전시회는 없었다. 건물 꼭대기의 그 비좁은 방들에 전시되었던 그림들을 지금 구매하려면 10억 달러 이상을 내야 할 것이다.

인상파가 남긴 교훈은 큰 연못의 작은 물고기보다 작은 연못의 큰 물고기가 되는 것이 더 낫고 주변부의 아웃사이더가 된다는 겉으로는 약점처럼 보이는 것이 전혀 약점이 아닌 것으로 판명되는 시간과 공간이 있다는 것이다. 피사로, 모네, 르누아르, 세잔은 명성과 가시성, 선별성과 자유를 저울질해 보았고 큰 연못에 들어가는 대가가 너무 크다고 판단했다. 캐롤라인 색스도 같은 선택에 직면했다. 그녀는 메릴랜드대학교에서 큰 물고기가 될 수도 있었고 세계에서 가장 명성 있는 대학 중 한 곳에서 작은 물고기가 될 수도 있었다. 그녀는 카퓌신대로에 있는 방 세 개보다 살롱전을 선택했고, 결국 큰 대가를 치렀다.

왜 상위 1퍼센트는 좌절감을 느끼는가

캐롤라인 색스의 문제는 화학 과목을 수강 신청한 1학년 봄에 시작되었다. 이제 깨달은 것이지만 그때 그녀는 너무 많은 과목을 수강했고 특별 활동도 과도했다. 세 번째 중간시험 성적표를 받아든 그녀는 가슴이 내려앉았다. 그래서 교수를 찾아갔다. "교수님이 제게몇 가지 연습 문제를 풀게 하더니 '음, 이 개념들 중 몇몇에 대한 이해가 기본적으로 부족하군요. 기말고사를 보느라 고생하지 말고 이과목 수강을 취소하고 내년 가을에 다시 수강하는 게 좋겠어요'라고말씀하시더군요." 그래서 그녀는 교수의 제안대로 했다. 그리고 2학년 가을에 그 과목을 재수강했지만 별반 나아진 게 없었다. 그녀는 B마이너스라는 성적을 받고 충격에 빠졌다. "지금껏 학교에서 B마이너스를 받은 적이 없었어요. 뛰어난 성적을 내지 않은 적이 없었죠.게다가 저는 그 과목을 두 번째 듣는 것이고 2학년이었어요. 그 수업을 듣는 다른 학생들은 대부분 첫 학기를 보내는 신입생들이었는데요. 기가 팍 죽었죠."

그녀는 브라운대학교에 합격했을 때 고등학교 시절과는 다르리라는 걸 알고 있었다. 같을 리가 없었다. 더 이상 자기가 과에서 가장 똑똑한 학생은 아닐 것이다. 그리고 그녀는 그 사실을 받아들였다. "제가 얼마나 많은 준비를 하는지와 상관없이 제가 생전 들어보지도 못한 것들을 접해온 아이들이 있을 거라고 생각했어요. 그래서 그런 점에 대해 고지식해지지 않으려고 노력했죠." 하지만 화학은 그녀가 생각한 것 이상이었다. 그녀가 듣던 수업의 학생들은 경쟁심이 강했다. "그 수업을 듣는 학생들과 이야기를 나누는 것조차 매우 힘이 들었어요"라고 그녀가 말을 이었다. "그 학생들은 저와 공부 습관을 공유하려고 하지 않았어요. 우리가 배우고 있는 내용을 더 잘 이해할 방법에 대해 이야기하려고 하지 않았죠. 그럼 절 돕는 게 될 테니까요."

2학년 봄에 그녀는 유기화학 과목을 신청했다. 그리고 상황은 더나빠졌다. 그녀는 그 수업을 따라갈 수가 없었다. "어떤 개념이 어떻게 작용하는지 외운 뒤 난생처음 보는 분자를 주고는 난생처음 보는 또 다른 분자를 만들라고 했어요. 이걸 이해해서 저걸 얻어내야 해요. 바로 그런 식으로 머리를 굴려 5분 만에 해치우는 학생들도 있었어요. 남들 다 망하는 시험에서도 높은 학점을 따내는 학생들이죠. 아니면 놀라울 정도로 엄청나게 노력해서 그런 식으로 사고하도록 자신을 훈련한 학생들도 있고요. 저도 무척 열심히 노력했지만 능숙해지지 않았어요." 교수가 질문을 던지면 그녀 주변에서 손들이 올라갔고 색스는 조용히 앉아 다른 모든 사람이 똑똑한 대답을 내놓는 것을 들었다. "제 자신이 너무 무능하게 느껴졌어요."

어느 날 그녀는 밤늦게까지 자지 않고 유기화학의 복습 시간을 준비했다. 비참한 기분이 들었고 화가 났다. 새벽 3시에, 게다가 이 모든 노력이 아무 쓸모도 없을 것 같은 상황에서 유기화학에 매달리고 싶지 않았다. "이 길을 더 이상 쫓아선 안 되겠단 생각이 들기 시작한 게 아마 그때였던 것 같아요"라고 그녀가 말했다. 그녀는 할 만큼 했다.

비극적인 부분은 색스가 과학을 사랑했다는 것이다. 첫사랑을 포기한 일을 이야기하면서 그녀는 수강하고 싶었지만 이제는 할 수 없게 된 모든 과목을 아쉬워했다. 생리학, 전염병학, 생물학, 수학. 2학년을 마친 여름에 색스는 자신의 결정을 두고 몹시 고심했다. "자랄 때는 '난 일곱 살이고, 벌레를 사랑해요! 벌레들을 공부하고 싶어요. 만날 벌레들에 관련된 책을 읽어요. 스케치북에 벌레들을 그리고 몸의 모든 부분의 이름을 적어요. 벌레들이 어디에 사는지, 무엇을 하는지에 대해 이야기도 해요'라고 말할 수 있는 것이 엄청나게 자랑스러운 일이었어요. 더 시간이 지나서는 '난 사람에 관해 그리고 인체가 어떻게 작동하는지에 관해 대단히 관심이 많아요, 놀랍지 않나요?'라고 말했죠. '나는 과학 소녀야'라는 말에는 분명 일종의 자부심이 동반되었어요. 그래서 과학을 영원히 떠나 '아, 음, 압박감을 견딜 수 없어서 좀 더 쉬운 무언가를 해야겠어'라고 말한다는 게 제게는 수치스러운 일에 가까웠어요. 한동안 저는 그 일을 그런 식으로만 바라봤어요. 마치 제가 완전히 실패한 것처럼 말이에요. 과학이 제 목표였는데 제가 과학 공부를 해내지 못한다고 생각한 거죠."

색스가 유기화학을 얼마나 잘했는지는 중요한 문제가 아니었어야 했다. 그렇지 않은가? 그녀는 유기화학자가 될 마음은 없었다. 유기화학은 단지 하나의 과목일 뿐이었다. 많은 사람이 유기화학이 감당하지 못할 정도로 어렵다고 생각한다. 의예과 학생들이 한 학기 내용을 미리 연습하기 위해 여름 동안 다른 대학에 가서 유기화학

과목을 수강하는 일이 드물지 않다. 게다가 색스는 유독 경쟁이 심하고 학문적으로 엄격한 대학에서 유기화학 과목을 수강했다. 유기화학을 수강하는 전 세계 모든 학생의 순위를 매기면 색스는 아마 상위 1퍼센트 안에 들었을 것이다.

하지만 문제는 색스가 유기화학 과목을 듣고 있는 세계의 모든 학생과 자신을 비교하지 않았다는 것이다. 그녀는 브라운대학교의 동급생들과 자신을 비교했다. 그녀는 나라에서 가장 깊고 가장 경쟁이 심한 연못 중 하나에 있는 작은 물고기였다. 그리고 다른 모든 똑똑한 물고기와 자신을 비교하면서 자신감이 산산조각 났다. 그녀는 전혀 아둔한 사람이 아닌데 자신이 아둔하게 느껴졌다. "와, 다른 사람들은 이걸 마스터했어. 처음에는 나처럼 아무것도 모르던 사람들도. 나는 이런 식으로 사고하는 법을 익힐 수 없는 것 같아."

큰 물고기-작은 연못

캐롤라인 색스는 이른바 "상대적 박탈감"을 겪고 있었다. 상대적 박탈감은 사회학자 새뮤얼 스투퍼[2]가 제2차 세계대전 때 고안한 용어다. 미 육군으로부터 병사들의 태도와 사기를 조사하라는 임무를 받은 스투퍼는 50만 명의 남녀 군인을 연구하여 병사가 자신의 지휘관을 어떻게 보는지부터 흑인 병사가 자신이 받는 대우를 어떻게 느끼는지, 병사가 외딴 전초기지에서 근무하는 것이 얼마나 힘들다고 생각하는지까지 각종 문제를 살펴보았다.

그런데 스투퍼가 던진 일련의 질문이 눈길을 끈다. 그는 헌병대와 육군항공대(공군의 전신)에서 근무하는 병사들에게 자신이 속한 부대가 유능한 사람을 얼마나 잘 알아보고 진급시킨다고 생각하는지 물었다. 그러자 명확한 답변이 나왔다. 헌병대가 육군항공대 병사들보다 자신의 조직에 대한 시각이 훨씬 더 긍정적이었다.

언뜻 보기에는 말이 안 되는 결과였다. 모든 군대 중에서 진급률이 최악인 곳 중 하나가 헌병대이고 최고인 곳 중 하나가 육군항공대였기 때문이다. 육군항공대에서는 사병이 장교로 진급할 가능성이 헌병대 병사의 두 배였다. 그런데 도대체 왜 헌병대의 만족감이 더 높았을까? 스투퍼는 헌병대 병사들이 자신을 다른 헌병대 병사들과만 비교했기 때문이라는 유명한 설명을 내놓았다. 게다가 만약 헌병대에서 진급을 하면 아주 드문 사건이기 때문에 기쁨이 그만큼 더 컸다. 진급을 하지 못하더라도 동료 대부분과 같은 신세이기 때문에 그리 불만스럽지 않았다.

스투퍼는 "헌병대 병사를 학력과 근속연수가 같은 육군항공대 병사와 비교해 보자"라고 썼다. 육군항공대 병사는 장교로 진급할 확률이 50퍼센트 이상 높다. "그가 진급하면 같은 분과의 동료 대부분 진급을 했고 따라서 그의 성취가 헌병대의 경우보다 두드러지지 않는다. 동료 대부분이 진급을 했는데 자신은 하지 못하면 개인적 좌절감을 느낄 이유가 늘어나고, 이런 좌절감이 진급 체계에 대한 비판으로 표현될 수 있다."

스투퍼의 주장은 대다수가 광범위한 맥락에서 자신을 바라보는 포

괄적 관점이 아니라 "같은 배를 탄" 사람과 자신을 비교하는 국지적인 관점에서 각자의 인상을 형성한다는 것이다. 박탈감은 상대적이다.

이것은 분명하면서도 (탐구해 보면) 매우 심오한 관찰 중 하나이고, 다른 설명으로는 잘 이해되지 않는 많은 관찰 결과를 설명해 준다. 예컨대 스위스, 덴마크, 아이슬란드, 네덜란드, 캐나다처럼 국민이 자신이 아주 행복하다고 선언하는 국가와 그리스, 이탈리아, 포르투갈, 스페인처럼 국민이 스스로를 행복한 것과는 거리가 멀다고 말하는 국가 중 어느 쪽의 자살률이 높을 것 같은가? 그 대답은 이른바 국민의 행복감이 높은 국가다. 이것은 헌병대와 육군항공대의 경우와 같은 현상이다. 사람들의 대다수가 상당히 불행한 곳에서 우울한 사람은 주변 사람들과 자신을 비교해 보고 자신이 그다지 불행하지 않다고 느낀다. 하지만 다른 모든 사람이 활짝 웃고 있는 나라에서 우울하다면 얼마나 힘들지 상상이 가는가?[3]

캐롤라인 색스가 그녀가 수강하던 유기화학 강의실을 둘러봄으로써 자신을 평가한 것은 이상하거나 비이성적인 행동이 아니었다. 인간은 으레 그렇게 한다. 우리는 같은 상황에 있는 사람들과 자신을 비교한다. 이는 명문교 학생들이 아마도 최상위권 학생들을 제외하고는 경쟁이 덜 심한 분위기에서라면 맞닥뜨리지 않았을 부담에 직면할 것이라는 뜻이다. 국민이 행복감을 느끼는 국가에서 국민이 행복하지 않다고 느끼는 국가보다 자살률이 높은 건 주위에서 미소 띤 얼굴을 보면 확연하게 대조가 되기 때문이다. "대단한" 학교의 학생들이 주위의 뛰어난 학생들을 보면 어떤 느낌이 들 것 같은가?

교육 분야에 적용된 상대적 박탈감[4] 현상은 "큰 물고기-작은 연못 효과"라는 꽤 적절한 용어로 불린다. 엘리트 교육기관일수록 학생들은 자신의 학업 능력에 대해 더 낙담한다. 괜찮은 학교에서 과의 최상위권인 학생들이 정말로 좋은 학교에 가면 최하위로 떨어지기 쉽다. 괜찮은 학교에서 어떤 과목을 마스터했다고 느끼는 학생들이 정말로 좋은 학교에 가면 자신이 훨씬, 훨씬 더 뒤떨어지고 있다고 느낄 수 있다. 그리고 주관적이고 터무니없으며 비이성적일지 몰라도 그런 느낌은 문제가 된다. 자신이 공부하는 강의실 안에서 자신의 능력에 대해 어떻게 느끼는지, 즉 학문적 "자아 개념"이 어떠한지가 난제들과 씨름하고 어려운 일들을 끝내겠다는 의지를 형성한다. 이것은 동기부여와 자신감에 중요한 요소다.

큰 물고기-작은 연못 이론의 개척자는 심리학자 허버트 마시[5]다. 마시가 생각하기에 부모와 학생 대부분이 잘못된 근거에 따라 학교를 선택한다. 마시는 "성적에 따라 학생을 선발하는 학교에 가는 게 좋을 것이라고 생각하는 사람이 많습니다. 그런데 실제로는 그렇지 않습니다. 현실은 이것이 복합적인 문제라는 것입니다"라고 말한다. "제가 시드니에 살 때 선발제 공립학교가 몇 군데 있었습니다. 명문 사립학교보다 더 명성 높은 학교들이었죠. 이 학교들의 입학시험은 믿을 수 없을 정도로 경쟁이 치열했습니다. 그래서 그 학교들이 입학시험을 실시할 때마다 그 지역의 유력지이던 〈시드니모닝 헤럴드〉에서 전화가 걸려왔지요. 매년 그랬기 때문에 항상 뭔가 새로운 말을 해야 한다는 압박을 받았죠. 그래서 마침내 말해버렸습니다. 어쩌면 말하지 말았어야 했는데 말이죠. 음, 엘리트 학교가 자아 개념에 미치는 긍정적 효과를 보고 싶다면 지금 우리는 엉뚱한 사람을 평가하고 있다고 말했어요. 평가 대상이 부모들이 되어야 한다고요."

하버드대학교의 삼류들

캐롤라인 색스에게 일어난 일은 너무도 흔한 일이다. 과학, 기술, 수학(STEM이라고 불린다)을 전공하기 시작한 모든 미국 학생 중 절반이 1년이나 2년 뒤에 중도 하차한다. 이공계 학위가 현대 경제에서 젊은 이가 가질 수 있는 거의 가장 가치 있는 자산인데도 불구하고 STEM 전공 지망자 중 다수가 학업 기준이 덜 과중하고 학습활동의 경쟁이 덜 치열한 문과 계열로 전향한다. 미국에 자국에서 교육받은 우수한 과학자와 엔지니어의 수가 절대 부족한 주된 원인이 이것이다.[6]

누가, 왜 중도 하차하는지 알기 위해 뉴욕주 북부에 있는 하트윅 칼리지라는 학교의 이공계 등록생을 살펴보자. 이 학교는 미국 북동부 지역에서 흔한 작은 문과대학이다.

하트윅의 모든 STEM 전공자를 수학 점수에 따라 상위 3분의 1, 중위 3분의 1, 하위 3분의 1로 나눠보았다. 기준으로 삼은 점수는 대학 입학시험인 SAT 점수이며, SAT의 수학 영역은 800점 만점이다.[7]

STEM 전공자	상위 3분의 1	중위 3분의 1	하위 3분의 1
SAT 수학 영역 점수	569점	472점	407점

SAT를 기준으로 삼으면 하트윅에서 가장 우수한 학생들과 가장 부진한 학생들 사이에는 기본적인 수학 실력에 꽤 큰 차이가 난다.

이제 각 그룹이 하트윅에서 취득한 이공계 학위의 비율을 살펴보자.

STEM 학위	상위 3분의 1	중위 3분의 1	하위 3분의 1
비율	55.0	27.1	17.8

상위 3분의 1에 속한 학생들이 이 학교가 발급한 이공계 학위의 절반 이상을 받은 반면 하위 3분의 1에 속하는 학생들은 17.8퍼센트밖에 차지하지 않는다. 하트윅에 들어올 때 수학 실력이 가장 형편없던 학생들이 과학과 수학 전공을 대거 그만두었다. 이런 현상은 상식에 맞는 것처럼 보인다. 엔지니어나 과학자가 되는 데 필요한 고급 수학과 물리학을 배우는 것이 몹시 어려운 데다 학습 내용을 감당할 정도로 똑똑한 학생은 과에서 가장 뛰어난 소수뿐이니까.

이제 세계에서 가장 명성 높은 대학 중 하나인 하버드대학교를 대상으로 같은 분석을 해보자.

STEM 전공자	상위 3분의 1	중위 3분의 1	하위 3분의 1
SAT 수학 영역 점수	753점	674점	581점

하버드대학교 학생들은 당연히 하트윅 학생들보다 SAT 수학 점수가 훨씬 높다. 실제로 하버드에서 하위 3분의 1에 속하는 학생들의 점수가 하트윅에서 가장 뛰어난 학생들보다 더 높다. 이공계 학위를 취득하는 것이 학생이 얼마나 똑똑한지와 관련된 문제라면 하

버드의 거의 모든 학생이 학위를 받아야 한다. 그렇지 않은가? 적어도 이론상으로는 하버드에 학습 내용을 마스터하는 데 필요한 지적 능력이 부족한 학생은 없다. 그렇다면 각 그룹이 취득한 이공계 학위의 비율을 살펴보자.

STEM 학위	상위 3분의 1	중위 3분의 1	하위 3분의 1
비율	53.4	31.2	15.4

이 비율이 이상하지 않은가? 하버드에서 하위 3분의 1에 속하는 학생 중 수학과 과학 전공을 그만두는 비율이 뉴욕주 북부에 있는 학교의 경우와 맞먹는다. 하버드의 이공계 학위 취득자 분포가 하트윅과 동일한 것이다.

이 문제를 잠깐 생각해 보자. 하트윅의 우등생 그룹을 하트윅 올스타, 하버드에서의 열등생 그룹을 하버드의 떨거지라고 칭하자. 각 그룹은 상급 미적분학, 유기화학 같은 과목에서 같은 교과서를 공부하고 같은 개념들과 씨름하면서 같은 문제들을 마스터하려고 애쓰고 있다. 그리고 시험 점수를 보면 학업 능력이 거의 비슷하다. 하지만 하트윅 올스타의 압도적 대다수가 자신이 원하는 것을 얻고 엔지니어나 생물학자가 되었다.

한편 훨씬 더 명성 높은 학교에 진학한 하버드의 떨거지는 이 학교에서 겪은 일들에 사기가 크게 꺾여 많은 사람이 과학을 완전히 포기하고 과학이 아닌 다른 전공으로 바꾸었다. 하버드의 떨거지는 크고 무서운 연못의 작은 물고기다. 하트윅 올스타는 아주 우호적인 작은 연못의 큰 물고기다. 이공계 학위 취득의 가능성을 결정할 때 중요한 것은 단지 학생이 얼마나 똑똑한지가 아니다. 같은 강의실 안에 있는 다른 사람들에 비해 자신이 얼마나 똑똑하다고 느끼는지가 중요하다.

그런데 이 패턴은 학업 기량과 상관없이 거의 모든 학교에 해당된다. 사회학자 로저스 엘리엇과 크리스토퍼 스트렌타는 미국의 열한 개 문과대학의 경우를 같은 방식으로 따져보았다. 그 결과를 직접 보기 바란다.

학교	상위 3분의 1	SAT 수학 점수	중위 3분의 1	SAT 수학 점수	하위 3분의 1	SAT 수학 점수
하버드 대학교	53.4%	753	31.2%	674	15.4%	581
다트머스 대학교	57.3%	729	29.8%	656	12.9%	546
윌리엄스 칼리지	45.6%	697	34.7%	631	19.7%	547
콜게이트 대학교	53.6%	697	31.4%	626	15.0%	534
리치먼드 대학교	51.0%	696	34.7%	624	14.4%	534
버크넬 대학교	57.3%	688	24.0%	601	18.8%	494
케니언 칼리지	62.1%	678	22.6%	583	15.4%	485
옥시덴탈 칼리지	49.0%	663	32.4%	573	18.6%	492
캘러머주 칼리지	51.8%	633	27.3%	551	20.8%	479

| 오하이오 웨슬리언 대학교 | 54.9% | 591 | 33.9% | 514 | 11.2% | 431 |
| 하트윅 칼리지 | 55.0% | 569 | 27.1% | 472 | 17.8% | 407 |

그러면 이제 아까 하던 이야기로 돌아가서 캐롤라인 색스가 브라운대학교와 메릴랜드대학교 양쪽을 놓고 선택의 기로에 섰을 때 어떻게 생각했어야 하는지 재구성해 보자. 그녀는 브라운대학교에 진학함으로써 대학의 명성에서 오는 이득을 얻을 것이다. 더 흥미롭고 부유한 동급생을 얻을 수도 있다. 또한 그녀가 학교에서 쌓은 인맥과 졸업장에 찍힌 브라운대학교의 브랜드 가치는 취업 시장에서 발판이 될 수 있다. 이 모두는 큰 연못에서 얻을 수 있는 전형적인 이점들이다. 브라운대학교는 살롱전이다.

하지만 그녀는 위험을 감수하고 있었다. 그녀가 과학을 완전히 그만둘 가능성을 극적으로 증가시키고 있었기 때문이다. 그 위험이 얼마나 클까? 캘리포니아대학교의 미첼 챙의 연구에 따르면, 모든 상황이 동일할 때 누군가가 STEM 학위를 취득할 가능성은 대학의 평균 SAT 점수가 10점 내려갈 때마다 2퍼센트포인트 올라간다.[8] 동급생들이 더 똑똑할수록 자신이 더 멍청하게 느껴진다. 자신이 멍청하게 느껴질수록 과학을 그만둘 가능성이 더 높아진다. 메릴랜드대학교 학생들과 브라운대학교 학생들의 SAT 평균 점수는 약 150점의 차이가 있기 때문에 색스가 괜찮은 학교 대신 아주 좋은 학교를 선택함으로써 치른 "벌금"은 이공계 학위를 들고 졸업할 가능성을

다윗과 골리앗
David And Goliath

30퍼센트 감소시킨 것이다. 30퍼센트라니!

문과 학위를 가진 학생들이 취업난을 겪는 시대에 STEM 학위를 가진 학생들은 좋은 일자리를 거의 보장받는다. 과학과 공학 학위를 가진 사람들에게는 일자리가 풍부하고 급여도 높다. 아이비리그 학교의 명성을 누리기 위해 무릅써야 하는 위험이 매우 큰 것이다.

큰 연못의 작용을 보여주는 또 다른 예를 들어보겠다. 이번 예는 더 놀라울 수 있다. 한 대학이 대학원을 나온 가장 뛰어난 젊은 학자들을 고용하려 한다고 생각해 보자. 어떤 채용 전략을 써야 할까? 최고 엘리트 대학원 졸업생만 채용해야 할까? 아니면 학교와 상관없이 최우등으로 졸업한 학생들을 채용해야 할까?

대학들의 대다수가 첫 번째 전략을 따른다. 심지어 **우리는 최고 명문교 졸업생만 채용합니다**라고 과시하기도 한다. 하지만 나는 당신이 이 시점에서는 저러한 입장에 최소한 조금이라도 회의적으로 되었길 바란다. 큰 연못의 작은 물고기를 선택하기 전에 작은 연못의 큰 물고기를 최소한 한 번 더 살펴볼 가치가 있지 않을까?

다행히 이 두 가지 전략을 비교할 수 있는 아주 간단한 방법이 있다. 존 콘리와 알리 시나 왼데르가 경제학 박사과정 이수자에 관해 수행한 연구에서 나온 결과다.[9] 경제학계에는 이 분야의 모든 사람이 읽고 존중하는 경제학 저널이 몇 개 있다. 최고로 권위 있는 저널들은 가장 우수하고 창의적인 연구만 인정하며, 경제학자들은 대체로 그런 엘리트 저널들에 얼마나 많은 연구 논문을 발표했는지에 따라 서로를 평가한다. 콘리와 왼데르는 최고의 채용 전략을 찾으려면 작은 연못의 큰 물고기들과 큰 연못의 작은 물고기들이 발표한 논문의 수를 비교해 보기만 하면 된다고 주장한다. 그 결과 두 사람이 발견한 것은? **그저 그런 대학의 가장 뛰어난 학생들이 최고 명문대의 괜찮은 학생들보다 거의 항상 더 나은 선택이었다.**

이런 결과가 아마 매우 의외일 것이다. 대학이 하버드와 MIT 출신을 채용하는 게 좋은 생각이 아닐 수 있다는 발상은 미친 소리 같을 수도 있다. 하지만 콘리와 원데르의 분석은 반박하기 어렵다.

북미의 최고 경제학 박사과정부터 시작해 보자. 하버드, MIT, 예일, 프린스턴, 컬럼비아, 스탠퍼드, 시카고 대학교의 박사과정은 모두 세계 최상위에 속한다. 콘리와 원데르는 각 박사과정의 졸업생을 과 석차에 따라 나눈 뒤 각 졸업생이 학계에 몸담은 지 첫 6년 동안 저널에 발표한 논문의 건수를 헤아려보았다.

	상위 1%	상위 5%	상위 10%	상위 15%	상위 20%	상위 25%	상위 30%	상위 35%	상위 40%	상위 45%
하버드	4.31	2.36	1.47	1.04	0.71	0.41	0.30	0.21	0.12	0.07
MIT	4.73	2.87	1.66	1.24	0.83	0.64	0.48	0.33	0.20	0.12
예일	3.78	2.15	1.22	0.83	0.57	0.39	0.19	0.12	0.08	0.05
프린스턴	4.10	2.17	1.79	1.23	1.01	0.82	0.60	0.45	0.36	0.28
컬럼비아	2.90	1.15	0.62	0.34	0.17	0.10	0.06	0.02	0.01	0.01
스탠퍼드	3.43	1.58	1.02	0.67	0.50	0.33	0.23	0.14	0.08	0.05
시카고	2.88	1.71	1.04	0.72	0.51	0.33	0.19	0.10	0.06	0.03

숫자가 많긴 하다. 하지만 표의 왼쪽, 즉 과에서 상위 1퍼센트로 졸업한 학생들을 한번 보자. 경력 초기에 가장 저명한 저널에 서너

편의 논문을 발표하는 것은 상당한 성취다. 이들은 정말로 우수한 사람들이다. 충분히 납득이 가는 결과다. MIT나 스탠퍼드에서 경제학 박사과정의 최우등 졸업생이 되는 것은 대단한 성취니까.

하지만 그 뒤부터 어리둥절해지기 시작한다. 상위 20퍼센트를 보자. MIT, 스탠퍼드, 하버드 같은 학교는 해마다 스물네 명 정도의 박사과정 학생들을 받는다. 따라서 상위 20퍼센트 안에 들면 과에서 대략 5등이나 6등이다. 이들 역시 뛰어난 학생들이다. 하지만 상위 20퍼센트가 발표한 논문이 얼마나 적은지 보라! 최상위 학생들이 발표한 건수의 극히 일부밖에 되지 않는다. 이번에는 마지막 열에 있는 학생들을 보자. 평균을 약간 웃도는, 상위 45퍼센트에 속한 학생들이다. 이들은 세계에서 가장 경쟁이 극심한 대학원 과정 중 하나에 들어갈 정도로 똑똑한 학생들이다. 하지만 거의 아무런 논문도 발표하지 않았다. 전문 경제학자로서 이 학생들은 실망스럽다고 볼 수밖에 없다.

이제 그저 그런 학교의 졸업생을 살펴보자. 내가 "그저 그런"이라는 말을 쓴 것은 위의 일곱 개 명문교 가운데 하나를 나온 사람들이 이 학교들을 그렇게 부르기 때문이다. 이 학교들은 〈US뉴스 앤드 월드리포트〉가 매년 발표하는 대학원 순위 맨 *끄트머리*에 처박혀 있다. 나는 비교 목적으로 세 개 학교를 선택했다. 첫째는 내 모교인 토론토대학교다(애교심의 발로!). 두 번째는 보스턴대학교. 그리고 세 번째는 콘리와 왼데르가 "최상위 30위권 밖"이라고 부른 범주로, 목록의 맨 끝에 위치한 모든 학교의 평균을 낸 것이다.

	상위 1%	상위 5%	상위 10%	상위 15%	상위 20%	상위 25%	상위 30%	상위 35%	상위 40%	상위 45%
토론토	3.13	1.85	0.80	0.61	0.29	0.19	0.15	0.10	0.07	0.05
보스턴	1.59	0.49	0.21	0.08	0.05	.02	0.02	0.01	0.00	0.00
최상위 30위권 밖	1.05	0.31	0.12	0.06	0.04	0.02	0.01	0.01	0.00	0.00

재미있는 결과를 눈치챘는가? 최상위 30위권 밖의 학교, 다시 말해 아이비리그 출신이라면 그곳에 발을 들여놓는다는 생각만으로도 얼굴을 찌푸릴 정도로 목록 맨 아래에 있는 학교들에서 가장 우수한 학생들이 1.05편의 논문을 발표했다. 하버드, MIT, 예일, 프린스턴, 컬럼비아, 스탠퍼드, 시카고의 최우등생을 제외한 모든 학생보다 상당히 더 나은 성과다. 그렇다면 큰 연못의 중간 크기 물고기보다 작디작은 연못의 큰 물고기를 채용하는 것이 더 나을까? 불문이다.

콘리와 원데르는 자신들이 얻은 결과를 설명하려고 애썼다.[10]

하버드에 들어가려면 지원자는 뛰어난 성적, 완벽한 시험점수, 강력하고 신뢰할 만한 추천서가 필요하며 입학위원회의 눈에 띄도록 이 모든 것을 포장하는 법을 알아야 한다. 따라서 합격자는 근면하고 똑똑해야 하며 학부생일 때 훈련을 잘 받아야 할 뿐만 아니라 요령이 있고 야심만만해야 한다. 그런데 대학원에 지원할 때까지 모든 일을 빈틈없이 해온 승리자인 합격자의 대다수가 대학원 교육을 받은 뒤에 평범해지는 건 왜일까? 우리가 학생들을 버린 걸까? 아니면 학생들이 우리를 버린 걸까?

대답은 당연히 어느 쪽도 아니다. 아무도 누구를 버리지 않았다. 최상위에 속한 사람들에게 엘리트 학교들을 그렇게 멋진 곳으로 만드는 바로 그 요인이 다른 모든 사람에게 그 학교를 아주 힘든 곳으로 만드는 것뿐이다. 이것은 캐롤라인 색스에게 일어나 일의 또 다른 버전일 따름이다. 큰 연못은 정말 똑똑한 학생들을 데려다 사기를 떨어뜨린다.

그런데 큰 연못의 위험에 관한 바로 이 사실을 거의 50년 동안 인식해 온 엘리트 학교가 어디인지 알고 있는가? 하버드다! 1960년대에 프레드 글림프가 하버드의 입학처장을 맡아 "행복한 하위 25퍼센트"라는 정책을 도입했다.[11] 그는 취임 뒤 처음 작성한 메모 중 하나에서 "아무리 재능 있는 학생들이라고 해도 어떤 과에나 항상 하위 25퍼센트가 있을 것이다. 재능이 뛰어난 집단에서라도 자신이 평범하다는 느낌이 심리학적으로 어떤 영향을 미칠까? 하위 25퍼센트에 속해도 '행복'하거나 교육을 최대한 활용할 수 있는, 심리학적이든 뭐든 내성이 있는 학생들의 뚜렷한 유형이 있을까?"라고 썼다.

그는 큰 연못이 가장 뛰어난 사람들을 제외한 모두의 사기를 얼마나 떨어뜨리는지 정확히 알고 있었다. 그리고 자신이 할 일은 하버드라는 아주 큰 연못에서 아주 작은 물고기가 되는 스트레스를 이겨낼 수 있을 만큼 강하고 강의실 밖에서 충분한 성취를 이루는 학생들을 찾는 것이라고 생각했다. 이렇게 해서 하버드는 학업 능력이 나머지 동급생보다 훨씬 아래인 재능 있는 운동선수들을 상당수 받아들이기 시작했다(이 정책은 오늘날까지 계속되고 있다). 누군가가 강의실에서 총알받이가 될 것이라면 이론적으로는 그가 풋볼 경기장에서 성취를 이룰 대안을 갖고 있는 게 아마 최선일 것이다.

소수집단 우대정책을 둘러싼 논쟁에도 정확히 같은 논리가 적용된다. 미국에서는 대학과 전문대학원이 사회적으로 혜택받지 못한 소수집단에 더 낮은 입학 기준을 적용해야 하는지를 두고 엄청난 논란이 벌어진다. 이 정책의 지지자들은 오랜 차별의 역사를 고려하면 소수집단이 선발제 학교에 들어가도록 돕는 것이 정당하다고 말한다. 반대자들은 선발제 학교의 입학 허가는 매우 중요한 문제이므로 전적으로 학업성적에 근거해 이루어져야 한다고 주장한다. 중도파들은 인종을 특혜의 근거로 이용하는 것은 잘못이고 우리가 정말 해야 하는 일은 가난한 사람들에게 특혜를 주는 것이라고 말한다. 이 세 집단 모두가 당언하게 받아들이는 짐은 명문교에 들어갈 수 있다는 것이 너무도 중요한 이점이라서 최상위권 대학의 소수 정원을 두고 싸울 가치가 있다는 것이다. 하지만 도대체 왜 사람들은 최상위권 대학이 싸울 가치가 있을 만큼 귀중하다고 확신하는 걸까?

소수집단 우대정책은 로스쿨에서 가장 적극적으로 실행되어, 흑인 학생들이 이 정책이 실행되지 않았을 때 다닐 수 있는 수준보다 한 단계 높은 학교에 관례적으로 자리를 제공한다. 그 결과는 어떻게 되었을까? 법학 교수 리처드 샌더에 따르면 미국의 모든 흑인 법학도 중 절반 이상인 51.6퍼센트가 로스쿨의 하위 10퍼센트에 속하고 거의 4분의 3이 하위 20퍼센트에 속한다.[12] 과에서 하위권에 속한 사람이 이공계 학위를 받는 것이 얼마나 어려운지 읽었으니 아마이 통계수치가 섬뜩하다는 데 동의할 것이다. 캐롤라인 색스의 말을 기억하는가? "와, 다른 사람들은 이걸 마스터했어. 처음에는 나처럼 아무것도 모르던 사람들도. 나는 이런 식으로 사고하는 법을 익힐 수 없는 것 같아." 색스는 아둔한 사람이 아니다. 정말로, 정말로 똑똑한 사람이다.

하지만 브라운대학교는 그녀가 자신이 아둔하다고 느끼게 만들었다. 그리고 그녀가 이공계 학위를 받고 졸업하길 진정 원했다면 그녀에게 최선책은 급을 낮춰 메릴랜드대학교에 가는 것이었다. 분별 있는 사람이라면 그녀의 문제에 대한 해결책이 스탠퍼드나 MIT 같은 경쟁이 더 심한 대학에 가는 것이라고 말하지는 않을 것이다. 하지만 소수집단 우대정책 문제에 관한 한 우리는 바로 그런 분별없는 일을 하고 있다. 캐롤라인 색스처럼 유망한데 흑인인 학생들을 데려다 한 단계 위로 올려주는 것이다. 그렇게 하는 이유가 뭘까? **우리가 그들을 돕고 있다고 생각하기 때문이다.**

소수집단 우대정책이 잘못이라는 뜻은 아니다. 이 정책은 선의로 실행되는 것이며, 엘리트 학교들에는 대개 다른 학교들과 달리 가난한 학생들을 도와줄 자원이 있다. 하지만 그렇다고 허버트 마시의 말처럼 큰 연못의 축복이 복합적이고 큰 연못의 단점이 거의 언급되지 않는 것이 이상하다는 사실은 바뀌지 않는다. 부모들은 여전히 아이들에게 할 수 있는 한 가장 좋은 대학에 가라고 말한다. 여기에는 가장 좋은 학교들은 아이가 원하는 건 뭐든 할 수 있게 해줄 것이라는 생각이 깔려 있다.

우리는 작을수록 항상 더 좋은 학급이라고 당연시하는 것처럼 큰 연못이 기회를 확장해 준다고 당연하게 여긴다. 우리 머릿속에는 평균이 무엇인지에 대한 정의가 있고, 그 정의는 옳지 않다. 그 결과 무슨 일이 일어날까? 내 말은 우리가 잘못 판단하고 있다는 뜻이다. 우리가 약자와 거인 간의 전투를 잘못 해석하고 있다는 뜻이다. 약점처럼 보이는 것에 얼마나 많은 자유가 있을 수 있는지 과소평가한다는 뜻이다. 뭐든 당신이 원하는 것을 할 가능성을 최대화해 주는 곳은 작은 연못이다.

캐롤라인 색스는 대학에 지원할 당시 자신이 사랑하는 일에 대해 그런 위험을 감수하고 있다는 것을 몰랐다. 지금은 안다. 대화 말미에 나는 그녀에게 만약 메릴랜드대학교를 선택했다면, 작은 연못의 큰 물고기가 되는 것을 선택했다면 어떻게 되었을지 물었다. 그녀는 망설임 없이 대답했다. "저는 아직 과학계에 있었을 거예요."

인생을 뒤바꾼 끝내주는 경험

"저는 자랄 때 대단히 열정적인 학생이었어요. 배우는 걸 즐겼고 학교도 좋아했어요. 학교 성적도 좋았고요." 스티븐 랜돌프(가명이다)는 이렇게 이야기를 시작했다. 그는 정성들여 빗질한 짙은 갈색 머리에 깔끔하게 다림질한 카키색 바지를 입은 키가 큰 젊은 남성이다. "4학년 때부터 고등학교 대수학 수업을 들었어요. 5학년 때는 대수학II를, 6학년 때는 기하 수업을 들었죠. 중학교에 들어갈 즈음에는 고등학교에 가서 수학, 생물학, 화학, 그리고 대학과목 선이수제로 미국사를 들었어요. 5학년 때 지역 대학에 가서 수학을 들었고 다른 과학 과목도 공부했고요. 실제로 고등학교를 졸업할 무렵에는 당장이라도 조지아대학교의 학사 학위를 받고도 남을 학점을 얻었다고 생각했어요. 저로서는 꽤 확신이 있었어요."

랜돌프는 고등학교 1학년 때부터 졸업할 때까지 날마다 넥타이를 매고 학교에 갔다. "약간 쑥스럽긴 했죠. 미친 짓이랄까. 하지만 전 그렇게 했어요. 어쩌다 시작한 일인지는 잊어버렸어요. 그저 1학년 때, 어느 날 넥타이를 매고 싶었고 그 뒤로 그냥 계속 맨 거예요. 공부밖에 모르는 좀생이였겠죠." 랜돌프는 졸업생 대표로 고등학교를 마쳤다. 대학 입학시험점수는 거의 만점에 가까웠다. 하버드와 MIT에 합격했고 그중에서 하버드를 선택했다. 대학 입학 첫 주에 그는 하버드 야드를 걸으며 자신의 행운에 감탄했다. "여기 있는 모두가 하버드에 들어온 학생이라는 생각이 들었어요. 황당한 생각이었지만, 뭐랄까 '오, 그래, 이 사람들이 전부 흥미롭고 똑똑하고 굉장한 사람들이란 거잖아. 끝내주는 경험이 될 거야' 이런 느낌이었어요. 굉장히 열광했죠."

그의 이야기는 캐롤라인 색스와 거의 글자 하나 다르지 않고 똑같았고, 이런 이야기를 두 번째 듣고 나니 인상파 화가들이 이룬 성취가 얼마나 놀라운 것이었는지 명백해졌다. 그들은 예술적으로 천재들이었다. 하지만 또한 세상에 관해 상당한 지혜를 소유한 사람들이었다. 그들은 나머지 사람들이 큰 이점이라고 생각하는 것을 살펴보고 실제로 어떤지 파악할 수 있었다. 모네, 드가, 세잔, 르누아르, 피사로는 두 번째 선택지를 골랐다.

그렇다면 하버드에서 스티븐 랜돌프에게 무슨 일이 일어났을까? 아마 답을 짐작할 수 있을 것이다. 3학년 때 그는 양자역학을 수강했다. "저는 그 과목을 잘하지 못했어요." 랜돌프가 인정했다. "B마이너스를 받았던 것 같아요." B마이너스는 랜돌프가 그때까지 받았던 가장 낮은 점수였다. "저는 제가 그 과목을 잘하지 못하거나 아니면 만족할 만큼 잘하지 못한다고 인식했어요. 아마 제가 그 공부를 계속할 타당성을 얻으려면 그 과목을 최고로 잘하거나 천재급으로 잘해야 한다고 느꼈던 것 같아요. 어떤 사람들은 저보다 더 빠르게 습득하는 듯 보였어요. 그리고 저처럼 헤매는 사람이 아니라 그런 사람들에게 더 주목하는 경향이 있죠."

"전 양자역학의 기본 개념인 물질에 대해 흥분했어요." 그가 말을 이었다. "하지만 수업을 받다 보니 겸손해졌어요. 수업시간에 앉아 내용이 이해되지 않을 때 '난 절대 이걸 이해하지 못할 거야'라는 기분이 들면서 찾아오는 겸손함이요. 문제들을 풀고 이것 조금, 저것 조금 이해를 하긴 하지만 항상 교실의 다른 사람들이 훨씬 더 잘 이해한다는 생각이 들게 되죠. 제 생각에 하버드의 특징 중 하나는 똑똑한 학생들이 너무 많아서 그곳에서 자신이 똑똑하다는 느낌을 받기 힘들다는 거예요." 그는 그 공부를 계속할 수 없다고 판단했다.

랜돌프는 "알다시피 수학문제를 풀면 매우 만족스러운 느낌을 주는 무언가가 있어요"라고 말하며 거의 동경에 가까운 표정을 지었다. "처음에는 그 문제를 어떻게 푸는지 모를 수 있지만, 제가 따를 수 있는 특정한 규칙과 적용할 수 있는 특정한 접근방식이 있다는 건 알고 있어요. 문제를 푸는 과정에서 종종 중간 결과가 처음보다 더 복잡해요. 그러다 최종 결과는 단순하고요. 그런 과정을 밟아가면서 어떤 즐거움을 느끼죠." 랜돌프는 자신이 원하는 학교에 입학했다. 하지만 과연 원하는 교육을 받았을까? 랜돌프는 "결국 일이 이렇게 된 것에 대해서는 대체로 만족스러운 것 같아요"라고 말한 뒤 약간 슬픈 웃음을 지었다. "적어도 제 자신에게는 그렇게 말해요."

대학 3학년 말에 랜돌프는 로스쿨 입학시험을 보기로 결정했다. 졸업 후에는 맨해튼의 법률회사에 들어갔다. 하버드 때문에 세상은 물리학자 한 명을 잃었고 또 다른 한 명의 법률가를 얻었다. "저는 세법을 담당합니다." 랜돌프가 말했다. "재미있게도, 결국 세법 일을 하게 된 수학과 물리학 전공자가 꽤 많답니다."

제 2 부

MALCOLM GLADWELL

약점이 강점이 되는 순간

DAVID AND GOLIATH

여러 계시를 받은 것이 지극히 크므로 너무 자고하지 않게 하시려고 내 육체에 가시 곧 사단의 사자를 주셨으니 이는 나를 쳐서 너무 자고하지 않게 하려 하심이니라. 이것이 내게서 떠나가게 하기 위하여 내가 세 번 주께 간구하였더니 내게 이르시기를 내 은혜가 네게 족도다. 이는 내 능력이 약한 데서 온전하여짐이라 하신지라 이러므로 도리어 크게 기뻐함으로 나의 여러 약한 것들에 대하여 자랑하리니 이는 그리스도의 능력이 내게 머물게 하려 함이라. 그러므로 내가 그리스도를 위하여 약한 것들과 능욕과 궁핍과 핍박과 곤란을 기뻐하노니 이는 내가 약한 그때에 곧 강함이니라. _〈고린도후서〉 12장 7~10절

$$4$$

난독증일 때 발견되는 능력

당신의 아이가 난독증이 있길 바라지는 않을 것이다.
그렇지 않은가?

난독증의 평범한 결말

난독증[1]이 있는 사람의 뇌를 정밀 촬영한 영상은 정상적으로 보이지 않는다. 난독증 환자는 단어를 읽고 처리하는 일을 하는 뇌의 특정한 부분들에 회백질이 적으며 그 부분들에 원래 있어야 하는 만큼의 뇌세포가 없다. 태아기에 모든 신경세포는 뇌의 적절한 부분들로 이동하여 체스판의 말들처럼 각자의 자리를 차지하게 된다. 하지만 어떤 이유에서인지 난독증 환자의 신경세포는 도중에 길을 잃고 엉뚱한 곳으로 간다. 뇌에는 입구와 출구 역할을 하는 뇌실계통이라는 부분이 있다. 읽기 장애가 있는 일부 사람은 공항에서 오지도 가지도 못하게 된 승객처럼 신경세포들이 뇌실을 따라 늘어서 있다.

뇌를 촬영하는 동안 환자는 과제를 수행하고, 신경과학자가 뇌의 어떤 부분이 그 과제에 대응해 활성화되는지 살펴본다. 난독증 환자에게 뇌 촬영을 하는 동안 글을 읽어보라고 하면 밝게 빛나야 할 부분이 전혀 밝아지지 않을 수 있다. 그래서 촬영 영상이 정전이 된 도시의 항공사진처럼 보인다. 난독증 환자는 글을 읽는 동안 일반인에 비해 뇌의 우측 반구를 더 많이 사용한다. 우측 반구는 개념적인 부분을 담당하는 쪽이다. 읽기 같은 정확하고 엄격한 작업을 하는 쪽이 아니다. 난독증 환자가 글을 읽을 때는 읽기를 책임지는 뇌의 상이한 부분들이 약한 연결을 통해 통신하고 있는 것처럼 때때로 모든 단계가 지연된다.

어린아이에게 난독증이 있는지 검사하는 방법 중 하나는 "빠른 자동 이름 대기"를 시켜보는 것이다. 아이에게 빨간색 점, 초록색 점, 파란색 점, 노란색 점을 차례로 보여준 뒤 반응을 확인하면 된다. 색을 보기, 색을 인지하기, 색명을 떠올리기, 색명을 말하기. 이 과정이 우리 대다수에게 자동적으로 일어난다. 그러나 읽기 장애가 있는 사람에게는 그렇지 않다. 도중에 어딘가에서 이 네 단계 사이의 연결이 끊기기 시작하기 때문이다. 네 살짜리 아이에게 "바"를 빼고 "바나나"라는 단어를 말할 수 있는지, 아니면 ㅋ, ㅐ, ㅅ이라는 세 개의 음소를 듣게 한 뒤 "캣"으로 조합할 수 있는지, 아니면 "캣", "햇", "다크" 중에서 단어 구성이 다른 것이 무엇인지 물어보라. 네 살짜리 대부분에게는 쉬운 문제다. 그러나 난독증 환자에게는 정말 어려운 문제다.

많은 사람이 난독증에 대해 "고양이"를 "양고이"로 읽는 등 그와 비슷하게 단어들을 거꾸로 인식하는 증상이라고 생각한다. 그래서 난독증이 단어들을 보는 방식의 문제처럼 보이게 된다. 하지만 난독증은 그보다 훨씬 더 심오한 문제다. 난독증은 사람들이 소리를 듣고 처리하는 방식에 문제가 있는 것이다. **바**와 **다**의 차이는 음절의 첫 0.04초에 미묘하게 나타난다. 인간의 언어는 그 0.04초의 차이를 알아차릴 수 있다는 가정을 바탕으로 하며, **바** 음과 **다** 음의 차이는 무언가를 올바로 이해하는 것과 참사를 불러올 정도로 오해하는 것 사이의 차이만큼 클 수도 있다. 뇌가 너무 느려터져서 단어의 구성 요소들을 조합할 때 그 결정적인 0.04초가 너무 빨리 지나가 버린다면 어떤 결과가 나타날지 상상할 수 있겠는가?

하버드대에서 난독증을 연구하는 나딘 갭은 "언어의 음에 대해 이해하지 못한다면, 그러니까 음절이나 음소 하나를 빠뜨리고 읽고는 바로잡을 줄 모른다면 그 음소를 글자와 연결하는 것이 매우 힘들어진다"라고 설명했다. "읽는 법을 배우는 데 시간이 좀 걸릴 수 있다. 읽기가 매우 느리기 때문에 유창하게 읽지 못하게 되고 그러면 독해력도 떨어진다. 읽기가 너무 느려서 문장의 끝에 이르면 문장의 처음이 무엇이었는지를 잊어버리기 때문이다. 따라서 난독증은 중학교나 고등학교에서 읽기와 관련된 모든 문제로 이어지고 학교의 다른 모든 과목에 영향을 미치기 시작한다. 제대로 읽지 못하는데 어떻게 글이 잔뜩 있는 수학 시험을 치겠는가? 문제의 의도를 읽는 데 두 시간이 걸리는데 어떻게 사회 시험을 치겠는가?"

"보통 여덟 살이나 아홉 살에 난독증이라는 것을 알게 된다." 나딘이 계속 설명했다. "그리고 난독증을 발견할 즈음에는 이미 심각한 심리적 영향이 많이 발생해 있다. 그즈음에는 이미 3년 동안 어려움을 겪어왔으니까. 아마 네 살 때는 놀이터에서 멋진 꼬마였을 것이다. 그러다 유치원에 들어가면 또래 친구들이 글을 읽기 시작하는데 자신은 그걸 이해할 수가 없어서 좌절하게 된다. 친구들이 당신을 멍청하다고 생각할 수도 있다. 자존감이 매우 낮아져서 우울한 기분이 점점 더 자주 찾아온다. 난독증이 있는 아이들은 사납게 굴어서 결국 청소년 법원에 갈 가능성이 더 높다. 상황을 이해하지 못하기 때문이다. 우리 사회에서는 읽는 것이 이렇게 중요하다."

당신의 아이가 난독증이 있길 바라지는 않을 것이다. 그렇지 않은가?

아주 바람직한 어려움

이 책에서는 지금까지 우리가 종종 강점의 본질에 대해 어떻게 오해하는지 살펴보았다. 이제 다른 쪽으로 관심을 돌릴 시간이다. 우리가 무언가를 약점이라고 부를 때 그 의미는 무엇인가? 일반적 통념에서 약점은 피해야 하는 무언가, 그러니까 그 약점이 없는 경우보다 당신을 힘들게 할 걸림돌이나 어려움을 말한다. 하지만 항상 그렇지는 않다. 다음 몇 개의 장에서 나는 "바람직한 어려움"과 같은 것이 있다는 생각을 살펴보려고 한다. 이 개념은 캘리포니아대학교 로스앤젤레스의 심리학자 로버트 비요크와 엘리자베스 비요크가 창안했으며,[2] 약자들이 어떻게 탁월해지는지를 이해하는 멋지고 인상적인 방법이다.

예컨대, 다음 문제를 검토해 보자.

1. 야구방망이와 야구공을 합해서 1달러 10센트인데 방망이가 공보다 1달러 더 비싸다. 공은 얼마인가?

직관적으로 딱 떠오른 대답이 뭔가? 짐작컨대 아마 10센트라고 대답했을 것이다. 하지만 10센트는 정답이 될 수 없다. 그렇지 않은가? 방망이가 공보다 1달러 더 비싸다고 했다. 그러니 공이 10센트라면 방망이가 1달러 10센트가 되어야 하고 그러면 총합을 넘어버린다. 정답은 5센트다.

또 다른 문제를 풀어보자.

2. 다섯 대의 기계가 다섯 개의 부품을 생산하는 데 5분이 걸린다면 100대의 기계가 100개의 부품을 생산하는 데는 얼마가 걸리겠는가?

이 질문의 설정은 당신이 100이라고 대답하도록 유도한다. 하지만 그건 속임수다. 100대의 기계가 100개의 부품을 만드는 데는 다섯 대의 기계가 다섯 개의 부품을 만드는 것과 정확히 똑같은 시간이 걸린다. 정답은 5분이다.

이 문제들[3]은 세계에서 가장 짧은 지능검사를 구성하는 세 문항 중 두 문항이다.[4] 이 검사는 인지반응 검사Cognitive Reflection Test(CRT)

라고 불린다. 예일대학교 교수 셰인 프레더릭이 고안한 검사로, 보기보다 더 복잡한 무언가를 이해하고 본능적인 대답을 넘어 더 심오하고 분석적인 판단을 하는 능력을 측정한다.

프레더릭 교수는 기본적인 인지 능력에 따라 사람들을 신속하게 분류할 방법을 원할 경우 자신이 고안한 간단한 검사가 수백 개나 되는 문항에 푸는 데만 몇 시간이 걸리는 검사만큼 유용할 것이라고 주장한다. 이런 주장을 입증하기 위해 프레더릭은 미국의 9개 대학 학생들에게 CRT를 실시했는데, 그 대학 학생들이 좀 더 전통적인 지능검사에서 받은 평가와 상당히 비슷한 결과가 나왔다.[5] 세계의 대학 중 최고 두뇌 집단일 MIT 학생들이 세 문항 중 평균 2.18개, 엄청난 엘리트 학교인 피츠버그의 카네기멜론대학교 학생들이 평균 1.51개의 정답을 말했다. 하버드대학교 학생들은 1.43점, 앤아버에 있는 미시건대학교는 1.18점, 톨레도대학교는 0.57점을 얻었다.

CRT는 실제로 어렵다. 하지만 여기에서 이상한 점이 있다. 이 검사에서 사람들의 점수를 올리는 가장 쉬운 방법을 알고 있는가? 문제를 좀 더 풀기 힘들게 만들면 된다. 몇 년 전 심리학자 애덤 알터와 대니얼 오펜하이머가 프린스턴대학교 학부생들을 대상으로 이 방법을 시도해 보았다. 먼저 CRT를 일반적 방식으로 실시하자 세 문항 중에 평균 1.9개를 맞혔다. MIT 학생들의 평균인 2.18개에는 훨씬 못 미치지만 상당히 높은 점수다. 그런 뒤 알터와 오펜하이머는 몹시 읽기 어려운 폰트로 문제들을 출력했다. 미리어드 프로 폰트 이탤릭체(한국어판에서는 기울임체를 적용했다)에 글자 크기는 10포인트,

글자 색은 회색을 적용했다. 그래서 문제가 다음과 같이 보였다.

> *1. 야구방망이와 야구공을 합해서 1.10달러인데 방망이가 공보다 1달*
> *러 더 비싸다. 공은 얼마이겠는가?*

이번에는 평균 점수가 얼마였을까? 2.45점이었다. 프린스턴대학교 학생들이 갑자기 MIT 학생들보다 훨씬 더 문제를 잘 푼 것이다.

이상하지 않은가? 보통 우리는 또렷하고 단순하게 제시된 문제를 더 잘 풀 것이라고 생각한다. 그런데 반대의 결과가 나왔다. 글자 색은 회색, 크기는 10포인트인 미리어드 프로 폰트 이탤릭체를 읽으려면 정말 답답하다. 눈을 가늘게 뜨고 아마 문장을 두 번은 읽어야 할 것이고, 반쯤 읽었을 때는 도대체 누가 검사지를 이따위로 인쇄하는 게 좋겠다고 생각했는지 궁금해질 것이다. 갑자기 문제를 읽기 위해 애를 써야 하는 상황이 되어버렸다.

하지만 그 모든 추가의 노력을 기울인 보람이 있다. 알터가 말한 것처럼 문제를 "읽기 힘들게" 만들면 사람들이 "무엇이건 자신이 상대하고 있는 것에 대해 더 깊이 생각하게 된다. 그래서 더 많은 자원을 사용할 것이고, 일어나고 있는 일을 더 심도 있게 처리하거나 더 신중히 생각할 것이다. 장애물을 넘어야 할 경우, 좀 더 열심히 생각하도록 만들면 더 잘 넘을 것이다. 알터와 오펜하이머는 CRT를 더 어렵게 만들었다. 하지만 그 어려움은 바람직한 것으로 판명되었다.

물론 모든 어려움에 긍정적 측면이 있는 건 아니다. 캐롤라인 색스가 브라운대학교의 유기화학 수업에서 겪은 일은 바람직하지 않은 어려움이었다. 그녀는 과학을 사랑하는 호기심 강하고 근면하며 재능 있는 학생이다. 사기가 꺾이고 자신이 무능하다고 느끼는 상황에 자신을 밀어 넣는 건 아무 이점이 없었다. 아무리 애를 써봐도 과학에 대한 새로운 이해가 생기진 않았다. 오히려 그녀를 겁주어 과학으로부터 쫓아버렸다. 하지만 힘든 노력이 그 반대의 결과를 불러오는 때와 장소가 있다. 이런 곳에서는 약자의 기회를 손상할 장애물처럼 보이는 것이 실제로는 알터와 오펜하이머의 '글자 색은 회색, 크기는 10포인트인 미리어드 프로 폰트 이탤릭체'와 비슷한 역할을 한다.

난독증이 결과적으로 바람직한 어려움이 될 수 있을까? 얼마나 많은 사람이 평생 이 장애와 힘들게 싸우는지 감안하면 그렇게 될 수 있다고 믿기 어렵다, 한 가지 특이한 사실만 제외한다면. 성공한 기업가 중 상당히 많은 수가 난독증 환자다. 런던시티대학교의 줄리 로건이 수행한 최근의 연구는 3분의 1 정도라는 수치를 제시했다.[6] 이 목록에는 지난 수십 년 동안의 가장 유명한 혁신자들이 상당수 포함되어 있다. 영국의 억만장자 기업가 리처드 브랜슨도 난독증이다. 본인의 이름을 붙인 할인중개 회사의 설립자 찰스 슈왑, 휴대전화의 개척자 크레이그 맥카우, 제트블루 항공사의 설립자 데이비드 닐리먼, 대형 기술업체인 시스코의 CEO 존 체임버스, 킨코스의 설립자 폴 오팔라도 난독증이다. 몇 명만 꼽아도 이 정도다.

신경과학자 샤론 톰슨 실은 한 명문대학의 기부자 모임에서 강연을 하다가 학습장애 진단을 받은 사람이 얼마나 되는지 즉흥적으로 물어보았던 때를 기억한다. 당시 모임의 참석자 대다수가 성공한 기업가들이었다. 그녀는 "절반 정도의 손이 올라갔어요"라고 말했다. "믿기지 않을 정도였죠."

이 사실은 두 가지로 해석할 수 있다. 하나는 이 뛰어난 집단이 장애를 딛고 대성공을 거두었다는 것이다. 이들은 너무 똑똑하고 창의성이 뛰어나서 그 무엇도 그들을 막을 수 없었다. 평생 읽기에 어려움을 겪는다는 사실조차 말이다. 좀 더 흥미로운 두 번째 해석은 이들이 부분적으로는 바로 그 장애 때문에 성공했다는 것이다. 즉, 힘든 노력 속에서 무언가를 배웠고 그것이 엄청난 장점이 된 것이다. 당신의 아이에게 난독증이 있길 원하는가? 만약 두 번째 가능성이 사실이라면 그럴 수도 있겠다.

일류 변호사의 자질

데이비드 보이스는 일리노이주 시골의 농촌지역에서 자랐다. 그는 다섯 남매 중 맏이였고 부모님은 공립학교 교사였다. 어머니는 그가 어렸을 때 책을 읽어주셨다. 그는 책에 있는 글자들을 알아먹지 못했기 때문에 어머니가 하는 말을 외웠다. 3학년이 될 때까지 글자를 읽지 못했고, 그 뒤에는 아주 힘겹게 느릿느릿 읽었다. 몇 년 뒤 그는 자신이 난독증이라는 것을 알았다. 하지만 그때는 자신에게 문제가 있다고 여기지 않았다. 그가 살던 일리노이주의 작은 도시는 읽기를 성취의 중요한 증표로 생각하는 곳이 아니었다. 많은 친구가 농장에서 일자리를 얻자마자 학교를 그만두었다. 보이스는 만화책을 읽었다. 만화책은 이해하기 쉽고 그림도 많았으니까.

그는 결코 재미로 책을 읽진 않는다. 지금도 만일 책을 읽는다 해도 1년에 한 권 정도일 것이다. 대신 그가 우스갯소리로 "움직이고 색이 있는" 물건이라고 말하는 텔레비전을 시청한다. 그는 말할 때 쓰는 어휘가 제한적이다. 얼마 안 되는 단어들과 짧은 문장을 사용한다. 가끔 무언가를 큰 소리로 읽다가 모르는 단어를 만나면 읽기를 중단하고 천천히 그 단어의 철자를 말해본다. "아내가 1년 반 전에 제게 아이패드를 줬어요. 컴퓨터 비슷한 기기는 처음 가져본 것이었죠. 흥미로운 일 가운데 하나는 제가 철자를 입력하려고 시도하는 많은 단어가 철자검사 기능이 정확한 철자를 찾지 못할 만큼 부정확했다는 거예요"라고 보이스가 말했다. "'추천 단어 없음'이라는 작은 문구가 말도 못하게 자주 떠요."

고등학교를 졸업할 무렵 그에게는 어떤 큰 야심도 없었다. 그의 성적은 "초라했다." 그 무렵 가족이 남부 캘리포니아로 이사를 갔고, 그곳의 지역 경제는 호황을 누리고 있었다. 그는 건설 쪽에 일자리를 구했다. 보이스는 "아저씨들과 바깥에서 하는 일이었어요"라고 회상했다. "제가 상상할 수 있던 것보다 많은 돈을 벌었어요. 아주 재미있었어요." 그 뒤 그는 은행에서 경리로 잠깐 일하면서 부업으로 브리지 카드 게임을 많이 했다. "멋진 삶이었어요. 한동안 계속 그렇게 살 수도 있었죠. 하지만 첫아이가 태어난 뒤 아내가 제 미래에 대해 점점 더 진지해졌어요." 그녀는 지역 전문대학과 종합대학교의 안내책자와 팸플릿을 들고 왔다. 그는 어릴 때 법에 매료되었던 일을 떠올리고 로스쿨에 가야겠다고 결정했다. 현재 데이비드 보이스는 세계에서 가장 유명한 법정 변호사 중 한 명이다.

보이스가 어떻게 고졸 학력의 공사장 인부에서 법조계의 최고 위치까지 올라갔는지는 그야말로 미스터리다. 법은 읽기를 중심으로, 그러니까 사건과 의견과 학문적 분석을 중심으로 세워진 체계다. 그리고 보이스는 읽는 것이 고역인 사람이다. 그가 법률 쪽 진로를 검토해 본 자체가 제정신이 아닌 것처럼 보인다. 하지만 이 책을 읽고 있다면 당신은 이미 어려움 없이 글을 읽을 줄 아는 사람이라는 것을 잊지 말자. 그건 당신이 아마 읽는 문제를 피해 갈 수 있는 모든 지름길과 전략과 우회로를 결코 생각해 볼 필요가 없었다는 뜻이다.

보이스는 로스앤젤레스에서 동쪽으로 한 시간 걸리는 곳에 있는 작은 사립대학인 레드랜즈대학교에 입학했다. 그 학교에 간 것이 그의 첫 번째 돌파구였다. 레드랜즈는 작은 연못이었다. 보이스는 그곳에서 두각을 드러냈다. 열심히 공부했고 매우 체계적이었다. 그렇게 하지 않으면 안 된다는 것을 알고 있었기 때문이다. 운도 좋았다. 레드랜즈에서 졸업을 하려면 여러 핵심 과목들을 수강해야 했는데 모두 상당한 읽기를 요구하는 과목들이었다. 하지만 그 시절에는 학부 과정을 마치지 않고도 로스쿨에 지원할 수 있었다. 보이스는 핵심과목들을 생략해 버렸다. "졸업하지 않고도 로스쿨에 갈 수 있다는 것을 알았던 때가 생각나요." 라고 그가 말한다. "날아갈 것 같았죠. 믿기지가 않았어요."

물론 로스쿨에서는 더 많은 읽기를 요구했다. 하지만 보이스는 주요 사건의 요약본, 그러니까 대법원이 제시한 장문의 의견을 한 쪽 정도로 압축해 놓은 가이드를 발견했다. "사람들은 그게 로스쿨에서 바람직하지 않은 공부방식이라고 말할 수도 있어요"라고 그가 말한다. "하지만 실용적인 방법이었어요." 게다가 그는 귀 기울여 듣는 사람이었다. "듣기는 제가 평생 기본적으로 해온 일이었어요. 제가 배울 수 있는 유일한 방법이었기 때문에 귀 기울여 듣는 법을 익혔죠. 저는 사람들이 말하는 것을 기억해요. 그들이 사용하는 단어들을 기억하고요." 그래서 그는 로스쿨의 수업시간에 앉아 다른 모든 사람이 맹렬하게 필기를 하거나 뭔가를 끼적거리거나 몽상에 빠지거나 수업을 듣는 둥 마는 둥 하는 동안 교수의 말에 집중하고 들은 것을 외웠다.

그때 그의 기억력은 강력한 도구였다. 어쨌거나 그는 어머니가 읽어주는 책의 구절들을 외우던 어린 시절부터 암기를 연습해 왔다. 동급생들은 필기를 하거나 뭔가를 끼적거리거나 수업을 듣는 둥 마는 둥 하면서 무언가를 놓쳤다. 집중력이 떨어졌다. 하지만 보이스에게는 그런 문제가 없었다. 그는 잘 읽지는 못했을 수 있다. 하지만 잘 읽지 못하기 때문에 할 수밖에 없었던 일들이 훨씬 더 가치 있었던 것으로 드러났다. 그는 노스웨스턴 로스쿨에 입학했다가 예일로 옮겼다.

변호사가 되었을 때 보이스는 기업 변호사의 길을 선택하지 않았다. 그건 바보 같은 짓일 것이다. 기업 변호사들은 산더미처럼 쌓인 문서와 씨름해야 하고 367쪽에 나오는 사소한 주석의 중요성을 인식해야 한다. 그는 순발력 있는 대응이 요구되는 소송전문 변호사가 되었다. 그리고 자신이 말해야 하는 것을 외웠다. 때때로 법정에서 무언가를 읽어야 하는데 바로 읽어내지 못하는 단어가 나오면 더듬거리기도 한다. 그러면 그는 읽기를 멈추고 철자법 대회에 나온 아이처럼 그 단어의 철자를 말한다. 어색하긴 하지만 실제 문제라기보다 별난 행동에 더 가깝다.

1990년대에 그는 독점금지법 위반으로 마이크로소프트를 기소한 정부 측 변호사 팀을 이끌었는데, 재판 동안 "로긴login"을 계속 "로진lojin"으로 발음했다. 바로 난독증 환자가 흔히 저지르는 실수였다. 하지만 그는 증인 반대심문에서 압도적인 활약을 했다. 어떤 뉘앙스도, 어떤 미묘한 얼버무리기도, 어떤 특이하고 인상적인 단어 선택도 놓치지 않았기 때문이다. 한 시간이나 하루 전, 혹은 일주일 전의 증언에서 나온 곁가지 언급이나 흥미로운 사실을 드러내는 증인의 인정 내용도 듣고 알아채고 기억했다.

"제가 더 빨리 읽을 수 있다면 더 쉽게 할 수 있는 일이 많을 겁니다"라고 보이스가 말했다. "그건 의심의 여지가 없어요. 하지만 다른 한편으로 보면, 많은 것을 읽지 못하고 듣기와 질문으로 배운다는 건 제가 문제들을 기본적인 부분으로 단순화해야 한다는 뜻입니다. 그리고 그건 아주 큰 힘을 발휘합니다. 재판에서 판사도, 배심원도 그 주제에 전문가가 될 만한 시간이나 능력이 없기 때문입니다. 제 강점 중 하나는 그들이 이해할 수 있도록 사건을 제시하는 겁니다."
그의 상대들은 대개 주어진 문제에 대해 가능한 한 모든 분석을 읽는 학자 유형이다. 이들은 자꾸만 지나치게 세부적인 문제로 빠져든다. 보이스는 그러지 않는다.

그가 맡은 가장 유명한 사건 중 하나인 홀링스워스 대 슈워제네거 사건[7]은 동성 간의 결혼을 금지하는 캘리포니아 법과 관계되어 있었다. 보이스는 이 법이 헌법에 위배된다고 주장하는 변호사였고, 이 재판에서 가장 인상적인 언쟁에서 상대 측의 핵심 전문가 증인인 데이비드 블랜큰혼의 주장을 논파하여 블랜큰혼이 보이스의 주장의 많은 부분을 인정하게 만들었다.

"증인석에 서기 전에 증인에게 말해주는 것 중 하나가 여유를 가지고 천천히 하라는 겁니다"라고 보이스가 실명한다. "굳이 그릴 필요가 없을 때도요. 증언을 하다 보면 다른 질문보다 천천히 대답하게 되는 때가 있는데, 그렇게 대답 속도가 바뀜으로써 그 질문이 당신에게 시간이 필요한 문제라는 것을 조사관에게 알려주길 원치 않기 때문이죠. 그래서 '태어난 때가 언제입니까?'라고 물었을 때" 보이스는 신중하고 의도적으로 말했다. "그게 숨기려는 문제가 아니라고 해도 '태어난… 때는… 1941년입니다'라고 대답해야지, '1941년 3월 11일 아침 6시 30분입니다'라고 대답해서는 안 됩니다. 대답하는 방식에 의해 어떤 질문이 쉽고 어떤 질문이 난처한지 드러내지 않도록 쉬운 질문도 난처한 질문과 똑같이 대답하길 원합니다."

블랜큰혼이 특정 중요한 순간에 너무 오래 말을 멈추면 보이스는 그걸 알아챘다. "그가 사용하는 어조, 속도, 단어가 중요했습니다. 그 중 일부는 말을 중단할 때 나타납니다. 블랜큰혼은 뭔가를 어떤 방식으로 표현할까 고심할 때 말의 속도가 느려졌어요. 상대가 자세히 캐묻고 대답을 요구할 때 자신이 불편해하는 지점을 들킬 수 있는 사람이었습니다. 바로 그가 모호한 단어를 쓰는 지점이었죠. 그리고 그런 지점을 겨냥해 공략할 수 있었기 때문에 저는 그가 우리 사건의 핵심 요소들을 인정하도록 만들 수 있었습니다."

자본화 학습과 보상 학습

보이스가 가진 한 가지 특별한 기술이 그가 그렇게 변호사 일을 잘하는 이유를 설명하는 데 도움이 된다. 그는 뛰어난 청자다. 하지만 보이스가 그 기술을 어떻게 발달시키게 되었는지 생각해 보라. 우리 대부분은 자신이 뛰어난 분야에 자연스레 끌린다. 읽기를 쉽게 익힌 아이들은 더 많이 읽게 되고 그리하여 읽기에 훨씬 더 능숙해져서 결국 읽기가 많이 요구되는 분야로 진출한다. 타이거 우즈라는 어린 소년은 나이에 비해 유독 운동신경이 좋았고 골프 경기가 그의 상상력과 잘 맞는다는 것을 알게 되었다. 그래서 골프 연습하는 것을 좋아했다. 그리고 골프 연습하는 걸 몹시 좋아했기 때문에 골프를 더 잘하게 되었고, 계속해서 이러한 선순환이 이루어졌다. 이것이 우리가 타고난 강점을 발전시킴으로써 무언가를 잘하게 되는 "자본화 학습capitalization learning"이다.

하지만 바람직한 어려움의 논리는 그 반대다. 알터와 오펜하이머는 CRT 실험에서 학생들에게 더 어려운 상황을 주어 학생들이 자신이 박탈당한 무언가를 보상하게 만듦으로써 문제를 더 잘 풀게 했다. 보이스가 듣기를 익혔을 때 했던 일이 바로 그것이다. 그는 자신에게 부족한 부분을 보상하고 있었다. 그에게는 선택의 여지가 없었다. 읽기 능력이 너무 떨어져서 민첩하게 움직이고 적응해야 했다. 또 주위 모든 사람과 보조를 맞출 수 있도록 전략을 세워야 했다.

우리가 하는 학습은 대부분 자본화 학습이다. 쉽고 명확하기 때문이다. 아름다운 목소리와 절대음감을 타고났다면 합창단에 들어가는 게 그리 힘들지 않다. 반면 "보상 학습"은 대단히 힘들다. 어머니가 읽어주는 책의 내용을 외웠다가 나중에 주위 모든 사람이 알아듣게 단어들을 재현하려면 자신의 한계와 맞서야 한다. 불안감과 굴욕도 극복해야 한다. 단어들을 외울 정도로 열심히 집중한 뒤 성공적으로 재현하기 위해 당당해져야 한다. 심각한 장애가 있는 사람들은 대부분 이 모든 단계를 마스터하지 못한다. 하지만 그렇게 할 수 있는 사람은 장애가 없을 경우보다 더 유리하다. 필요에 의해 배운 것은 쉽게 배운 것보다 필연적으로 더 큰 힘을 발휘하기 때문이다.

난독증이 있지만 성공한 사람들이 이와 같은 보상에 관해 이야기하는 경우가 놀라울 정도로 흔하다. "학교에 있는 게 끔찍했어요." 브라이언 그레이저라는 사람이 내게 말했다. "제 몸의 화학반응이 계속 바뀌었어요. 불안했죠, 정말로 불안했어요. 간단한 숙제를 하는데도 한없이 긴 시간이 걸렸어요. 단어들을 읽을 수 없었기 때문에 몽상에 빠져 시간을 보냈어요. 한 시간 반 동안 아무것도 하지 않은 채 한 장소에 앉아 있는 자신을 발견하는 거예요. 7, 8, 9, 10학년 동안 대부분 F를 받았어요. 가끔 D를 받고 C도 하나 있었을 거예요. 엄마가 선생님들이 절 돌려보내지 못하게 했기 때문에 전 그냥 시간만 때우고 있었어요."

이런 사람이 어떻게 학교를 마쳤을까? 그레이저는 심지어 초등학교 때도 어떤 테스트나 시험을 보든 미리 계획과 전략을 세우기 시작했다. "전날 밤에 누군가와 함께 생각을 정리했어요"라고 그가 설명했다. "어떻게 할 거야? 이 질문들에 어떻게 대답할 생각이야? 저는 질문을 예측하려고 애썼어요. 혹은 미리 질문이나 테스트 내용을 입수할 방법이 있다면 그렇게 했고요."

고등학교에 갈 즈음에는 더 나은 전략을 개발했다. "제가 받은 모든 성적에 이의를 제기했어요. 말 그대로 고등학교에서 성적을 받을 때마다 성적표가 배부된 뒤 선생님들을 일일이 찾아가 일대일 면담을 했어요. 제 성적이 D에서 C, C에서 B가 되어야 한다고 주장했어요. 그리고 거의 항상, 말하자면 90퍼센트의 경우에 성적을 바꾸는 데 성공했어요. 전 선생님들을 지치게 했어요. 그걸 정말 잘했어요. 자신감이 생겼죠. 대학에서는 나중에 교수와 한 시간 동안 이런 면담을 할 것이라는 것을 알고 공부했어요. 저는 제 주장을 납득시키기 위해 가능한 일이라면 뭐든 하는 방법을 배웠어요. 정말 좋은 훈련이었답니다."

모든 좋은 부모는 당연히 아이에게 설득의 기술을 가르치려고 노력한다. 하지만 정신적으로 안정된 정상적인 아이는 그런 가르침을 심각하게 받아들일 필요가 없다. 학교에서 A를 받았는데 협상을 해서 합격점수를 얻어내는 방법을 터득하거나 아홉 살짜리가 교실을 둘러보면서 다음 시간을 어떻게 버틸지의 문제로 전략을 세울 필요가 없다. 하지만 보이스가 듣기를 연습한 것처럼 그레이저가 협상을 연습할 때 그는 자기 머리에 총을 겨누고 있었다. 그는 해를 거듭하며 날이면 날마다 연습을 했다. 그레이저가 말한 "정말 좋은 훈련"이란 약자의 입장에서 강자를 말로 설득하는 법을 배운 것이 나중에 그가 종사하게 된 직업에 대한 완벽한 준비가 되었다는 의미다.

현재 그레이저는 지난 30년간 할리우드에서 가장 성공한 영화제작자 중 한 명이 되었다.[8] 난독증이 아니었다면 브라이언 그레이저가 지금의 위치에 있었을까?

친화성과 성공의 관계

신경성 (예민한/불안한 vs. 안정적인/자신감 있는)

외향성 (활동적인/사교적인 vs. 혼자 있기 좋아하는/내성적인)

개방성 (창의적인/호기심 많은 vs. 일관적인/신중한)

성실성 (정돈된/근면한 vs. 느긋한/부주의한)

친화성 (협조적/공감적 vs. 이기적/적대적)

본질적인 신경학적 기능부전과 직업적 성공 사이의 이 기묘한 연관관계를 좀 더 깊게 파고들어 보자. 큰 연못 이야기를 했던 장에서 나는 아웃사이더가 되는 것, 덜 엘리트적이고 특권이 덜한 환경에 있는 것이 자신의 아이디어와 학문적 관심을 추구할 더 많은 자유를 얻을 수 있다는 사실에 관해 이야기했다. 캐롤라인 색스가 그녀의 1순위가 아닌 2순위 대학에 갔다면 자신이 좋아하는 직업에 종사할 가능성이 더 많았을 것이다. 마찬가지로 인상파는 세계에서 가장 명망 높은 미술전시회가 아닌, 거의 아무도 찾지 않던 아주 작은 화랑에서만 가능했다.

난독증 환자도 아웃사이더다. 그들은 학교에서 어쩔 수 없이 열외가 되었다. 학교에서 요구하는 일을 할 수 없었기 때문이다. 그 "아웃사이더 상태"가 언젠가 그들에게 어떤 이점을 준다는 것이 가능할까? 이 질문에 답하기 위해서는 혁신가와 기업가의 특징적인 성격에 대해 생각해 볼 만하다.

심리학자들은 우리가 다음 요인 가운데 어디에 속하는지 평가하는 5요인 모형The Five-Factor Model 혹은 "빅 파이브Big Five"라고 불리는 도구를 통해 성격을 측정한다.[9]

심리학자 조던 피터슨은 혁신가와 혁명가는 이 특성들, 특히 뒤의 세 가지 특성인 개방성, 성실성, 친화성이 매우 특이하게 조합되어 있는 경향이라고 주장한다.

혁신가는 개방적이어야 한다. 이들은 다른 사람은 할 수 없는 일, 그리고 기꺼이 자신의 편견을 깨는 일을 상상할 수 있어야 한다. 또 성실해야 한다. 훌륭한 아이디어가 있어도 이를 실행에 옮기기 위한 주관과 끈기가 없다면 그저 몽상가에 불과하다. 이 점은 너무나 명백하다.

하지만 결정적으로 혁신가는 친화적이지 않아야 한다. 친화적이지 않다는 말이 밉살스럽거나 불쾌한 사람이라는 뜻은 아니다. 빅 파이브 성격 목록의 다섯 번째 요인인 "친화성"을 나타내는 연속선의 맨 끝에 위치하는 경향이 있다는 뜻이다. 이들은 다른 사람들이 반대할 수도 있는 일을 수행하기 위해 사회적 위험을 기꺼이 감수한다.

그렇게 하는 것이 쉽지는 않다. 사회는 친화적이지 않으면 눈살을 찌푸린다. 우리 인간은 주위 사람들의 동의를 구하며 살게 되어 있다. 하지만 급진적이고 변혁적인 사고는 관례에 도전하겠다는 의지 없이는 아무 성과도 얻지 못한다. 피터슨은 "새로운 아이디어가 있는데 그 아이디어가 파괴적이고 당신은 친화적인 사람이라면 어떻게 하겠는가?"라고 묻는다. "사람들의 감정을 상하게 하고 사회구조를 어지럽힐까 봐 걱정이 된다면 그 아이디어를 제기하지 않을 것이다." 극작가 조지 버나드 쇼가 말한 것처럼 "이성적인 사람은 자신을 세상에 적응시킨다. 하지만 비이성적인 사람은 고집스럽게 세상을 자신에게 적응시키려 한다. 그래서 모든 진보는 비이성적인 사람의 손에 달려 있다."

피터슨의 주장을 뒷받침해 주는 좋은 사례가 스웨덴의 가구 소매업체 이케아의 출범 스토리다.[10] 이 회사의 설립자는 잉바르 캄프라드라는 사람이다. 캄프라드의 위대한 혁신은 가구 가격의 많은 부분이 조립과 관련되어 있다는 점을 깨달은 데 있다. 테이블에 다리를 달면 조립에 비용이 들 뿐 아니라 완성품을 배송하는 데도 높은 비용이 발생한다. 그래서 그는 조립되지 않은 가구를 납작한 상자에 담아 저렴하게 운반하는 방법으로 모든 경쟁사보다 싼 가격에 가구를 판매했다.

그러나 1950년대 중반에 캄프라드는 어려움에 부딪쳤다. 스웨덴의 가구 제조업체들이 이케아를 상대로 보이콧을 벌인 것이다. 그들은 캄프라드가 붙인 낮은 가격에 화가 나서 그의 주문에 응하지 않았다. 이케아는 파산에 직면했다. 필사적으로 해결책을 찾던 캄프라드는 남쪽으로 눈을 돌렸고, 스웨덴에서 발트해 바로 건너편에 훨씬 더 저렴한 노동력과 목재가 풍부한 나라인 폴란드가 있다는 것을 깨달았다.

이런 사고가 캄프라드의 개방성을 보여준다. 1960년대 초에는 그런 아웃소싱을 하는 기업이 거의 없었다. 이후 캄프라드는 폴란드와 협업을 구축하는 데 관심을 쏟았다. 쉽지는 않았다. 1960년대의 폴란드는 상황이 엉망이었기 때문이다. 폴란드는 공산주의 국가였다. 서구 국가처럼 인프라나 기계, 숙련된 인력 또는 법적 보호가 없었다. 하지만 캄프라드는 해냈다. 피터슨 국제경제 연구소의 선임연구원 안데르스 아스룬트는 "그는 사소한 일까지 챙기는 마이크로 매니저였어요"라고 평가한다. "다른 사람들이 실패한 분야에서 그가 성공한 이유가 그것입니다. 그는 이 불편한 곳들로 가서 일이 성사되게 했어요. 극도로 고집이 센 성격이었죠." 이것이 바로 성실성이다.

그런데 캄프라드의 결정에서 가장 놀라운 사실이 무엇일까? 바로 그가 폴란드에 갔던 해가 1961년이라는 점이다. 그때는 베를린 장벽이 건설되고 냉전이 절정에 치닫고 있었다. 그로부터 1년도 채 지나지 않아 동구와 서구는 쿠바 미사일 위기로 핵전쟁 직전까지 갔다. 지금으로 치면 월마트가 북한에 매장을 개설하는 것과 마찬가지였다. 사람들 대부분이 매국노로 낙인찍힐까 봐 두려워 적의 땅에서 사업을 할 생각조차 하지 못했을 것이다. 그러나 캄프라드는 그렇지 않았다. 캄프라드는 다른 사람이 자신을 어떻게 생각할지는 전혀 신경 쓰지 않았다. 이것이 바로 비친화성이다.

가구를 납작한 상자에 담아 배달하고 보이콧에 직면해 아웃소싱을 생각할 만큼 창의적인 사람은 소수뿐이다. 또한 그런 통찰력을 보유했을 뿐 아니라 경제적으로 낙후된 곳에 일류 생산 시설을 세울 만큼 주관이 있는 사람은 더 적다. 그렇다면 창의적이고 성실한 데다 냉전도 무시할 만큼 강한 정신을 가진 사람은? 거의 없다.

난독증이 사람을 꼭 더 개방적으로 만드는 것은 아니다. 더 성실하게 만드는 것도 아니다(분명 그럴 수도 있지만). 하지만 이 장애에서 가장 기대함직한 가능성은 비친화적이 되기가 조금 더 쉬울 수 있다는 것이다.

실패에 대처하는 방법

게리 콘은 오하이오주 북동부에 있는 도시 클리블랜드 교외에서 자랐다. 가족은 전기 도급 일을 했다. 당시 1970년대는 난독증이 뭔지도 잘 몰랐던 때였다. 그는 글을 읽지 못해 초등학교에서 1년 유급을 했다.[11] 하지만 그는 "두 번째 해에 첫 번째 해보다 뭐라도 더 나아진 게 없었어요"라고 말했다. 그는 학교 규율을 어겼다. "저는 초등학교에서 쫓겨나다시피 했어요"라고 그가 설명했다. "학생이 교사를 때리면 쫓겨나겠죠. 그건 그런 파탄적인 사건 중 하나였어요. (…) 전 학대를 당하고 있었어요. 선생님이 저를 자기 책상 아래에 쑤셔 넣고는 의자로 막고 앉아 저를 발로 차기 시작했죠. 그래서 제가 의자를 밀어내고 선생님의 뺨을 때리고는 교실에서 나와버렸어요. 4학년 때 일이에요."

그는 그때를 자기 인생의 "험한 시절"이라고 부른다. 그의 부모는 어떻게 해야 할지 갈피를 잡지 못했다. "살면서 가장 좌절감을 느낀 시절이었을 거예요. 이건 많은 걸 말해줘요." 그는 계속 이야기를 이어갔다. "제가 노력을 안 했기 때문이 아니었어요. 전 정말, 정말 열심히 노력했는데, 아무도 문제의 그 부분을 이해하지 않았어요. 사람들은 말 그대로 제가 문제아가 되고 공부도 안 하고 수업을 방해할 작정을 했다고 생각했어요. 그게 어떤 건지 알 거예요. 예닐곱 또는 여덟 살짜리 아이가 공립학교에 다녀요. 모두가 그 아이를 바보라고 생각하고요. 그래서 그 아이는 뭔가 사람들의 호감을 사려고 우스꽝스러운 짓을 해요. 아침마다 일어나서 오늘은 더 나을 거라고 말해보죠. 하지만 2년간 그렇게 하고 나면 오늘이 어제와 다르지 않을 걸 깨닫게 되죠. 그리고 또 하루를 헤쳐나가려고, 또 하루를 살아남으려고 안간힘을 쓸 거예요. 그러면 어떤 일이 벌어질까요?"

그의 부모들은 뭔가 방법을 찾으려 애쓰며 이 학교, 저 학교의 문을 두드렸다. "어머니의 유일한 소원이 제가 고등학교를 졸업하는 것이었어요"라고 콘이 말했다. "만약 어머니에게 물어봤다면 '제 인생에서 제일 행복한 날은 아들이 고등학교를 졸업하는 날일 거예요. 졸업한 뒤 트럭을 운전할 수도 있겠지만 적어도 고등학교 졸업장은 있을 테니까요'라고 대답하셨을 겁니다." 마침내 그가 졸업하던 날 어머니는 눈물을 펑펑 흘렸다. "누군가가 그렇게 많이 우는 모습은 본 적이 없어요."

게리 콘은 스물두 살 때 클리블랜드의 US스틸에서 알루미늄 벽널과 창문틀을 판매하는 일자리를 구했다. 그럭저럭 고등학교를 마친 뒤 아메리칸대학교를 막 졸업했을 때였다. 추수감사절을 얼마 앞둔 어느 날 롱아일랜드에 있는 회사의 영업사무소를 방문했을 때, 그는 관리자를 설득해 하루 휴가를 얻어 과감히 월스트리트로 향했다. 몇 년 전 여름에 지역 증권회사에서 인턴으로 일하면서 증권거래에 관심을 느꼈기 때문이다. 그는 예전 세계무역센터 단지 내에 있던 상품거래소로 향했다.

"일자리를 구할 생각이었어요"라고 그가 회상했다. "하지만 갈 데가 없더군요. 온통 보안이 되어 있었거든요. 그래서 전망대로 올라가서 사람들을 관찰하면서 생각했어요. 내가 그들에게 말을 걸 수 있을까? 그런 뒤 보안 출입문이 있는 층으로 내려가 그 앞에 서 있었어요. 누군가가 절 들여보내 주기라도 할 것처럼. 당연히 아무도 그러지 않았지만요. 그러다 말 그대로 장이 마감된 직후에 옷을 쪽 빼입은 어떤 남자가 직원에게 소리를 지르며 달려 나가는 걸 봤어요. '난 지금 가야 해. 라과디아공항까지 달려야 해, 늦었어. 공항에 도착하면 전화할게.' 저는 그가 탄 엘리베이터로 뛰어들며 말했어요. '라과디아공항에 가신다고요?' 그가 대답하더군요. '그렇습니다만.' 제가 다시 물었어요. '택시를 합승해도 될까요?' 그가 대답했어요, '물론이죠.' 대박이라는 생각이 들었죠. 금요일 오후의 교통 정체 덕분에 저는 그 뒤 한 시간 동안 택시 안에서 구직 활동을 할 수 있었어요."

콘이 함께 택시에 탄 그 낯선 사람은 마침 월스트리트의 거대 증권회사 중 하나의 높은 자리에 있었다. 그리고 바로 그 주에 그 회사는 옵션을 사고파는 사업을 시작했다.

"그 사람은 옵션 사업을 운영하고 있었지만 전 옵션이 뭔지 몰랐어요"라고 콘이 말을 이었다. 그는 완전히 대담무쌍하던 그때를 생각하며 웃었다. "저는 공항으로 가는 내내 거짓말을 했어요. 그 사람이 '옵션이 뭔지 알아요?'라고 물으면 '당연히 알죠. 다 알아요. 전 당신을 위해 뭐든 할 수 있어요'라고 대답했어요. 택시에서 내릴 때 제 손에는 그 사람의 연락처가 있었어요. 그가 말했죠. '월요일에 전화해요.' 그래서 월요일에 전화를 했고 화요일인가 수요일인가에 뉴욕으로 날아가 면접을 봤어요. 그리고 다음 주 월요일에 일을 시작했죠. 그러는 동안 맥밀란의 《전략적 투자로서의 옵션Options as a Strategic Investment》을 읽었어요. 옵션거래의 바이블 같은 책이죠."

물론 쉽지는 않았다. 콘이 대충 계산해 보니 컨디션이 좋을 때도 22쪽을 읽는 데 여섯 시간이 걸렸기 때문이다.[12] 그는 책에 코를 박고 한 단어 한 단어 짚어 나가면서 이해했다는 확신이 들 때까지 문장을 반복해서 읽었다. 그리하여 일을 시작했을 때는 준비가 되어 있었다. "저는 말 그대로 그 사람 뒤에 서서 '저걸 사세요, 저걸 팔고요, 저것도 팔고요'라고 말했어요." 콘이 말했다. "제가 한 짓에 대해서는 결코 그 사람에게 실토하지 않았죠. 어쩌면 그 사람이 알아차렸는데 신경 쓰지 않았을 수도 있고요. 저는 그 사람에게 떼돈을 벌어줬습니다."

콘은 월스트리트에서 처음 일하게 된 사연을 부끄러워하지 않는다. 하지만 그가 그걸 자랑스러워한다고 말하는 것도 잘못일 것이다. 그는 그럴듯하게 허풍을 떨어 첫 일자리를 얻은 이야기가 우쭐댈 일이 아니라는 걸 알 만큼 현명하다. 그 대신 그는 솔직한 태도로 그 이야기를 했다. **이게 접니다**라고.

콘은 그 택시 안에서 한 역할을 연기해야 했다. 실제로는 그렇지 않으면서 노련한 옵션거래자인 척해야 했다. 우리 대부분은 그런 상황에서 실패한다. 자신이 아닌 누군가를 연기하는 데 익숙하지 않기 때문이다. 하지만 콘은 초등학교 때부터 자신이 아닌 다른 사람을 연기해 왔다. **그게 어떤 건지 알 거예요. 예닐곱 또는 여덟 살짜리 아이가 공립학교에 다녀요. 모두가 그 아이를 바보라고 생각하고요. 그래서 그 아이는 뭔가 사람들의 호감을 사려고 우스꽝스러운 짓을 해요.** 바보 취급을 받는 것보다 광대를 연기하는 편이 더 낫다. 그리고 평생 다른 누군가인 척해왔다면 라과디아공항까지 택시를 타고 가는 한 시간 동안 허풍을 떠는 게 뭐 얼마나 힘이 들까?

더 중요한 점은 우리 대부분이 택시에 뛰어들지 않으리라는 것이다. 그로 인해 일어날 수 있는 사회적 결과를 염려하기 때문이다. 그월스트리트 종사자가 우리를 간파하고는 옵션거래자 행세를 하는이가 있다고 업계의 모든 종사자에게 떠들 수도 있다. 그렇게 되면우리가 갈 곳이 있겠는가? 택시 밖으로 내동댕이쳐질 수도 있다. 집에 돌아가서 옵션거래는 우리가 감당할 수 없는 버거운 일이라고 깨달을 수도 있다. 월요일 아침에 나타나 웃음거리가 될 수도 있다. 일주일이나 한 달 뒤에 탄로가 나서 해고될 수도 있다. 택시에 뛰어드는 건 비친화적인 행동이며, 우리 대부분은 친화적인 성향이 있다. 하지만 콘은?

그는 당시 알루미늄 벽널을 팔고 있었다. 그의 어머니는 아들이트럭 운전사가 되면 다행이라고 생각했다. 그는 학교에서 쫓겨났고바보라고 무시당했다. 그리고 성인이 되어서도 자신이 읽고 있는 내용을 확실히 이해하려면 단어 하나하나에 매달려야 해서 22쪽을 읽는 데 여섯 시간이 걸렸다. 그는 잃을 게 없었다.

"자라면서 겪은 일들 때문에 저는 실패에 대해 거부감이 없었어요. 제가 아는 많은 난독증 환자의 한 가지 특성은 대학을 졸업할 즈음이면 실패에 대처하는 능력이 매우 발달되어 있다는 겁니다. 그리고 우리는 대부분의 상황에서 부정적인 면보다 긍정적인 면을 훨씬더 많이 봅니다. 부정적인 면에 너무나 익숙해 있기 때문이죠. 불리한 면이 우리를 흔들어놓진 않아요. 저는 이 문제에 대해 많이 생각해 왔어요, 정말 많이요. 제가 누구인지 정의하는 문제거든요. 난독증이 없었다면 전 지금의 자리에 있지 못했을 겁니다. 그 첫 번째 기회를 잡지 못했을 거예요."

최상의 경우 난독증은 그렇지 않았다면 잠들어 있었을 기술을 개발하도록 해준다. 또한 캄프라드가 폴란드에서 사업을 하는 비친화적인 행동을 하거나 처음 보는 사람이 탄 택시에 올라타 실제 자신이 아닌 누군가를 연기하는 것처럼, 난독증이 없었다면 생각해 보지 않았을 일들을 하게 해준다. 궁금해할 이들을 위해 밝히자면 캄프라드는 난독증 환자다. 그렇다면 게리 콘은? 알고 보니 그는 정말로 뛰어난 트레이더였고, 실패 가능성에 어떻게 대처할지 배우는 것이 비즈니스 세계에서의 경력 준비에 얼마나 훌륭한지 입증되었다. 현재 그는 골드만삭스의 회장이다.

사람을 강하게 만드는 폭격

"제이가 어떻게 그렇게 했는지는,
전 모르겠어요."

기억조차 할 수 없는 고통

제이 프라이라이히는 아주 어렸을 때 돌연 아버지를 잃었다. 프라이라이히 가족은 시카고에서 식당을 운영하던 헝가리 이민자였다. 아버지가 세상을 떠난 건 1929년에 주식시장이 붕괴된 직후였다. 가족은 모든 걸 잃었다. "아버지는 화장실에서 발견되었어요"라고 프라이라이히가 말했다. "자살이었던 것 같아요. 아버지는 완전히 혼자라고 느끼셨을 테니까요. 아버지가 시카고에 온 건 형제가 거기에 살았기 때문인데 주식시장이 붕괴되자 그 형제가 떠났거든요. 아버지에겐 아내와 어린 자식 둘이 있었는데 빈털터리가 된 데다 식당을 잃었어요. 몹시 절망적이셨을 겁니다."

프라이라이히의 어머니는 노동자들을 착취하는 공장을 다니며 모자에 챙을 꿰매는 일을 했다. 모자 하나를 완성할 때마다 2센트를 받았다. 어머니는 영어가 서툴렀다. "어머니는 우리가 세 들어 살던 아파트 집세를 내려고 일주일에 7일, 하루에 열여덟 시간씩 일했어요"라고 하며 프라이라이히는 말을 이어갔다. "우린 어머니를 보지도 못했어요. 우린 홈볼트 공원 서쪽, 빈민가에 인접한 작은 아파트에 살았어요. 두 살짜리와 다섯 살짜리만 집에 남겨둘 수 없었던 어머니는 아일랜드 여성 이민자 입주 보모를 구했어요. 두 살 때부터 제 부모님은 그 아일랜드 보모였어요. 우리는 그분을 좋아했어요. 그분이 제 어머니였죠. 그러다 제가 아홉 살 때 친어머니가 헝가리 남자를 만나 결혼했어요. 아내와 사별하고 아들이 하나 있는 남자였어요. 그건 정략결혼이었죠. 그 남자는 혼자 아들을 돌볼 수 없었고 어머니에겐 의지할 사람이 없었으니까요. 그 남자는 정말 성격이 모질고 쇠약해 빠진 사람이었어요. 두 사람은 결혼을 했고 어머니는 공장을 그만두고 다시 집에서 지내기 시작했어요. 두 사람은 더 이상 보모를 둘 형편이 되지 않아 해고했어요. 제 어머니를 해고한 거죠. 저는 그 일에 대해 결코 어머니를 용서하지 않았어요."

가족은 이 아파트, 저 아파트를 옮겨 다녔다. 단백질은 일주일에 한 번만 섭취했다. 프라이라이히는 한 병에 4센트짜리 우유를 사 오라는 심부름 때문에 이 가게 저 가게를 돌아다녔던 일을 기억한다. 정상 가격인 5센트짜리 우유를 살 형편이 되지 않았기 때문이다. 그는 거리에서 하루하루를 보냈다. 도둑질도 했다. 누나와는 친하지 않았다. 누나는 친구라기보다 군기반장에 더 가까웠다. 그는 새아버지를 좋아하지 않았다. 아무튼 그 결혼은 오래가지 않았다. 그는 친어머니도 좋아하지 않았다. "노동 착취가 만연하던 공장에 다니며 어머니는 정신이 피폐해졌어요"라고 그가 말했다. "친어머니는 화를 잘 내는 사람이었어요. 그리고 그 추한 남자와 결혼했을 때 그 남자가 데려온 남자애가 지금까지 제가 누렸던 모든 것의 절반을 가져갔어요. 게다가 친어머니는 제 어머니까지 해고했죠…." 그의 목소리가 차츰 잦아들었다.

프라이라이히는 자신의 책상에 앉아 있었다. 흰 의사 가운 차림이었다. 그가 지금 들려주는 모든 이야기는 아주 오래전 일이기도 하고, 더 중요한 또 다른 의미에서 보면 전혀 오래전 일이 아니기도 했다. "어머니가 저를 껴안아 주거나 입맞춤을 해주거나 뭐 그랬던 기억도 없어요"라고 그가 말했다. "어머니는 아버지에 대해 절대 이야기하지 않았어요. 아버지가 어머니에게 잘 대해줬는지, 나쁘게 대했는지 몰라요. 한마디도 들은 적이 없거든요. 아버지가 어떤 사람이었을지 생각해 본 적 있냐고요? 매일같이 생각했어요. 제겐 사진 한 장이 있어요." 프라이라이히가 의자를 돌리더니 컴퓨터에서 사진 파일 하나를 클릭했다. 그러자 20세기 초반에 찍은 한 남성의 흐릿한 모습이 담긴 사진 한 장이 나타났다. 그 남자는 당연히 프라이라이히와 상당히 닮아 보였다. "어머니가 가지고 있던 유일한 아버지 사진이에요"라고 그가 말했다. 가족사진에서 잘라낸 것이라 사진 가장자리가 울퉁불퉁했다.

나는 그를 길러준 아일랜드 보모에 관해 물어보았다. 이름이 뭐였죠? 그가 갑자기 말을 뚝 멈추었다. 말을 멈추는 건 그에겐 드문

일이었다. "모르겠어요"라고 그가 대답했다. "떠오를 거예요, 분명히." 그는 잠시 가만히 앉아서 생각을 집중했다. "누나는 기억할 거예요. 어머니도 기억할 테고. 하지만 두 사람은 세상을 떠났어요. 전 생존해 있는 친척이 없어요. 사촌 두 명뿐이죠." 그는 다시 말을 멈췄다. "메리라고 부를게요. 그게 그분의 진짜 이름일지도 모르고요. 하지만 친어머니 이름이 메리라서 헷갈리는 것일 수도 있어요…."

우리가 이야기를 나눌 때 프라이라이히는 여든네 살이었다. 하지만 나이 때문에 기억력이 떨어진 것이라고 말하는 건 잘못일 것이다. 제이 프라이라이히는 기억력이 짱짱했으니까. 나는 어느 봄에 그를 처음 인터뷰하고 6개월 뒤와 또 그 이후에 인터뷰했지만 그는 매번 이름과 사실들을 시계처럼 정확하게 기억했다. 그리고 전에 이야기했던 부분으로 들어가면 말을 멈추고 "이 이야기는 예전에 했죠"라고 말했다. 프라이라이히가 자신을 길러준 여성의 이름을 떠올리지 못한 이유는 그 시절의 모든 것이 너무 고통스러워서 마음속 가장 깊은 곳에 밀어두었기 때문이다.

간발의 차로 폭격을 피한 사람들

제2차 세계대전이 일어나기 전 몇 년 동안 영국 정부는 우려했다. 전쟁이 일어나 독일공군이 런던에 대규모 공습을 해올 경우 이를 저지하기 위해 영국군 사령부가 할 수 있는 일이 없다고 생각했다. 당시 최고의 군사 이론가 중 한 명이던 바질 리델 하트는 독일의 공격 감행 첫 주에 런던에서 25만 명의 민간인이 죽거나 다칠 것이라고 추정했다. 윈스턴 처칠은 런던을 "세계에서 가장 큰 표적, 맹수를 끌어들이기 위해 묶어놓은 일종의 거대하고 살찌고 값진 소"[1]라고 묘사했다. 그는 런던이 공격 앞에서 속수무책이 되어 300만 명에서 400만 명에 이르는 런던 시민이 시골로 대피할 것이라고 예상했다.

전쟁이 일어나기 직전인 1937년에 영국군 사령부는 가장 끔찍한 예측을 담은 보고서를 발표했다. 독일군의 지속적인 폭격으로 60만 명이 죽고 120만 명이 다치며 거리에 대혼란이 벌어질 것이라는 내용이었다. 사람들은 일하러 가길 거부할 것이고, 산업 생산은 서서히 멈출 것이다. 군은 패닉에 빠진 수백만 명에 달하는 민간인의 질서 유지에 매달리느라 독일군과의 싸움에는 무용지물일 것이다. 정책 입안자들은 런던 곳곳에 거대한 지하 방공호 망을 구축하는 방안을 잠깐 고려했지만 그랬다간 대피한 사람들이 그곳에서 절대 나오지 않을까 봐 걱정되어 계획을 포기했다. 이들은 정신적 사상자들이 몰려들 것이라고 예상하여 시 경계 바로 바깥에 정신병원 몇 개를 지었다. 보고서는 "이 문제로 우리가 전쟁에서 패할 가능성이 충분하다"라고 언급했다.

1940년 가을에 오래전부터 예견된 공격이 마침내 시작되었다. 독일군 폭격기들은 연속 57일간의 파괴적인 야간 폭격을 시작으로 8개월 동안 굉음을 내며 런던 상공을 누비면서 고성능 폭탄 수만 기와 소이탄 100만 기 이상을 투하했다. 4만 명이 목숨을 잃었고 4만 6천 명이 부상을 당했다. 건물 100만 곳이 손상되거나 파괴되었다.

런던 이스트엔드 구역은 온 동네가 초토화되었다. 영국 정부의 관료들이 두려워했던 모든 상황이 벌어진 것이다. 단, 런던 시민이 어떻게 대응할지에 대한 예측이 전부 틀린 것만 제외하고 말이다.

패닉은 나타나지 않았다. 런던 교외에 세운 정신병원들은 아무도 찾지 않아 군용으로 전환되었다. 폭격이 시작되면서 수많은 여성과 아동을 시골로 대피시켰다. 하지만 도시에 머물러야 하는 사람들은 대체로 남아 있었다. 런던 대공습이 계속되고 독일의 공격이 갈수록 더 맹렬해지면서 영국 당국은 놀랍게도 폭격에 직면했을 때의 용기뿐 아니라 무관심에 가까운 무언가를 알아차리기 시작했다. 전쟁 직후 영국의 한 정신과 의사는 "1940년 10월에 런던 사우스이스트 지역에 차를 몰고 지나갈 일이 있었다. 그 구역에 연이은 공격이 벌어진 직후였다"[2]라고 썼다.

100야드 정도를 지나갈 때마다 폭탄이 떨어져 움푹 파인 곳이나 한때 집이나 상점이었던 곳의 잔해가 있는 것 같았다. 경고 사이렌이 울렸고, 나는 어떤 일이 일어나는지 살펴보았다. 한 수녀가 자신이 데리고 가던 아이의 손을 잡고 걸음을 서둘렀다. 그녀와 나는 경고 사이렌을 들은 유일한 사람 같았다. 보도 곳곳에서 어린 소년들이 계속 놀이를 하고 있었고 물건을 사러 온 사람들은 흥정을 계속했다. 경찰관은 몹시 지루한 모습으로 교통정리를 하고 있었으며, 자전거를 탄 사람들은 죽음과 교통법규 따위는 무시하고 지나갔다. 내가 본 바로는 하늘을 쳐다보는 사람조차 없었다.

믿기 힘든 이야기라는 데 대부분 동의할 것이다. 런던 대공습은 전쟁이었다. 폭탄이 터지면서 목숨을 앗아가는 파편들이 사방으로 날아다녔다. 소이탄 공격으로 매일 밤 상이한 마을 곳곳이 불길에 휩싸였다. 100만 명 이상이 집을 잃었고, 수천 명이 매일 밤 지하철역에 마련된 임시대피소로 몰려들었다. 밖에서는 머리 위를 날아다니는 전투기들의 굉음, 폭발음, 탕탕거리는 대공포 소리, 끝없이 울려대는 구급차와 소방차 소리, 경고 사이렌으로 극심한 소음이 잦아들지 않았다. 런던 시민을 대상으로 실시한 설문조사에서 1940년 9월 12일 밤에 전날 잠을 이루지 못했다고 대답한 사람이 3분의 1, 네 시간도 못 잤다고 대답한 사람이 3분의 1에 달했다. 만약 뉴욕의 고층 사무실 건물 중 하나가 무너져 잔해만 남았다면, 그것도 한 번이 아니라 두 달 반 동안 매일 그런 일이 벌어졌다면 뉴욕 시민이 어떻게 반응했을지 상상이 가는가?

런던 시민의 반응에 대한 일반적인 설명은 영국식 "불굴의 정신", 즉 영국인의 성격에 내재되어 있다고 알려진 극기 때문이라는 것이다(당연히 영국인은 이 해석을 가장 좋아한다). 하지만 곧 분명해진 일 가운데 하나는 이렇게 행동하는 사람이 영국인뿐만이 아니었다는 것이다. 다른 나라의 민간인도 폭격에 직면해 예상 외로 의연한 것으로 나타났다. 폭격이 모두가 예상했던 만큼 영향을 미치지 않았다는 것이 분명해졌다. 전쟁이 끝나고 나서야 캐나다의 정신과의사 J. T. 맥커디가 《사기의 구조The Structure of Morale》라는 책에서 이 수수께끼를 풀었다.

맥커디는 폭탄이 떨어졌을 때 영향을 받은 사람들이 세 개 그룹으로 나뉜다고 주장했다. 첫 번째 그룹은 사망자들이다. 이들은 폭격으로 분명히 가장 파괴적인 경험을 한 사람들이다. 하지만 맥커디가 지적하는 것처럼(아마 좀 냉정하지만) "공동체의 사기는 생존자의 반응에 달려 있다. 따라서 그런 관점에서 보면 사망자는 중요하지 않다. 이런 식으로 생각하면 사실이 명백해진다. 시체들이 돌아다니면서 극심한 공포를 퍼뜨리지는 않는다."[3]

맥커디는 두 번째 그룹은 간발의 차로 폭격을 피한 사람들이라고 명명했다.

이들은 폭발을 느끼고 파괴 현장을 목격했다. 학살에 공포를 느끼고 아마 부상을 당했을 수도 있다. 하지만 이들은 살아남았다. 깊은 인상이 새겨진 채로. 여기에서 "인상"이란 폭격과 관련된 공포의 반응이 강렬하게 강화되었다는 뜻이다. 그리하여 "쇼크"가 일어날 수도 있다. 쇼크는 멍한 상태나 실질적인 지각 마비부터 조마조마한 상태와 목격했던 공포에 사로잡혀 있는 것까지 어떤 반응이든 포함할 수 있는 엄격하지 않은 용어다.

그는 세 번째 그룹은 멀리서 폭격을 피한 사람들이라고 언급했다. 이들은 사이렌 소리를 듣고 머리 위에서 적군의 폭격기들을 본다. 폭탄이 터지는 우레와 같은 소리도 듣는다. 하지만 폭탄이 길 아래쪽이나 다음 블록에 떨어진다. 이들에게 폭격의 결과는 간발의 차로 폭격을 피한 사람들과 정반대다. 이들은 살아남았고, 맥커디는 두세 번 그런 일이 일어나면 공격과 관련된 감정이 "무엇도 자신을 해치지 못한다는 느낌에서 오는 흥분감"이 된다고 썼다. 간발의 차로 폭격을 피하면 정신적 외상을 입는다. 그런데 멀찍이 떨어져서 피하면 자신이 천하무적이라고 여기게 된다.

대공습을 겪었던 런던 시민의 일기와 회고에는 이런 현상을 보여주는 사례가 무수히 많다. 여기 하나를 소개하겠다.

첫 사이렌이 울렸을 때 나는 아이들을 데리고 정원의 방공호로 들어갔다. 나는 우리 모두가 죽을 것이라고 확신했다. 그 뒤 아무 일도 일어나지 않은 채 공습경보가 해제되었다. 방공호에서 나온 뒤 나는 무엇도 우릴 해치지 못할 것이라는 확신이 들었다.[4]

혹은 부근에서 일어난 폭발로 집이 흔들린 젊은 여성의 일기를 보자.

나는 이루 말로 표현할 수 없는 행복과 승리감을 느끼며 누워 있었다.[5] "나는 폭격을 당했어!" 나는 자신에게 거듭거듭 말했다. 잘 맞는지 보려고 새 옷을 입어보는 것처럼 그 구절을 말해보았다. "나는 폭격을 당했어…. 나는 폭격을 당했어. 내가!"

지난밤에 수많은 사람이 죽고 다친 마당에 말하기엔 끔찍한 이야기 같지만, 내 평생에 그렇게 순수하고 완벽한 행복을 경험해 본 적이 없었다.

그렇다면 왜 런던 시민은 대공습에 그렇게 동요하지 않았을까? 800만 명 이상이 사는 대도시 전역에서 4만 명의 사망자와 4만 6천 명의 부상자가 나왔다는 것은 간발의 차로 공습을 피하여 정신적 외상을 입은 사람들보다 멀찍이 떨어져서 폭격을 경험하고 대담해진 사람들이 더 많았다는 의미다.

"우리 모두는 공포를 쉽게 느낄 뿐 아니라," 맥커디가 설명을 이어갔다.

또한 두려운 상태를 겁내는 경향이 있다. 그리고 공포를 극복하면 흥분감이 생긴다. 공습이 벌어지면 극심한 공포에 빠질지 모른다고 두려워해 왔지만 막상 공습이 일어나면 겉으로는 다른 사람에게 차분한 모습만 보여준다. 그리고 안전해지면 예전의 불안과 현재의 안도감, 안전하다는 느낌이 대조를 이루며 자신감이 높아진다. 그런 자신감이 용기의 아버지이자 어머니다.

대공습이 한창일 때 단추공장에서 일하던 한 중년 노동자가 시골로 몸을 피하길 원하느냐는 질문을 받았다. 그의 집이 두 차례나 폭격을 당했지만 매번 그와 아내는 무사했다. 그는 피난을 거부했다.

"아니, 이걸 다 피해놓고?"[6] 그가 소리쳤다. "중국의 금을 몽땅 준다고 해도 안 그럴 거요! 그럴 일은 없소! 절대! 앞으로도 결코 없을 거고."

압도되거나 극복하거나

바람직한 어려움이라는 개념은 모든 어려움이 부정적이지는 않음을 시사한다. 읽기가 서투르다는 것은 실제로 장애물이다. 그 장애물 덕분에 뛰어난 청자가 된 데이비드 보이스나 그런 장애물이 없었으면 하지 않았을 모험을 감행할 용기를 얻은 게리 콘 같은 경우가 아니라면 말이다.

맥커디의 사기 이론은 이와 같은 개념에 대한 더 광범위한 부차적 시각이다. 윈스턴 처칠과 영국군 장교들이 독일의 런던 공격을 그토록 두려워했던 이유는 폭격을 당하는 것 같은 커다란 정신적 충격을 안겨주는 경험이 모든 사람에게 동일한 영향을 미칠 것이라고 가정했기 때문이다. 간발의 차로 폭격을 피한 사람들과 멀찍이 떨어져서 폭격을 피한 사람들은 각자 입은 정신적 외상의 정도에만 차이가 있을 것이라고 생각했다.

하지만 맥커디는 런던 대공습을 통해 정신적 외상을 초래하는 경험이 사람들에게 완전히 다른 두 가지 영향을 미칠 수 있음을 확인했다. 동일한 사건이 한 그룹에는 지대한 피해를 입히는 반면 다른 한 그룹은 더 잘 지내게 만들 수 있다. 단추 공장에서 일했던 남성과 폭격으로 집이 흔들렸던 젊은 여성은 자신들이 겪은 일들로 말미암아 더 잘 지내게 되었다. 그렇지 않은가? 그들은 전쟁의 한복판에 있었다. 그들이 그 사실을 바꿀 수는 없었다. 하지만 그들은 전쟁 중의 삶을 견디기 힘들게 만들 수 있는 공포에서 벗어났다.

난독증은 이와 같은 현상의 전형적인 예다. 난독증 환자 중 많은 사람이 자신의 장애를 보상하지 못한다. 예컨대, 죄수 신세가 된 난독증 환자의 수는 놀랄 만큼 많다. 이들은 가장 기본적인 학습 과제를 완수하지 못한 실패에 압도당해 버린 사람들이다. 하지만 게리 콘, 데이비드 보이스 같은 사람이 가진 동일한 신경학적 장애는 정반대의 결과를 낳을 수 있다. 난독증은 게리 콘의 삶에 구멍을 내어 고통과 불안의 자국을 남겼다. 하지만 그는 매우 영리했고 가족의 지지와 적잖은 행운, 그리고 그 밖의 자원들이 충분히 있어서 엄청난 타격이 준 최악의 결과를 헤치고 나가 더 강해질 수 있었다.

우리는 영국인과 같은 실수를 너무나 자주 저지르고 정신적 외상을 일으키는 끔찍한 무언가에 단 한 가지 반응만 나타난다고 속단한다. 한 가지 반응만 있는 건 아니다. 두 가지 반응이 나타난다. 이 문제는 제이 프라이라이히와 그가 스스로에게 기억조차 허락하지 않았던 어린 시절을 상기시킨다.

절대 울지 않는 의사

제이 프라이라이히는 아홉 살 때 편도염에 걸려 심하게 앓았다. 동네 의사인 로젠블룸이 프라이라이히 가족의 아파트로 와서 염증이 생긴 편도선을 떼어냈다. "그 시절에 전 남자를 보지 못했어요," 프라이라이히가 말했다. "제가 아는 사람은 다 여자였어요. 남자를 본다고 해도 다들 지저분한 데다 작업복 차림이었죠. 그런데 로젠블룸

선생님은 양복에 넥타이를 매고 있었어요. 품위 있고 친절했고요. 그래서 열 살 때부터 저는 유명한 의사가 되는 꿈을 꾸었어요. 다른 직업은 생각해 보지도 않았어요."

고등학교 때 프라이라이히를 아끼던 물리교사가 그에게 대학에 가야 한다고 권했다. "'그러려면 뭘 해야 하나요?'라고 묻자 선생님은 '음, 아마 25달러가 있으면 대학에 갈 수 있을 거야'라고 대답하셨어요." 그때가 1942년이었어요. 상황이 전보다는 나아졌지만 다들 여전히 형편이 어려웠어요. 25달러는 적은 돈이 아니었죠. 아마 제 어머니는 25달러라는 돈을 구경도 못 해봤을 거예요. 어머니가 "'흠, 내가 방법을 찾아보마'라고 하시더니 이틀 뒤에 나타나셨어요. 어머니는 죽은 남편의 유산을 상속받은 헝가리인 부인을 알게 되었고, 믿기 힘들겠지만 그 부인이 어머니에게 25달러를 주었죠. 어머니는 그 돈을 보관하지 않고 제게 주셨어요. 그 덕분에 지금 제가 여기에 있게 되었죠. 그때 전 열여섯 살이었어요. 그리고 매우 낙관적이었어요."

프라이라이히는 시카고에서 기차를 타고 일리노이대학교가 있던 섐페인 어배너로 갔다. 그는 단칸 셋방을 구했다. 그리고 등록금을 내기 위해 여학생 클럽회관에 서빙 일자리를 구했는데, 이곳에서 남은 음식으로 식사까지 해결할 수 있었다. 그는 공부를 잘해서 의대에 합격했고, 그 뒤 시카고의 큰 공공병원인 쿡카운티병원에서 인턴 생활을 시작했다.

당시 의사는 고상한 직업이었다. 의사들은 사회의 특권층이었고 보통 중상류층 출신이었다. 프라이라이히는 그렇지 않았다. 80대인

지금도 그는 위압감을 주는 모습에 키가 6피트 4인치(약 195센티미터)나 되고 상체가 떡 벌어진 스타일이다. 그렇게 큰 체구에 비해서도 머리가 커서 사람이 더 커 보인다. 그는 말이 많다. 큰 소리로 유창하고 거침없이 말하며, 고향인 시카고 특유의 모음을 딱딱하게 발음하는 억양이 있다. 특별히 강조를 할 때는 소리를 치면서 주먹으로 테이블을 쾅쾅 내리치는 습관이 있다. 그러다 한번은 회의실의 탁자 유리가 깨지는 잊지 못할 사건도 있었다(사람들 말로는 프라이라이히가 입을 다문 건 딱 그 일 직후뿐이었다고 한다).

한때 프라이라이히는 자신보다 훨씬 부유한 집안의 여자와 사귀었다. 그녀는 세련되고 교양 있는 여성이었다. 생김새나 말투로 보면 프라이라이히는 대공황 때의 갱스터 같은, 훔볼트공원 동네 출신의 억세고 거친 남자였다. "그녀가 저를 교향악단 연주회에 데려갔어요. 클래식 음악을 들어본 게 그때가 처음이었어요"라고 그가 회상했다. "전 발레를 본 적이 없었어요. 연극을 본 적도 없었고. 어머니가 구입한 작은 텔레비전 외에는 이렇다고 할 만한 교육을 받은 적이 없었어요. 문학도, 미술도, 음악도, 춤도, 아무것도 접하지 못했죠. 오직 먹는 것만 중요했어요. 죽거나 얻어맞지 않는 것 하고요. 아주 원시적인 사람이었죠."[7]

프라이라이히는 보스턴에서 혈액학 연구원으로 일했다. 그곳에서 군에 징집되었고 워싱턴D.C. 바로 밖에 있는 국립암연구소에서 병역을 마치기로 선택했다. 누가 봐도 프라이라이히는 똑똑하고 헌신적인 의사였으며 아침에 가장 먼저 출근하여 제일 늦게 퇴근했다.

하지만 여전히 그는 굴곡진 어린 시절로부터 한 발짝도 벗어나지 못했다. 그는 성미가 불같았다. 인내심이 없었고 상냥함이라곤 찾아보기 힘들었다. 한 동료는 프라이라이히의 잊지 못할 첫인상을 기억한다. "방 뒤쪽에서 어떤 거인이 전화기에 대고 고래고래 소리 지르고 있었어요." 또 다른 동료는 그를 "감정 조절이 전혀 안 되는 사람이에요. 뭐든 생각나는 대로 내뱉었죠"라고 말하며 기억을 떠올렸다. 그는 의사 생활 동안 일곱 차례 해고당했는데, 첫 번째는 레지던트 시절 시카고의 장로교병원에서 수간호사에게 화를 내며 대들었을 때였다.

예전에 그와 같이 일했던 한 동료는 프라이라이히가 레지던트 중 한 명이 저지른 일상적 실수를 알게 되었을 때를 기억했다. 사소한 검사 결과를 확인하지 못하고 넘어간 실수였다. "환자가 죽었어요. 그 실수 때문은 아니었어요. 그런데도 제이는 병동에서 그 레지던트에게 고함을 질렀어요. 대여섯 명의 의사와 간호사들 앞에서요. 제이는 그 레지던트를 살인자라고 불렀고, 그 사람은 주저앉아 눈물을 흘렸어요." 동료들이 프라이라이히에 대해 말한 거의 모든 이야기에는 "하지만"이라는 단어가 들어갔다. 나는 그를 좋아해요. 하지만 우리는 거의 주먹다짐을 할 뻔했죠. 그를 집에 초대했어요. 하지만 그가 내 아내를 모욕했어요…." 이런 식이다.

의사 생활 초기에 프라이라이히와 함께 일했던 종양전문의 에반 허시는 "프라이라이히는 지금도 제 가장 친한 친구 중 한 명이에요"라고 말했다. "그를 결혼식과 유대교 성년식에 데려가기도 했죠. 나는 그를 아버지처럼 여기며 좋아해요. 하지만 그 시절 그는 호랑이였어요. 우리는 여러 차례 심하게 다퉜죠. 몇 주 동안 그에게 말을 걸지 않은 때도 있었으니까요."

프라이라이히가 그랬다는 게 뭐 놀랄 만한 일인가? 우리 대부분이 동료에게 "살인자"라고 소리치지 않는 이유는 상대의 입장이 되어 생각해 볼 수 있기 때문이다. 우리는 다른 누군가가 어떤 기분일지 그려보고 같은 감정을 느낄 수 있다. 그렇게 할 수 있는 건 우리가 고통에 처했을 때 응원과 위로, 이해를 받았기 때문이다. 그런 응원은 우리에게 다른 사람에 대해 우리가 어떻게 느껴야 하는지를 알려주는 모델이 되어준다. 이것이 공감의 기본이다. 하지만 프라이라이히는 인격이 형성되던 시기에 모든 인간관계가 죽음과 버림으로 끝났다. 그리고 그렇게 암울한 어린 시절은 고통과 분노만 남긴다.

한번은 프라이라이히가 자신의 의사 생활을 회상하다가 죽음이 임박한 말기 암환자를 위한 호스피스 케어에 대해 갑자기 공격하기 시작했다. "호스피스 간호를 원하는 의사들이 잔뜩 있습니다. 제 말은, 사람을 어떻게 그렇게 대할 수 있느냐는 거죠."

프라이라이히는 무언가에 흥분하면 목소리가 높아지고 이를 악물었다. "환자에게 '당신은 암에 걸렸어요, 분명 죽을 겁니다. 통증이 있고 끔찍하죠. 쾌적하게 죽을 수 있는 곳으로 당신을 보내드리겠습니다'라고 말할 건가요? 저는 사람에게 그런 말은 결코 하지 않을 겁니다. 저라면 '고통스러우시죠. 통증이 있고요. 제가 고통을 덜어드리겠습니다. 죽느냐고요? 아마 아닐 겁니다. 저는 매일 기적을 보거든요'라고 말할 겁니다. 지푸라기라도 잡는 심정으로 매달리는 사람한테 비관적이 될 수는 없습니다. 화요일 아침에 회진을 돌 때 가끔 전임의들이 말합니다. '이 환자는 여든 살이야. 가망이 없어.' 결코 그렇지 않습니다! 힘든 도전이지 가망이 없는 건 아니거든요. 당신이 무언가 방법을 찾아야 합니다. 그들을 도울 방법을 생각해 내야 합니다. 살기 위해서는 희망이 있어야 하거든요." 여기까지 이야기했을 때 그는 거의 고함을 지르고 있었다

"저는 결코 실의에 빠지지 않았습니다. 부모와 앉아서 죽어가는 아이 때문에 눈물을 흘린 적이 없어요. 그건 제가 의사로서 하지 않을 일입니다. 부모로서는 울 수도 있겠죠. 제 아이들이 죽으면 전 아마 미쳐버릴 겁니다. 하지만 의사로서는 사람들에게 희망을 주겠다고 맹세해야 합니다. 그게 의사의 일입니다."

프라이라이히는 감당이 안 될 정도가 될 때까지 극도로 성질을 부리며 몇 분 더 이런 식으로 이야기를 계속했다. 우리 모두는 포기하지 않고 희망을 잃지 않는 의사를 원한다. 하지만 또한 우리 입장에 서서 우리 기분을 이해하는 의사도 원한다. 우리는 존엄성 있는 대우를 원하고, 사람들을 존엄성 있게 대하려면 공감이 필요하다. 프라이라이히가 그렇게 할 수 있을까? **저는 결코 실의에 빠지지 않았습니다. 부모와 앉아서 죽어가는 아이 때문에 눈물을 흘린 적이 없어요.** 누구에게든 프라이라이히 같은 어린 시절을 보내고 싶은지 물으면 거의 틀림없이 아니라고 대답할 것이다. 그런 어린 시절이 어떤 도움이 될 것이라곤 상상하기 어렵기 때문이다. 그렇게 자란 경험이

멀리서 폭격을 피한 것과 같은 영향을 미칠 수는 없다.

아니면 그럴 수 있을까?

결핍의 미덕

1960년대 초에 마빈 아이젠슈타트라는 의사가 혁신자, 예술가, 기업가 등의 "창의적인 사람들"을 인터뷰하여 이들의 패턴과 경향을 찾는 프로젝트를 시작했다. 대답을 분석하던 그는 특이한 사실을 알아차렸다. 그들 가운데 놀라울 정도로 많은 사람이 어린 시절에 부모를 잃었다는 점이다. 아이젠슈타트는 자신이 조사하는 집단이 상당히 소규모여서 이 발견이 우연에 불과할 가능성이 있음을 알고 있었다. 하지만 이 사실이 계속 마음에 걸렸다. 우연이 아니면 어쩌지? 만약 이 사실이 무언가를 의미한다면?

심리학 문헌에는 그 이전에도 이와 관련된 단서가 있었다. 1950년대에 과학역사가 앤 로가 유명한 생물학자들로 이루어진 표본을 연구하다가 그중 얼마나 많은 사람이 어릴 때 적어도 부모 중 한쪽을 잃었는지 지나가는 말로 언급한 적이 있었다. 몇 년 뒤 키츠, 워즈워스, 콜리지, 스위프트, 에드워드 기번, 새커리와 같은 유명한 시인과 작가들에 대한 비공식 설문에서도 같은 관찰이 이루어졌다. 그중 절반 이상이 열다섯 살이 되기 전에 아버지나 어머니를 잃은 것으로 나타났다. 직업적 성취와 조실부모 사이의 상관관계는 아무도 어떻게 해석해야 할지 몰라 길을 잃은 사실 가운데 하나였다. 그래서 아이젠슈타트는 더 야심 찬 프로젝트에 착수하기로 결심했다.

"그때가 1963년, 1964년이었어요," 아이젠슈타트가 회상했다. "저는 먼저 브리태니커 백과사전으로 시작했어요. 그러다 브리태니커와 아메리카나 백과사전을 둘 다 파고들었죠." 아이젠슈타트는 호메로스에서 존 F. 케네디에 이르기까지 어느 백과사전에서건 세로로 한 단 이상 설명되어 있는 사람들의 명단을 작성했다. 그게 성취의 대략적인 대리지표처럼 느껴졌다. 그는 699명의 명단을 작성했고, 이제 명단에 있는 모든 사람의 신상정보를 체계적으로 추적하기 시작했다. "10년이라는 세월이 걸렸어요. 온갖 외국어 책들을 읽었죠. 캘리포니아와 국회도서관, 뉴욕의 족보도서관에도 갔고요. 충분한 통계적 결과를 얻었다고 느낄 때까지 부모를 잃은 사람들의 신상명세를 가능한 한 많이 추적했어요."

아이젠슈타트는 신뢰성 있는 신상정보를 찾을 수 있었던 573명의 저명인사 중 4분이 1이 열 살 이전에 부모 중 적어도 한쪽을 잃었다는 사실을 발견했다. 열다섯 살 때까지 적어도 한쪽 부모가 사망한 경우는 34.5퍼센트, 스무 살 때까지는 45퍼센트였다. 질병, 사고, 전쟁으로 수명이 지금보다 훨씬 낮았던 20세기 전이라고 해도 이것은 놀랄 만한 수치였다.

아이젠슈타트가 연구를 추진하던 것과 같은 시기에 역사가 루실 이레몽거가 영국 총리의 역사에 관해 쓰기 시작했다. 이레몽거는 19세기 초부터 제2차 세계대전이 시작될 때까지의 시기에 초점을 맞추었다. 그녀는 영국이 세계 최강대국이던 시기에 영국 정치의 수장 자리에 오를 수 있었던 사람을 예측할 수 있는 배경과 특성이 무엇인지 궁금했다. 그러나 아이젠슈타트와 마찬가지로 이레몽거는 "너무 자주 발견되어 이것이 그냥 지나쳐서는 안 되는 현상이 아닌가라는 의문을 가지기 시작한" 한 가지 사실 때문에 옆길로 새게 되었다. 그 사실은 이레몽거가 수집한 표본의 총리 중 67퍼센트가 열여섯 살 전에 한쪽 부모를 잃었다는 점이었다. 영국의 총리 대부분이 배출된, 사회경제적으로 상류층인 사람들이 같은 시기 동안 부모를 잃은 비율의 거의 두 배에 이르는 수치였다. 미국의 대통령들에게서도 같은 패턴이 발견되었다. 조지 워싱턴에서 버락 오바마에 이르기까지 역대 미국 대통령 44인 중에서 12인이 어렸을 때 아버지를 잃었다.[8]

그 이후로 힘든 어린 시절과 부모 상실이라는 주제가 학술문헌에 계속 등장했다. 예를 들어, 왜 그토록 많은 재능 있는 아이들이 어릴 때 받던 기대에 부응하지 못하는지 이해하려 시도한 딘 사이먼톤의 논문에 흥미로운 구절이 나온다. 사이먼톤은 그 이유 중 하나는 그들이 "과도하게 건강한 정신을 물려받았기 때문"이라는 결론을 내렸다. 그는 기대에 미치지 못한 사람들은 "뭔가 혁신적인 발상으로 성공을 거두기에는 지나치게 틀에 박히고 순종적이며 상상력이 부족한" 아이들이었다고 말한다. "재능 있는 아이들과 영재는 가족의 지지가 매우 높은 환경에서 나올 가능성이 가장 많아 보인다. 반면 천재들은 더 불리한 환경에서 자라 비뚤어진 경향이 있다."

나는 이런 연구들이 마치 부모를 잃는 게 괜찮다는 식으로 들릴 수 있다는 걸 알고 있다. 아이젠슈타트는 "사람들은 항상 저를 놀리며 농담을 하죠. '아, 부모가 없으면, 혹은 제가 아버지를 죽이면 더 잘 산다는 뜻이네요?'"라고 말한다. "일부 사람들이 부모 없이 성공할 수 있다는 생각은 매우 위협적인 개념입니다. 부모가 자식을 돕는다는 것이 상식이기 때문이죠. 부모는 자식의 삶에 극히 중요해요." 아이젠슈타트는 그건 절대적으로 맞는 말이라고 강조한다. 부모는 극히 중요하다. 아버지나 어머니를 잃는 것은 아이에게 일어날 수 있는 가장 파괴적인 일이다. 정신과 의사 펠릭스 브라운은 재소자들이 어린 시절에 부모를 잃은 경우가 인구 전체에 비해 두세 배 높다는 것을 발견했다. 우연이라기엔 차이가 너무 크다. 부모의 부재에서 오는 엄청나게 많은 직접적인 타격이 분명히 존재한다.[9]

그러나 아이젠슈타트, 이레몽거, 그리고 그 밖의 사람들이 제시한 증거들은 부모의 죽음이 멀리서 폭격을 피한 것과 같은 영향도 미친다고 암시한다. 아버지가 자살을 하고 어릴 때 이루 말할 수 없는 고통을 받아 그 시절을 기억의 가장 먼 구석으로 밀어버렸다고 해도 그런 경험이 결국 어떤 도움이 될 수 있다. 브라운은 "고아가 되는 것이나 결핍을 겪는 것을 지지한다는 말이 아니다"라고 썼다.[10] "하지만 저명인사가 된 이런 고아의 존재는 경우에 따라서는 결핍이 미덕이 될 수 있음을 암시한다."[11]

피를 멈추다

1955년에 국립암연구소에 도착한 프라이라이히는 암 치료 책임자이던 고든 주브로드에게 보고를 했다. 주브로드는 그를 대학 캠퍼스 한가운데에 있던 병원 본관 2층의 소아 백혈병[12] 병동에 배정했다.

당시 소아 백혈병[13]은 모든 암 중에서 가장 치명적인 암에 속했다. 이 병은 경고 없이 들이닥쳤다. 한두 살밖에 안 된 아이에게 열이 나더니 떨어지지 않는다. 그러다 극심한 두통이 찾아와 가라앉지 않는다. 이후 아이의 몸이 방어 능력을 잃으면서 신체 곳곳이 감염되고 그 뒤 출혈이 일어난다.

"주브로드 박사는 일주일에 한 번, 우리가 어떻게 하고 있는지 보러 왔어요"라고 프라이라이히가 회상했다. "그리고 제게 '프라이라이히, 여긴 도살장 같은 곳이야! 망할 놈의 곳이 온통 피투성이잖아. 깨끗하게 청소해야 해!'라고 말했죠. 맞는 말이었어요. 아이들은 온몸에서 피를 흘렸어요. 대변, 소변에도 피가 섞여 나왔어요. 그게 가장 최악이었어요. 천장도 아이들의 피로 얼룩져 있었어요. 아이들은 귀에서, 피부에서 피를 흘렸어요. 사방이 피였어요. 간호사들은 아침에 입고 나온 하얀 유니폼이 퇴근할 때는 피범벅이 되어 있었죠."

아이들은 간과 비장에서 내출혈이 일어나 극심한 고통에 시달렸다. 침대에서 몸부림을 쳐서 끔찍한 멍이 생겼다. 심지어 코피도 치명적일 수 있었다. 아이의 코를 꼭 쥐고 얼음을 올려놓았다. 효과가 없었다. 아이의 콧구멍을 거즈로 틀어막았다. 그래도 코피가 멎지 않았다. 이비인후과 전문의를 호출하면 입을 통해 뒤쪽에서 비강을 거즈로 막은 뒤 콧속으로 거즈를 잡아당겨야 했다. 비강 안쪽에서 혈관을 압박하려는 것이었다. 이런 처치가 아이에게 얼마나 고통스러울지 상상이 갈 것이다. 게다가 이 방법도 좀처럼 효과가 없었다. 그래서 거즈를 빼면 또다시 피가 흘렀다. 2층 병동의 목표는 백혈병의 치료법을 찾는 것이었다. 하지만 문제는 출혈을 멎게 하는 게 상당히 힘들어서 아이들 대부분이 그들을 도울 방법을 알아내기도 전에 사망한다는 것이었다.

"병원에 온 아이들의 90퍼센트가 6주 내에 사망했어요"라고 프라이라이히가 말했다. "피를 너무 많이 흘려 죽었어요. 입과 코에서 피가 나면 먹질 못해요. 음식을 못 먹게 되죠. 뭘 마시려고 해도 구역질이 나고 토해요. 설사를 하고 대변에 피가 섞여 나오고. 그래서 굶어 죽게 됩니다. 감염이 되면 폐렴에 걸려 열이 나고 그 뒤엔 경련이 일어나고 그 뒤엔…." 프라이라이히의 목소리가 점점 잦아들었다.

의사들은 백혈병 병동에서 오래 버티지 못했다. 몹시 고되었다. 당시 2층 병동에서 근무했던 한 의사는 그 시절을 이렇게 회상한다. "아침 7시에 출근해서 밤 9시에 퇴근했어요. 온갖 일을 해야 했죠. 매일 정신적으로 만신창이가 되어 집으로 돌아왔어요. 그러다 우표 수집을 하게 되었죠. 밤 10시에 앉아서 우표를 붙였어요. 일 생각을 잠시나마 잊을 수 있는 유일한 방법이었거든요. 부모들은 겁을 먹었어요. 아무도 아이들의 병실에 들어가려고도 하지 않고 문 앞에 서 있었어요. 아무도 그곳에서 일하고 싶어 하지 않았어요. 그해에 일흔 명의 아이가 제 눈앞에서 세상을 떠났어요. 악몽이었습니다."**14**

하지만 프라이라이히에게는 악몽이 아니었다. **저는 절대 실의에 빠지지 않았습니다. 부모와 앉아 죽어가는 아이 때문에 운 적이 없어 요.** 프라이라이히는 국립암연구소의 톰 프라이라는 연구원과 한 팀이 되어 일했다. 두 사람은 문제가 혈소판 부족이라고 확신했다. 혈소판은 사람의 혈액 속을 떠다니는 불규칙한 모양의 세포 조각이다. 백혈병은 아이들의 혈소판 생성 능력을 파괴하고, 혈소판이 없으면 혈액이 응고되지 않는다. 이것은 급진적인 생각이었다. 국립암연구소의 프라이라이히의 상관 중 한 명이자 혈액학 분야의 세계적 전문가이던 조지 브레처는 이 생각에 회의적이었다. 하지만 프라이라이히는 브레처가 분석을 할 때 혈소판의 수를 정확하게 헤아리지 않았다고 생각했다. 프라이라이히는 매우 꼼꼼했다. 그는 더 정교한 방법론을 써서 혈소판 수치가 매우 낮을 때의 혈소판의 미묘한 변화에 초점을 맞추었다. 그에게는 연관관계가 분명해 보였다. 혈소판 수치가 낮으면 출혈이 심해졌다. 아이들은 계속 엄청난 양의 신선한 혈소판이 필요했다.

국립암연구소의 혈액은행은 수혈할 신선한 혈액을 프라이라이히에게 제공하지 않았다. 규정에 어긋났기 때문이다. 프라이라이히는 "사람을 죽일 셈이요"라고 고함을 치면서 주먹으로 테이블을 쾅쾅 내리쳤다. 국립암연구소에서 프라이라이히와 함께 일했던 딕 실버는 "그런 말을 함부로 하는 게 아닌데, 제이는 개의치 않았어요"라고 말했다.

프라이라이히는 병원 밖으로 나가 헌혈할 사람들을 모집했다. 환자 중 한 명의 아버지이던 목사가 신도 스무 명을 데리고 왔다. 1950년대 중반에는 일반적으로 쇠바늘, 고무관, 유리병을 사용해 수혈을 했다. 하지만 이 도구들의 표면에 혈소판이 달라붙는다는 것이 밝혀졌다. 그래서 프라이라이히는 실리콘 바늘과 비닐봉지를 사용하는 신기술을 써야겠다고 생각했다. 이 비닐봉지들은 소시지라고 불렸고 대단히 컸다.

"봉지들은 이만큼 컸어요"라고 당시 프라이라이히의 전임의 중 한 명이던 빈스 드비타가 말하며 양손을 크게 벌렸다. "그리고 아이는 요만했죠"라고 말하며 그는 양손을 훨씬 가까이 모았다. "소방호스로 화분에 물을 주는 것과 비슷했어요. 제대로 하지 않으면 아이가 심부전을 일으켜요. 당시 국립암연구소의 임상 책임자는 벌린이라는 사람이었어요. 벌린이 소시지를 보더니 제이에게 '제정신이 아니군'이라고 했어요. 그는 제이가 혈소판 수혈을 계속하면 해고하겠다고 경고했어요." 프라이라이히는 그 말을 무시했다. "제이는 제이 다웠어요"라고 하며 드비타가 말을 이었다. "수혈을 하지 못하면 어차피 그곳에서 일하지 않겠다고 결심했죠."

출혈이 멈추었다.

두려운 상태를 겁내지 말 것

프라이라이히의 용기는 어디에서 나왔을까? 그가 너무나 당당하고 위압적인 존재여서 어머니의 자궁에서부터 이미 주먹을 꽉 쥐고 태어난 강한 사람이라고 생각하기 쉽다. 하지만 간발의 차로 폭격을 피한 사람과 멀리서 폭격을 피한 사람에 대한 맥커디의 개념은 완전히 다른 무언가를 제시한다. 어떤 의미에서 용기는 후천적으로 습득되는 것이다.

맥커디가 런던 대공습의 경험에 관해 쓴 글을 다시 살펴보자.

우리 모두는 공포를 쉽게 느낄 뿐 아니라 또한 두려운 상태를 겁내는 경향이 있다. 그리고 공포를 극복하면 흥분감이 생긴다. 공습이 벌어지면 극심한 공포에 빠질지 모른다고 두려워해 왔지만 막상 공습이 일어나면 겉으로는 다른 사람들에게 차분한 모습만 보여준다. 그리고 안전해지면 예전의 불안과 현재의 안도감, 안전하다는 느낌이 대조를 이루며 자신감이 높아진다. 그런 자신감이 용기의 아버지이자 어머니다.

첫 번째 줄부터 보자. **우리 모두는 공포를 쉽게 느낄 뿐 아니라 또한 두려운 상태를 겁내는 경향이 있다.** 영국에는 그 전에 폭격을 당해본 사람이 없었기 때문에 런던 시민은 폭격을 겪으면 엄청나게 무서울 것이라고 생각했다. 그들을 두렵게 했던 것은 일단 폭격이 시작되었을 때 자신들이 어떻게 느낄지에 대한 예측이었다.[15] 그 뒤 독일군의 폭탄이 몇 달씩 우박처럼 쏟아져 내렸고, 자신이 폭격을 무서워할 것이라 예상했다가 멀리서 폭격을 피한 수백만 명의 사람들은 그 두려움이 지나치게 부풀려졌다는 것을 알게 되었다. 그들은 무사했다. 그러자 무슨 현상이 발생했는가? **공포를 극복하면 흥분감이 생긴다. 그리고 안전해지면 예전의 불안과 현재의 안도감, 안전하다는 느낌이 대조를 이루며 자신감이 높아진다. 그런 자신감이 용기의 아버지이자 어머니다.**

용기는 이미 가지고 있다가 힘든 시기가 닥치면 당신을 용감하게 만들어주는 게 아니다. 용기는 힘든 시기를 헤치고 나와 어쨌거나 그 시기가 그렇게까지 힘들지 않았다는 것을 알게 되었을 때 얻는 것이다. 독일군이 저지른 비극적인 실수가 뭔지 아는가? 그들이 런던을 폭격한 이유는 대공습으로 생긴 정신적 외상이 영국 국민을 무너뜨릴 것이라고 예상했기 때문이다. 실제 결과는 그 반대였다. 대공습은 그 어느 때보다 더 용감해진, 멀리서 폭격을 피한 사람들의 도시를 만들었다. 독일은 런던에 아예 폭격을 하지 않는 편이 더 나았을 것이다.

다윗과 골리앗의 다음 장은 마틴 루서 킹 주니어가 앨라배마주 버밍햄에서 인권 운동을 벌였을 당시의 미국 시민권운동에 관해 다룬다. 하지만 버밍햄 이야기에서 지금 언급하면 좋을 부분이 있다. 후천적으로 습득된 용기라는 개념의 완벽한 예이기 때문이다.

버밍햄에서 킹의 가장 중요한 동지 중에 프레드 셔틀즈워스라는 흑인 침례교 목사가 있었다. 그는 수년간 이 도시에서 인종차별과의 싸움을 이끌어온 사람이었다. 1956년 크리스마스 아침, 셔틀즈워스는 흑인이 백인과 함께 버스에 탑승하는 것을 금지한 시의 법규를 어기고 인종분리 버스를 타겠다고 발표했다. 시위를 하루 앞둔 크리스마스 밤에 그의 집이 KKK단(미국의 백인우월주의 비밀결사단체)에게 폭격을 당했다. KKK단은 나치가 대공습 동안 영국인에게 시도했던 일을 셔틀즈워스에게 하려고 했다. 하지만 이들 역시 간발의 차로 폭격을 피한 사람과 멀리서 폭격을 피한 사람 사이의 차이를 이해하지 못했다.

다이앤 맥호터는 버밍햄의 시민권 운동을 다룬 훌륭한 역사서인 《나를 집에 데려다줘Carry Me Home》에서 경찰과 이웃들이 연기에 휩싸인 채 잔해만 남은 셔틀즈워스의 집으로 달려갔을 때 벌어진 일을 서술했다. 늦은 밤이었다. 셔틀즈워스는 침대에 누워 있었다. 사람들은 셔틀즈워스가 죽었을까 봐 걱정했다.[16]

잔해 속에서 목소리가 흘러나왔다. "발가벗은 채 나갈 순 없소." 그리고 잠시 후 셔틀즈워스는 무너진 목사관의 잔해 속으로 누군가가 던져준 비옷을 입고 나타났다. 그는 불구가 되지도, 피투성이가 되지도, 눈이 멀지도 않았다. 폭발로 집의 창문이 1마일(약 1.6킬로미터) 밖으로 날아갔는데 심지어 귀도 멀쩡했다. 셔틀즈워스는 걱정하는 이웃들에게 성서에 나오는 것처럼 손을 높이 들어 올리며 말했다. "주께서 저를 보호해 주셨습니다. 전 다치지 않았어요."

거구의 한 경찰관이 소리쳤다. "목사님, 전 이 사람들을 알고 있습니다." 그는 폭파범들을 말하고 있었다. "놈들이 이렇게까지 할 줄은 몰랐어요. 제가 목사님이라면 이 도시를 떠날 겁니다. 이 사람들은 악랄

해요."

"음, 경찰관님, 당신은 제가 아닙니다," 셔틀즈워스가 말했다. "돌아가서 KKK단 형제들에게 전하세요. 주께서 저를 폭격에서 구하셨다면 저는 언제까지고 여기 있을 거라고. 싸움은 이제부터 시작이거든요."

이 사례는 멀리서 폭격을 피한 전형적인 사례다. 셔틀즈워스는 (명중당했는데도) 죽지 않았다, (간발의 차로 폭격을 피한 덕분에) 불구가 되거나 심하게 다치지도 않았다. 그는 멀쩡했다. KKK단이 노렸던 결과가 무엇이었건 심하게 틀어져 버렸다. 셔틀즈워스는 이제 그 전보다 두려움이 약해졌다.

다음 날 아침, 신도들이 그에게 시위를 취소하라고 애원했다. 그는 거절했다. 맥호터의 글은 다음과 같이 이어진다.[17]

"제기랄, 그래요, 우린 버스에 탈 겁니다"라고 욕쟁이 목사가 말하더니 연설을 시작했다. "겁이 나면 숨을 수 있는 틈이라도 찾으세요. 하지만 나는 이 집회가 끝나면 시내로 걸어가서 버스를 탈 겁니다. 누가 나를 따라오고 있는지 돌아보진 않겠습니다." 그의 목소리가 설교자의 음역으로 굵고 낮아졌다. "아이들은 뒤로 가고," 그가 지시했다. "어른들은 앞으로 나오세요."

몇 달 뒤 셔틀즈워스는 백인만 다니는 존허버트필립스고등학교에 직접 딸을 데리고 가서 입학시키기로 마음먹었다. 그가 차를 몰

고 올라가는데 성난 백인 남성 무리가 차 주위에 몰려들었다. 다시 맥호터의 설명을 보자.[18]

믿을 수 없게도 그녀의 아버지는 차 밖으로 나갔다. 남자들이 쇳조각, 나무 곤봉, 쇠사슬을 꺼내들고 셔틀즈워스에게 덤벼들었다. 그는 날쌔게 보도를 건너 서쪽으로 도망갔지만 계속 맞아서 넘어졌다. 누군가가 그의 코트를 머리 위까지 잡아당겨서 팔을 내릴 수도 없었다. (…) "이제 이 개새끼는 우리 손에 있어." 한 남자가 소리쳤다. "죽여 버려"라고 군중이 고함을 질렀다. 응원하고 있던 백인 여성들이 "그 쌍놈의 깜둥이를 죽이면 모든 게 끝날 거예요"라고 부추겼다. 남자들이 차창을 깨부수기 시작했다.

그래서 셔틀즈워스는 어떻게 되었을까? 별일 없었다. 그는 가까스로 차 안으로 다시 기어들어 갔다. 병원에 갔더니 신장이 경미하게 손상되었고 약간 긁힌 곳과 멍든 곳이 있다고 했다. 셔틀즈워스는 당일 오후 퇴원했고, 그날 저녁 설교단에서 신도들에게 자신은 공격자들을 용서하는 마음뿐이라고 말했다.

셔틀즈워스는 결단력이 뛰어나고 강한 사람이었음에 틀림없다. 하지만 폭격에도 아무 탈 없이 집의 잔해 밖으로 기어 나왔을 때 그는 심리적 철갑을 한 겹 더 둘렀다. **우리 모두는 공포를 쉽게 느낄 뿐 아니라 또한 두려운 상태를 겁내는 경향이 있다. 그리고 공포를 극복하면 흥분감이 생긴다.** 공습이 벌어지면 극심한 공포에 빠질지 모른다고 두려워해 왔지만 막상 공습이 일어나면 겉으로는 타인에게 차분한 모습만 보여준다. 그리고 안전해지면 예전의 불안과 현재의 안도감, 안전하다는 느낌이 대조를 이루며 자신감이 높아진다. 그런 자신감이 용기의 아버지이자 어머니다.

그렇다면 필립스고등학교에서는 어떻게 되었을까? 그곳에서도 멀리서 폭격을 피했다! 셔틀즈워스는 병원에서 나오자마자 기자들에게 "오늘은 한 해에 두 번째로 기적적으로 내 목숨을 구한 날입니다"라고 말했다.[19] 처음 멀리서 폭격을 피했을 때 흥분감이 생긴다면 두 번째는 과연 어떨지 상상이 갈 것이다.

그 뒤 얼마 지나지 않아 셔틀즈워스는 짐 파머라는 동료를 데리고 앨라배마주 몽고메리에 있는 교회로 마틴 루서 킹을 만나러 갔다. 성난 폭도들이 남부연합의 깃발을 흔들며 교회 밖에 모여 있었다. 폭도가 차를 흔들기 시작했다. 운전사가 차를 후진해 다른 길로 가려고 했지만 또다시 봉쇄되고 말았다. 그러자 셔틀즈워스가 어떻게 했을까? 필립스고등학교에서와 마찬가지로 그는 차 밖으로 나갔다. 다시 맥호터의 설명을 보자.[20]

콜라병이 날아와 차창을 산산조각 냈을 때 그는 이상한 냄새를 알아차리고 멈춰 섰다. 최루가스 냄새가 훅 풍겼다. 그는 파머에게 차 밖으로 나오라고 손짓을 한 뒤 폭도 속으로 성큼성큼 걸어갔다. 파머는 인생을 즐기며 사는 사람의 풍만한 몸을 잔뜩 움츠려 셔틀즈워스의 가냘픈 그림자 속으로 숨기려고 애쓰면서 "지옥에 온 것처럼 겁에 질려" 뒤따라갔다. 폭도가 양옆으로 갈라졌고 곤봉질에 힘이 빠졌다. 셔틀즈워스는 털끝 하나도 다치지 않은 채 제일침례교회의 문까지 걸어갔다. "비키세요." 그가 한 말은 이게 다였다. "자 자, 비키세요."

이렇게 세 차례나 멀리서 폭격을 피했다.

부모를 잃는 것은 집이 폭격당하거나 미쳐 날뛰는 폭도에게 공격을 당하는 것과는 다르다. 더 나쁜 상황이다. 한 번의 끔찍한 순간으로 끝나지 않을 뿐만 아니라 그 상처가 멍이나 부상만큼 빨리 낫지 않는다. 하지만 최악의 두려움이 현실이 된 뒤 자신들이 여전히 발을 딛고 서 있는 것을 깨달은 아이들에게 무슨 일이 일어날까? 그 아이들 역시 셔틀즈워스와 대공습에서 멀리서 폭격을 피한 사람들이 얻었던 것, 즉 용기의 아버지이자 어머니인 자신감을 얻지 않았을까?[21]

맥호터는 셔틀즈워스가 백인 권력과 벌인 많은 싸움들 중 또 다른 사건에 대해서도 썼다. "셔틀즈워스를 투옥시킨 경찰관은 그를 때리고 정강이를 발로 차는가 하면 원숭이라고 부르면서 '날 때려보시지 왜 못해?'라고 자극했다. 그러자 셔틀워스는 이렇게 대답했다. '내가 당신을 사랑하기 때문이오.' 그는 팔짱을 끼고 웃으며 감방까지 갔고 그곳에선 노래나 기도가 금지되어 낮잠을 잤다."

목숨을 구한 아이들

프라이라이히가 출혈을 멈추기 위해 했던 일은 획기적 돌파구가 되었다. 이제 아이들이 병의 근본 원인을 치료받을 수 있을 만큼 충분히 생명을 유지할 수 있게 되었다는 뜻이다. 하지만 백혈병은 더 힘든 문제였다. 이 병에 조금이라도 효과가 있다고 알려진 약이 손에 꼽을 정도로 적었다. 세포를 죽이는 약물인 6-MP와 메토트렉세이트가 있었고 스테로이드 프리드니손이 있었다. 하지만 이 약물들 각각은 심각한 독성이 잠재되어 있어 제한된 용량만 투여할 수 있었다. 그리고 제한된 용량만 투여할 수 있으니 아이의 암세포 중 일부만 없앨 수 있었다. 환자의 상태가 일주일 정도 나아졌다가 살아남은 암세포들이 증식하기 시작하면 암이 다시 기세를 떨쳤다.

"임상센터의 고문의사 중에 맥스 윈트로브라는 사람이 있었어요"라고 프라이라이히가 말했다. "최초의 혈액학 교재를 쓰고 소아 백혈병 치료 현황에 대해 많은 비평을 써서 세계적으로 유명한 사람이었죠. 지금도 저는 그가 쓴 글의 한 구절을 학생들에게 보여줍니다. '이 약물들은 고통을 연장할 뿐이기 때문에 도움이 되기보다 도리어 해를 끼친다. 어쨌든 환자는 모두 죽는다. 약물이 병을 더 악화하므로 사용해서는 안 된다.' 이게 세계적 권위자라는 사람의 의견이었습니다."

하지만 프라이, 프라이라이히, 그리고 제임스 홀랜드가 이끄는 버펄로의 로즈웰파크연구소Roswell Park Memorial Institute의 동료 그룹은 이런 의학계의 정설이 틀렸다고 확신했다. 약물이 암세포를 충분히 죽이지 않는다면 아이들에게 더 공격적인 치료가 필요하다는 뜻이 아닐까? 소극적인 치료가 아니라 왜 6-MP와 메토트렉세이트를 함께 쓰지 않지? 이 약물들은 각각 다른 방식으로 암세포를 공격했다. 마치 육군과 해군처럼. 아마 6-MP에 살아남은 세포들이 메토트렉세이트에는 죽을 수도 있었다. 여기에 프레드노신까지 더한다면? 프레드노신은 다른 약물들이 육지와 바다에서 공격을 하는 동안 공습을 하는 공군이 될 수 있었다.

프라이라이히는 페리윙클이라는 식물에서 추출한 네 번째 약물을 우연히 발견했다. 빈크리스틴이라는 약물이었다. 일라이 릴리라는 제약회사 사람이 연구원들이 검토하도록 국립암연구소에 이 약물을 가져왔다. 아무도 이 약물에 대해 잘 아는 사람이 없었지만 프라이라이히는 이것이 백혈병 퇴치에 효과가 있을지 모른다는 예감이 들었다. "제게는 죽어가는 아이들 스물다섯 명이 있었어요"라고 그가 말했다. "제가 그 아이들에게 해줄 게 없었어요. 한번 해보자라는 느낌이 들었죠. 왜 안 되겠어? 어쨌든 아이들은 죽을 텐데." 빈크리스틴은 가능성을 보여주었다. 프라이라이히와 프라이가 다른 약물에 더 이상 반응하지 않는 아이들에게 이 약물을 썼더니 몇 명의 병세에 일시적인 차도가 보였다. 그래서 두 사람은 국립암연구소의 감독위원회를 찾아가 네 가지 약물을 함께 사용하는 테스트의 허가를 요청했다. 육군, 해군, 공군, 해병대 합공작전이었다.

현재 암은 보통 둘, 셋, 혹은 심지어 너덧 가지의 약물을 복합적으로 조합한 약물 "칵테일"로 치료한다. 하지만 1960년대 초기에 이런 방법은 듣지도 보지도 못한 치료법이었다. 당시 암 치료에 사용할 수 있는 약물들은 너무 위험하다고 여겨졌다. 프라이라이히의 소중한 새로운 발견인 빈크리스틴도 무서운 약물이었다. 프라이라이히는 비싼 값을 치르고 이것을 배웠다. "부작용이 있었냐고요? 물론이죠"라고 그가 말했다. "심각한 우울증, 신경병증을 일으켰어요. 아이의 몸이 마비되었고요. 중독될 만한 용량이 투여되면 혼수상태에 빠졌어요. 처음 치료를 받은 열네 명 중 실제로 한두 명이 죽었어요. 뇌가 완전히 약에 망가진 채로요."

맥스 윈트로브는 약물을 아예 사용하지 않는 것이 인간적인 접근 방식이라고 여겼다. 프라이라이히와 프라이는 네 가지 약물을 한꺼번에 쓰고자 했다. 프라이가 국립암연구소 자문위원회를 찾아가 이런 치료법을 허가해 달라고 요청했다. 하지만 성공하지 못했다.

"위원회에 칼 무어 박사라는 선배 혈액학자가 있었는데, 마침 세인트루이스 출신인 제 부친의 친구였어요," 후일 프라이가 회상했다. "저도 항상 그분을 친구라고 생각했어요. 하지만 그분은 제 말을 얼토당토않은 이야기라고 생각했어요. 그분은 소아 백혈병 같은 소아과 질병을 다루지 않아 성인의 호지킨병에 대해 이야기했는데, 호지킨병이 몸에 퍼진 환자가 있다면 플로리다에 가서 인생을 즐기라고 말해주는 게 최상이라고 하더군요. 환자에게 호지킨병의 증상이 과다하게 나타나면 약간의 방사선이나 아마도 질소 머스터드로 치료하되 가급적 소량을 투여한다고 했어요. 그보다 더 공격적인 치료는 비윤리적이고 네 가지 약물을 한꺼번에 투여하는 것은 비양심적인 짓이라고요."

프라이와 프라이라이히는 필사적이었다. 두 사람은 상사인 고든 주브로드를 찾아갔다. 주브로드는 혈소판 논쟁으로 프라이라이히와 전쟁을 치렀던 사람이었다. 그는 빈크리스틴 실험을 마지못해 허가했다. 그는 2층 병동에서 벌어지는 일의 책임자였다. 뭔가 잘못되면 주브로드도 의회위원회에 출두해야 할 처지였다. 상상이 가는가? 이단아 연구원 두 명이 국립연구소에서 네댓 살 된 아이들에게 실험적이고 독성 높은 약물 칵테일을 투여하다니. 주브로드는 강한 의심을 드러냈다.

하지만 프라이와 프라이라이히는 집요하게 매달렸다. 실제로는 프라이가 집요했다. 프라이라이히는 신중을 요하는 협상을 맡길 수 있는 부류의 사람이 아니었다. "전 톰 없이는 아무것도 못 했을 겁니다"라고 프라이라이히가 인정했다. "프라이는 저와 반대였어요. 신중하고 매우 인간적이었죠." 프라이는 "네, 약물들은 모두 독입니다. 하지만 각각 다른 방식으로 독성이 작용합니다. 용량에 주의를 기울이면, 그리고 적극적으로 부작용 치료를 하면 아이들이 살 수 있다는 뜻입니다"라고 주장했다. 주브로드가 마침내 백기를 들었다. "미친 짓이었죠"라고 프라이라이히가 말했다 "하지만 영리하고 옳은 방법이었습니다. 전 그 방법에 대해 고심했고 효과가 있을 걸 알고 있었어요. 혈소판 수혈과 비슷했어요. 반드시 효과가 있어야 했습니다!"

이 실험은 VAMP 요법이라고 명명되었다. 임상 보조, 즉 병동에서 일을 돕던 수련의 중 일부는 참여를 거부했다. 그들은 프라이라이히가 제정신이 아니라고 생각했다. "전 모든 일을 직접 해야 했어요"라고 프라이라이히가 회상했다. "약물을 주문하고, 그것들을 조합하고, 환자에게 투여해야 했죠. 혈구 수치 검사와 출혈 측정도 제일이었어요. 골수 채취도 해야 했고 슬라이드도 분석해야 했어요." 1차 실험에 열세 명의 아이가 참여했다. 첫 환자는 어린 여자아이였다. 프라이라이히가 처음에 투여한 약의 용량이 너무 많았던 것으로 드러났고, 아이가 거의 죽을 뻔했다. 프라이라이히는 몇 시간 동안 아이 곁을 지키며 항생제와 인공호흡기로 생명을 유지시켰다. 아이는 회복되었지만 나중에 암이 재발하여 숨졌다.

하지만 프라이와 프라이라이히는 배운 것이 있었다. 이들은 치료계획서를 손본 뒤 두 번째 환자로 넘어갔다. 환자의 이름은 재니스였다. 재니스는 병이 나았고, 그다음 아이도, 그다음 아이도 병이 나았다. 이제 시작이었다.

유일한 문제는 암이 완치되지 않았다는 것이다. 소수의 악성 세포들이 여전히 숨어 있었다. 그들은 한 차례의 화학요법으로는 충분하지 않다는 것을 알게 되었다. 그래서 화학요법을 한 차례 더 실시했다. 병이 재발했을까? 그랬다. 다시 시도해야 했다. "우리는 아이들에게 세 차례 이 치료법을 실시했습니다"라고 프라이라이히가 말했다. "열세 명 중에서 열두 명에게서 병이 재발했죠. 그래서 저는 한 가지 방법밖에 없다고 판단했습니다. 매달 치료를 계속하는 거죠.

1년 동안."**22**

　"그전에는 사람들이 제가 제정신이 아니라고 생각했다면 이제 완전히 돌았다고 생각했어요"라고 프라이라이히가 이야기를 계속했다. "이 아이들은 완전히 정상처럼 보였어요. 다 나은 것처럼 돌아다니고 풋볼도 했죠. 그런데 제가 아이들을 다시 병원에 집어넣고는 다시 아프게 만드는 거예요. 혈소판도, 백혈구도 없고 출혈과 염증이 발생했죠." VAMP는 아이들의 면역체계를 망가뜨렸다. 아이들은 병에 대한 방어력이 없었다. 이 치료는 부모들에게 극도의 괴로움을 안겨주었다. 부모들은 아이가 살기 위해서는 잔인하게 죽음 직전까지 반복적으로 데려가야 한다는 이야기를 들었다.

　프라이라이히는 환자들을 살리기 위해 혼신의 힘을 다해 일에 뛰어들었다. 당시에는 환자가 열이 날 경우 의사가 혈액배양 검사를 한 뒤 결과가 나오면 그 염증에 가장 적절한 항생제를 찾았다. 절대 여러 항생제를 같이 쓰지 않았다. 한 항생제가 더 이상 듣지 않을 때만 두 번째 항생제를 썼다. "제이가 우리에게 처음 했던 말 중 하나가 '그러면 안 돼!'였어요"라고 드비타가 회상했다. "이 아이들은 열이 펄펄 끓고 있어. 바로 치료해야 해. 항생제들을 섞어서 치료해야 하고, 안 그러면 세 시간 안에 죽고 말 거야." 드비타는 어떤 항생제는 절대 척수액에 투여해서는 안 된다고 배웠다. 그런데 프라이라이히가 그에게 그 항생제를 환자의 척수액에 투여하라고 지시했다. "프라이라이히는 우리가 이단적이라고 배웠던 일들을 하라고 했어요"라고 드비타가 말했다.

"프라이라이히는 엄청난 비난을 받았어요. 임상 보조들은 프라이라이히가 완전 미친 짓을 하고 있다고 여겼죠. 프라이라이히가 그 모든 짐을 짊어졌어요. 그들은 프라이라이히를 모욕했는데, 특히 하버드 출신들이 그랬어요. 병실 뒤편에 서서 야유를 보냈고요. 프라이라이히가 무슨 말을 하면 '지당한 말씀이에요, 제이. 그럼 난 달나라에 갔다 올게요'라고 대꾸했어요. 끔찍했어요. 제이는 항상 그곳에서 맴돌며 모든 검사 결과를 확인하고 차트들을 전부 일일이 검토했어요. 그의 환자 중 한 명에게 어떤 처치를 빠트린 사람은 하느님이 도와주시길 빌어야 했어요. 그는 사나웠어요. 곤란에 빠질 일과 말을 하거나 회의에 가서 누군가를 모욕하는 바람에 프라이가 끼어들어 상황을 수습해야 했어요. 사람들이 자신을 어떻게 생각하는지 프라이라이히가 신경 썼냐고요? 아마도 그랬겠죠. 하지만 그가 옳다고 생각하는 일을 멈출 만큼은 아니었어요."[23]

"제이가 어떻게 그렇게 했는지는"라며 드비타가 마지막으로 말했다. "전 모르겠어요."

하지만 우리는 안다. 그렇지 않은가? 그가 더 나쁜 상황도 겪어봤기 때문이다.

1965년에 프라이라이히와 프라이는 〈화학요법의 발전Advances in Chemotherapy〉에 '급성 백혈병에 대한 화학요법의 진전과 전망'이라는 논문을 발표했다.[24] 오늘날 이런 형태의 암의 치유율은 90퍼센트가 넘는다. 프라이라이히와 프라이, 그리고 그들을 뒤따른 연구원들의 노력으로 목숨을 구한 아이들의 수는 어마어마하다.

백혈병과 폭격의 차이

이런 이야기가 프라이라이히가 자신의 어린 시절을 고마워해야 한다는 뜻일까? 답은 분명히 '아니요'다. 그거 어릴 때 겪은 일들은 어떤 아이도 견뎌서는 안 되는 일들이다. 같은 맥락에서 나는 인터뷰를 했던 모든 난독증 환자에게 앞 장의 서두에 제시한 질문을 던져 보았다. "당신의 아이에게 난독증이 있길 바라나요?" 모두가 아니라고 대답했다. 글레이저는 생각만 해도 진저리를 쳤다. 게리 콘은 끔찍하다는 반응이었다. 데이비드 보이스는 두 아들이 모두 난독증인데, 어린 나이부터 글을 잘 읽는 능력이 모든 일에서 중요한 환경에서 자라는 아이들의 모습을 지켜보며 가슴이 찢어질 지경이었다.

할리우드의 최고 제작자 중 한 명, 월스트리트에서 가장 영향력 있는 은행가 중 한 명, 그리고 미국에서 가장 뛰어난 법정 변호사 중 한 명, 이들 모두가 난독증이 자신의 성격에 얼마나 중요한 역할을 했는지 인정했다. 하지만 그들은 그러한 성공의 대가가 무엇이었는지 직접 겪어서 알고 있었기 때문에 자식들이 같은 경험을 하는 걸 바랄 수 없었다.

하지만 우리 중 누군가가 자식들에게 무엇을 바라는가는 잘못된 질문이다. 그렇지 않은가? 올바른 질문은 사회가 어떤 유형의 정신적 외상에서 벗어난 사람들을 요구하는가다. 그리고 그 대답은 분명 그렇다는 것이다. 고찰하기에 유쾌한 사실은 아니다. 멀리서 폭격을 피해 더 강해진 사람들만큼, 간발의 차로 폭격을 피하는 일을 겪으며 무너진 사람들이 무수히 많기 때문이다. 하지만 우리 모두에게는 경험에 의해 단단해진 사람들에게 의지하게 되는 때와 장소가 있다.[25] 프라이라이히는 상상도 할 수 없는 일을 생각할 용기가 있었다. 그는 아이들에게 실험을 했다. 아이들이 어떤 인간도 겪어서는 안 될 고통을 헤쳐나가도록 도왔다. 프라이라이히가 그렇게 할 수 있었던 데는 가장 캄캄한 지옥에서도 치유되고 회복되어 벗어날 수 있음을 어린 시절의 경험으로부터 알았던 것이 적지 않은 영향을 미쳤다. 백혈병에 걸리는 건 폭격을 직접 맞는 것이었다. 프라이라이히는 이를 멀리서 폭격을 피한 것으로 바꾸어놓았다.

백혈병과의 전투를 치르던 중 어느 시점에 프라이라이히는 소아암을 관찰하는 표준적인 방법(혈액 샘플을 채취해 현미경으로 암세포의 수를 헤아리는 것)이 만족스럽지 않다는 것을 깨달았다. 혈액은 잘못된 판단을 불러올 수 있었다. 아이의 혈액으로는 암이 없는 것처럼 보이는데 아직 병이 골수에 도사리고 있을 수 있었다. 이 말은 암이 완치되었다는 확신이 들 때까지 골수 샘플을 채취하는 고통스러운 절차를 매달 계속 거쳐야 한다는 뜻이었다. 맥스 윈트로브가 프라이라이히가 하고 있는 일에 관해 듣고는 말리려고 노력했다. 윈트로브는 프라이라이히가 환자들에게 지독한 고통을 주고 있다고 말했다. 틀린 말은 아니었다. 이런 반응은 환자에 대한 감정이입에서 나온 것이었다. 하지만 결코 병의 치유로 이어질 수 없는 반응이기도 했다.

"우리는 아이들의 다리를 이렇게 붙잡고 골수 채취를 하곤 했어요"라고 프라이라이히가 내게 설명했다. 그는 커다란 한쪽 손을 아이의 작은 넓적다리뼈를 감싸는 것처럼 내밀었다. "우리는 마취를 하지 않고 바늘을 찔러 넣었어요. 왜 마취를 안 했냐고요? 마취주사를 놓을 때도 아이들이 그만큼 비명을 지르거든요. 18게이지나 10게이지 바늘을 무릎 바로 아래의 정강이뼈에 직접 찔러 넣었어요. 그러면 아이들은 히스테리를 일으켜요. 부모와 간호사들이 아이를 꾹 누르고요. 매번 이런 과정을 되풀이했어요. 아이들의 골수가 회복되었는지 알아야 했거든요."

"아이들의 다리를 이렇게 붙잡고"라는 말을 할 때 프라이라이히는 자기도 모르게 얼굴을 찡그렸다. 18게이지 바늘이 정강이뼈를 바로 찌를 때 아이의 아픔을 순간 느끼는 것처럼. 그리고 그 고통의 느낌이 그를 멈추게 만들 것처럼. 하지만 그 표정은 나타날 때만큼이나 금세 사라졌다.

굴복하거나 강해지거나

제이 프라이라이히는 의료 수련을 받을 때 해럴딘 커닝햄이라는 간호사를 만났다. 프라이라이히는 그녀에게 데이트 신청을 했지만 퇴짜를 맞았다. "젊은 의사들은 하나같이 꽤 공격적이었어요"라고 그녀가 회상했다. "프라이라이히는 거침없이 말하는 사람으로 유명했죠. 그가 두 차례 전화를 걸었지만 저는 나가지 않았습니다." 그런데 어느 주말에 커닝햄이 시카고 교외로 친척 아주머니를 만나러 갔는데 전화벨이 울렸다. 프라이라이히였다. 그가 시카고에서 기차를 타고 와서 기차역에서 전화를 건 것이다. "프라이라이히가 말하더군요. '나 여기에 왔어요.'" 그녀가 기억을 떠올렸다. "엄청나게 끈질긴 사람이었어요." 그때가 1950년대 초반이었다. 두 사람은 그 뒤 결혼했다.

프라이라이히의 아내는 거구인 남편과는 반대로 아담한 체구에 깊고 분명한 힘을 보유한 자그마한 여성이다. "저는 그 사람을 알아요, 그 사람의 결핍도 알고요"라고 그녀가 말했다. 프라이라이히가 피와 고통으로 얼룩진 병원에서 밤늦게 집으로 돌아오면 그녀가 그곳에 있었다. "아내는 나를 처음으로 사랑해 준 사람이에요." 프라이라이히가 꾸밈없이 말했다. "하늘에서 내려온 제 천사죠. 아내가 저를 찾아냈어요. 아마 키울 수 있는 무언가를 제 안에서 발견한 것 같아요. 저는 만사에 아내의 의견을 따릅니다. 그녀는 제가 매일 살아갈 수 있게 해주는 사람입니다."

해럴딘도 가난하게 자랐다. 그녀의 가족은 시카고 외곽의 성냥갑만 한 아파트에 살았다. 열두 살 때 어느 날 해럴딘이 욕실에 들어가려고 하는데 문이 열리지 않았다. "어머니가 욕실 안에서 문을 잠갔어요"라고 그녀가 말했다. "저는 아래층에 사는 집주인을 데려왔어요. 그가 창문을 열고 안으로 들어갔죠. 우리는 병원에 전화를 걸었어요. 어머니는 병원에서 돌아가셨습니다. 열두 살이나 열세 살쯤에는 무슨 일이 벌어지고 있는지 잘 몰라요. 하지만 어머니가 불행하다는 건 알고 있었어요. 물론 아버지는 집을 떠나 있었고요. 아주 좋은 아버지는 아니었어요."

그녀는 남편의 사무실 의자에 앉아 있었다. 이 여성은 남편의 파란만장한 삶에서 평온한 섬을 조각해 냈다. "물론 사랑한다고 해서 당신이 구하고 싶은 사람을 항상 구할 수 없다는 건 알아야 해요. 한 번은 누군가가 제게 화가 나지 않느냐고 묻더군요. 전 아니라고 대답했어요. 전 화나지 않았어요. 어머니의 고통을 이해했거든요."

"당신을 더 강하게 만드는 일들이 있는가 하면 당신을 짓뭉개는 일들이 있어요. 제이와 나는 그런 점에서 공통점이 있습니다."

다윗과 골리앗
David And Goliath

$$\underline{6}$$

불구덩이로 뛰어드는 사람들

"그 토끼는 주님이 만드신 모든 동물 중에서
가장 약아빠졌어요."

"자, 날 물어"

1963년 5월 3일, 미국 민권운동사에서 가장 유명한 사진[1]이 찍혔다. 사진을 찍은 사람은 AP통신사의 사진기자 빌 허드슨이었다. 이날 허드슨은 마틴 루서 킹 주니어를 따르는 활동가들이 인종차별주의자인 시 공안위원 유진 "불" 코너Eugene "Bull" Connor와 대립한 앨라배마주 버밍햄에 있었다. 사진에는 경찰견에게 공격당하고 있는 10대 소년의 모습이 담겨 있었다. 오늘날까지도 이 사진이 주는 충격은 그대로다.

허드슨은 그날 찍은 필름을 편집자 짐 랙슨에게 넘겼다. 랙슨은 허드슨의 사진들을 훑어보다가 개 쪽으로 몸을 기울인 소년을 발견했다. 나중에 랙슨은 "독일 셰퍼드가 으르렁거리며 달려드는데도 성자 같은 젊은이의 평온함"에서 눈을 뗄 수 없었다고 말했다. 17년 전

애틀랜타주의 호텔에서 화재가 났을 때 고층 창문에서 뛰어내리는 여성을 찍은 퓰리처상 수상 사진을 게재한 이후 그가 사진을 보고 그런 느낌을 받은 적은 처음이었다.

랙슨은 그 사진을 선택하여 전송했다. 다음 날 〈뉴욕 타임스〉가 토요일판의 1면 상단에 3단으로 그 사진을 실었다. 전국의 거의 모든 주요 신문도 마찬가지였다. 케네디 대통령이 사진을 보고 충격을 받았고, 국무장관 딘 러스크는 그 사진이 "우리의 우방국들을 당황시키고 적들을 즐겁게 만들 것"이라며 우려했다. 의회와 수많은 가정의 거실과 교실이 이 사진으로 떠들썩했다. 한동안 미국인이 그 사진 외의 다른 이야기는 할 줄 모르는 것처럼 보일 정도였다. 한 언론인이 말한 것처럼 그 사진은 "영원히 불타오를 이미지였다. 개 쪽으로 몸을 숙인 것 같은 잘 차려입은 여윈 소년, 옆구리에 축 늘어진 팔, '자, 날 물어'라고 말하는 듯 차분하게 똑바로 앞을 보는 시선."

수년 동안 마틴 루서 킹과 그를 따르는 민권 운동가들은 미국 남부를 뒤덮은 인종차별 법규 및 정책들과 싸워왔다. 이 규칙들 때문에 흑인이 일자리를 구하거나 투표를 하거나 적절한 교육을 받거나 심지어 백인과 같은 식수대를 사용하는 것도 어렵거나 불가능했다. 이제 형세가 급격하게 바뀌었다. 1년 뒤 미 의회는 미 역사상 가장 중요한 법안 중 하나인 기념비적인 1964년 '민권법'을 통과시켰다. 이 '민권법'은 "버밍햄에서 작성되었다"고들 흔히 말해진다.

예수님도 피하는 도시로

1963년에 마틴 루서 킹이 버밍햄에 왔을 때 그가 추진하던 운동은 위기에 처해 있었다. 그는 남쪽으로 200마일(약 322킬로미터) 떨어진 조지아주 올버니에서 인종차별에 대항하는 시위를 지휘하며 지난 9개월을 보냈는데, 어떤 중요한 양보도 얻어내지 못한 채 올버니를 떠나왔다. 그때까지 민권운동이 거둔 가장 큰 승리는 1954년의 유명한 브라운 대 교육위원회 사건에서 공립학교의 인종분리가 헌법에 위배된다고 선언한 대법원의 판결이었다.

하지만 그 이후 거의 10년이 지났는데도 최남부 지역의 공립학교들은 여전히 인종적으로 분리되어 있었다. 1940년대와 1950년대 초기에는 적어도 흑인들의 존엄성을 인정할 의지가 있는 비교적 중도적인 정치인들이 남부 주들의 대부분을 통치했다. 당시 앨라배마주의 주지사는 "사람은 다 똑같다"라는 말을 즐겨 하던 "빅 짐" 폴섬"Big Jim" Folsom이었다. 그러다 1960년대 초반에 모든 중도파가 떠나고 주의회의사당은 강경한 인종분리 지지자들의 손에 들어갔다. 남부는 퇴행하는 것처럼 보였다.

그렇다면 버밍햄은? 버밍햄은 미국에서 인종분리가 가장 극심한 도시였다. "남부의 요하네스버그"라고 불릴 정도였다. KKK단 단원들이 버밍햄으로 가는 민권 운동가들이 탄 버스를 길가에 세우고 불을 질렀지만 지역 경찰들은 수수방관했다. 백인 동네에 이사 가려는 흑인들의 집을 도시의 KKK단 단원들이 다이너마이트로 폭파하는 일이 빈번하게 발생해 버밍햄에 바밍햄Bombingham[폭격을 뜻하는 바밍bombing과 버밍햄Birmingham의 합성어]이라는 별명까지 붙었다. 다이앤 맥호터는 저서 《나를 집에 데려다줘》에서 "버밍햄에서는 절도든 강간이든 뭐든 범죄의 급증을 중단시키는 가장 확실한 방법은 밖으로 나가 용의자 몇 명에게 총을 쏘는 것이라는 게 범죄학에서 사실로 간주되었다."('감당할 수 없을 정도로 상황이 악화되고 있었어요'라고 한 경위가 말했다. '우리가 뭘 해야 했는지 아실 겁니다.')

시 공안위원 유진 "불" 코너는 커다란 귀에 "황소개구리 같은 목소리"를 가진 작고 땅딸막한 남자였다. 그가 이름을 알린 건 1938년으로, 버밍햄 시내에서 흑인과 백인 양쪽 대표들이 모여 정치회의를 열었을 때였다. 코너는 강당 바깥 잔디밭의 말뚝에 긴 밧줄의 한쪽을 묶은 뒤 강당 안으로 밧줄을 끌고 들어와 통로 한가운데에 깔아

놓고는 시의 인종분리 법령에 따라 흑인과 백인이 밧줄의 양쪽에 따로 앉아야 한다고 주장했다. 회의 참석자 중에 영부인 엘리너 루스벨트가 있었는데, 그녀가 "잘못된 쪽"에 앉아 있자 코너 측 사람들이 강제로 백인 쪽으로 옮겨 가게 했다(누가 미셸 오바마에게 그런 짓을 하려 했다고 상상해보라).[2] 코너는 시내의 몰튼 호텔에서 100퍼센트 올드 그린 대드 버번위스키를 홀짝거리며 유대인은 "안팎이 뒤집힌 깜둥이"일 뿐이라는 둥의 말을 하며 아침 시간을 보내는 것을 즐겼다.

사람들은 버밍햄에 관해 농담이지만 사실은 농담이 아닌 말을 하곤 했다. 예컨대, 어느 날 아침 시카고의 한 흑인이 잠에서 깨더니 아내에게 꿈에 예수님이 나와서 그에게 버밍햄에 가라고 하셨다고 말했다. 아내는 겁에 질렸다. "예수님이 당신과 함께 가신답니까?" 그러자 남편이 대답했다. "예수님은 멤피스까지만 가신다고 하시더군."

킹은 버밍햄에 도착하자마자 기획팀과 회의를 소집했다. "여러분께 해야 할 말이 있습니다"라고 킹이 말했다. "내 생각에 오늘 이 자리에 앉아 있는 사람들 중 일부는 이번 캠페인[3]에서 살아 돌아오지 못할 겁니다." 그런 뒤 그는 방 안을 돌아다니며 모든 사람에게 모의 추도사[4]를 했다. 나중에 킹의 보좌관 중 한 명은 버밍햄에 가고 싶지 않았다고 털어놨다. "애틀랜타주의 캐럴 로드에서 아내와 아이들에게 작별 입맞춤을 할 때[5] 전 그들을 다시 보지 못할 것이라고 생각했어요."

킹은 상대에 비해 세력이 약하고 힘이 모자랐다. 그는 압도적인 약자였다. 하지만 데이비드 보이스의 난독증이나 제이 프라이라이히의 고통스러운 어린 시절 같은 역설적인 형태의 강점도 가지고 있었다. 그는 항상 약자였던 집단 출신이었다. 민권운동이 버밍햄에 이르렀을 무렵 미국의 흑인들은 세력이 약하고 힘이 모자란 상태에 대처하는 법을 익히며 수백 년을 보냈다. 그동안 그들은 거인과 싸우는 법을 몇 가지 배웠다.

사기꾼 영웅의 활약

세계의 억압받는 많은 문화의 중심에는 "사기꾼 영웅"이 있다. 전설과 노래에서 그는 겉으로는 악의가 없어 보이지만 잔꾀와 간교한 속임수로 자신보다 훨씬 큰 상대를 이기는 동물의 형태로 나타난다. 아프리카에서 서인도제도로 잡혀온 노예들은 아난시라는 꾀 많은 거미의 이야기를 전했다.[6] 미국의 노예들 사이에서는 이 사기꾼이 대개 꼬리가 짧은 토끼 형제Brer Rabbit(Brother Rabbit이란 뜻으로 흑인 민담 모음집《엉클 리머스》의 주인공)였다.[7] "그 토끼는 주님이 만드신 모든 동물 중에서 가장 약아빠졌어요."[8] 노예였던 어떤 사람이 100년 전 민속학자들과의 인터뷰에서 한 말이다.

녀석은 몸집이 가장 크지도 않고 그렇다고 목소리가 가장 크지도 않았지만 가장 약았어요. 곤경에 빠지면 다른 누군가를 끌어들여 빠져나왔죠. 한번은 녀석이 깊은 우물에 빠졌어요. 녀석이 소리를 지르고 울었을까요? 천만에요. 녀석은 힘차고 힘차게 휘파람을 불고 노래를 불렀어요. 늑대가 지나가다 그 소리를 듣고 들여다보자 녀석이 말했어요. "여기까지 오려면 멀어. 두 명이 들어올 자리도 없고. 거긴 이글이글 덥지. 여기 아래쪽은 시원한데. 그 두레박에 타고 내려오지 않을래?" 그 소리를 듣자 늑대는 한층 더 안달이 나서 두레박에 뛰어들었어요. 늑대가 내려가니 자연히 토끼는 위로 올라갔죠. 둘이 지나칠 때 토끼가 웃으며 말했어요. "이게 인생이지. 누군가 올라가면 누군가는 내려가는 것."

가장 유명한 토끼 형제 이야기에서는 여우가 타르로 아기 인형을 만들어 토끼에게 덫을 놓는다. 토끼는 타르 인형을 때리다가 그만 찰싹 달라붙고 만다. 그리고 벗어나려 애쓸수록 더 속수무책으로 타르가 들러붙는다. "네가 날 어떻게 해도 상관없어, 여우 형제"라고 하며 토끼가 고소해하는 여우에게 사정한다. "하지만 날 저 가시덤불에 던지지만 말아줘." 물론 여우 형제는 딱 그렇게 했고, 가시덤불에서 태어나고 자란 토끼는 가시를 이용해 인형에게서 벗어나 달아난다. 여우가 패한 것이다. 토끼는 근처의 통나무에 책상다리를 하고 앉아 의기양양하게 "나뭇조각으로 끈적거리는 것들을 털에서 마저 떼어냈다."

사기꾼 민담은 노예들이 언젠가 백인 주인을 넘어설 것을 꿈꾸는 소원성취 이야기다. 하지만 역사가 로렌스 레빈이 쓴 것처럼, 이 이야기들은 또한 "적대적인 환경에 직면해 살아남고 심지어 이기는 기술을 가르친 고통스러울 정도로 현실적인 이야기"이기도 했다. 미국 흑인들은 수적으로 열세였고 힘으로 억압받았다. 그리고 토끼 형제 이야기에 내재되어 있는 개념은 약자들이 자신의 기지를 발휘할 의지가 있다면 가장 편파적인 대결에서도 경쟁할 수 있다는 것이다. 토끼는 여우 자신도 알지 못하는 여우의 모습을 이해하고 있었다. 그는 적수인 여우가 너무 심술궂어서 토끼가 필사적으로 피하고 싶다고 간청한 벌을 토끼에게 주지 않고는 못 배긴다는 것을 알고 있었다. 그래서 토끼는 여우가 더 작고 힘없는 동물이 기뻐하고 있다고 생각하면 참지 못한다는 쪽에 도박을 걸고 여우를 속였다. 레빈은 미국 흑인들이 오랜 박해를 받는 동안 사기꾼의 교훈을 마음에 새겼다고 주장한다.

19세기의 노예제도 관찰자들과 주인들이 남긴 기록들은 상당수의 노예들이 거짓말을 하고, 속이고, 도둑질을 하고, 꾀병을 부리고, 빈둥거리고, 지시를 잘못 알아들은 척하고, 할당량을 채우기 위해 목화 바구니 바닥에 돌을 집어넣고, 연장을 부수고, 주인의 재산을 불태우고, 일을 하지 않으려고 자해를 하고, 재배하는 작물들을 소홀히 하고, 주인이 말 대신 능률이 떨어지더라도 노예의 난폭한 취급을 더 잘 견딜 수 있는 노새를 써야겠다고 느낄 정도로 자신이 맡은 가축들을 학대했음을 보여준다.

난독증 환자는 때때로 매우 유익하다고 판명될 수 있는 다른 기술을 발달시킴으로써 자신의 장애를 보상한다. 폭격을 당하거나 고아가 된 것이 간발의 차로 폭격을 피하는 경험이 되어 사람을 피폐하게 만들 수도 있고, 아니면 멀리서 폭격을 피하는 경험이 되어 사람을 더 강하게 만들 수도 있다. 후자가 다윗의 기회, 즉 어려움이 역설적으로 바람직하다고 판명되는 경우다. 사기꾼 이야기가 주는 교훈은 세 번째 바람직한 어려움, 즉 잃을 게 없을 때 나타나는 예기치 못한 자유다. 사기꾼들은 규칙을 깨트린다.

킹이 이끌던 남부기독교연합회의Southern Christian Leadership Conference의 사무국장은 와이어트 워커라는 인물이었다. 워커는 처음부터 버밍햄 현장에 있으면서 인종차별과 반발 세력에 맞설 킹의 빈약한 군을 모았다. 킹과 워커는 전통적인 방법으로 인종차별과 싸울 수 있다는 환상은 품지 않았다. 그들은 여론조사에서나, 거리에서나, 법정에서나 불 코너를 이길 수 없었다. 힘으로 맞서서는 코너의 상대가 되지 않았다. 그들이 할 수 있었던 일은 토끼 역할을 맡아 코너가 그들을 가시덤불에 던져놓도록 만드는 것이었다.

"와이어트, 자네는 위기를 만들 방법을 찾아야 해, 불 코너가 자기 손 안의 패를 보여주도록 말이야"라고 킹이 말했다. 그리고 워커가 한 일이 정확히 이것이었다. 와이어트 워커가 만들어낸 위기는 경찰견에게 공격당하는 10대 소년의 사진이었다. 몸을 숙이고 팔은 축 늘어진 채 "자, 날 물어"라고 말하는 듯한 소년의 사진.

필사적으로 주목받아야 하는 운명

와이어트 워커는 매사추세츠주 출신의 침례교 목사로, 1960년에 마틴 루서 킹에게 합류했다. 그는 킹의 "실무자"이자 조직책, 해결사였다. 그는 꾀쟁이였다. 호리호리하고 우아하며 지적이었고, 연필처럼 가는 콧수염을 기르고 익살스러운 유머감각의 소유자였다. 그는 매주 수요일 오후에 골프 라운딩을 예약했다. 그에게 여자는 항상 "달링Darling"이었다. "난 같이 어울리기 어려운 사람은 아니에요, 달링. 그저 완벽을 추구하는 사람일 뿐이죠."9 그는 젊을 때 청년공산주의자연맹Young Communist League에 가입했다. 그가 농담조로 항상 이야기하듯이 당시에 흑인이 백인 여성을 만날 수 있는 유일한 방법 중 하나였기 때문이다. 역사학자 테일러 브랜치는 "대학을 다닐 때 그는 짙은 색 테의 안경을 써서 음울한 트로츠키파처럼 보였다"라고 썼다.10

한번은 그가 버지니아주의 작은 도시인 피터즈버그에서 전도 활동을 하는 동안 가족과 소규모 수행단을 데리고 지역의 백인 전용 공공도서관에 모습을 드러냈다. 도시의 인종분리법을 어긴 혐의로 체포되려는 의도였다. 모여든 사진기자들과 기자들 앞에서 흔들 수 있도록 그가 대출한 책이 무엇이었을까? 바로 노예제를 사수하려는 전투에서 남부연합군을 이끌었던 남북전쟁 때의 장군이자 백인 남부의 위대한 영웅 로버트 E. 리의 전기였다. 이 일은 와이어트 워커의 최고 작품이었다. 워커는 피터즈버그의 인종분리법을 어겨 교도소에 끌려가자 몹시 기뻐했다. 하지만 동시에 그는 그 도시의 모순을 계속 상기시켰다.

버밍햄에서 킹, 워커, 프레드 셔틀즈워스는 3인 체제를 형성했다. 셔틀즈워스는 오랫동안 버밍햄의 인권 투쟁을 대표해 온 사람이었고 KKK단이 죽이지 못한 지역 목사였다. 킹은 품위 있고 카리스마 넘치는 예언가였다. 워커는 그늘 속에 머물렀다. 그는 킹과 함께 자신의 사진이 찍히지 않게 했다. 심지어 버밍햄에서 불 코너 측의 많은 사람이 워커가 어떻게 생겼는지도 모를 정도였다. 킹과 셔틀즈워스는 어떤 평온함을 갖추었지만 워커는 아니었다. "당신이 내 길을 방해하면 난 당신과 정면으로 부딪힐 거요." 워커가 자신의 일처리 스타일을 표현한 말이다. "난 '좋은 아침! 좋은 오후! 기분이 어때?' 따위의 인사를 할 시간이 없어요. 혁명이 우리 손에 달려 있으니까요."

한번은 버밍햄에서 킹이 연설을 하고 있는데 몸무게가 200파운드(약 90킬로그램)나 나가는 백인 사내가 연단으로 돌진해 주먹으로 킹을 때리기 시작했다. 맥호터는 이때의 상황을 다음과 같이 기록했다.

킹을 보호하려고 달려간 보좌관들은 킹이 자신을 공격한 사람을 보호하는 것을 보고 깜짝 놀랐다. 킹은 그 사람을 걱정스럽게 감쌌고, 청중이 운동가를 부르기 시작하자 그에게 자신들의 대의는 정당하며 폭력은 스스로의 품위를 떨어뜨리는 행위이고 '우리가 이길 것'이라고 말했다. 그런 뒤 킹은 그를 깜짝 손님인 것처럼 관중에게 소개했다. 버지니아주 알링턴의 미국 나치당 기숙사에 살던 뉴욕 태생의 스물네 살짜리 청년 로이 제임스는 킹에게 안겨 흐느끼기 시작했다.

킹은 공격을 당했을 때도 자신이 세운 원칙에서 벗어나지 않은 도덕적 절대주의자였다. 워커는 실용주의자라고 자칭하는 것을 좋아했다. 한번은 워커가 노스캐롤라이나주의 법원 앞에 서 있다가 키가 6피트 6인치(약 2미터)에 몸무게가 260파운드(약 117킬로그램)나 되는 "산더미만 한 사내"에게 공격을 받은 적이 있었다. 워커는 자신을 공격한 사람을 껴안지 않았다. 대신 벌떡 일어나 덤벼들었고, 그 남자에게 맞아 법원 계단 아래로 굴러 떨어질 때마다 몸을 일으켜 더 덤벼들었다. 나중에 워커는 "세 번째 덤벼들었을 땐 놈이 날 꽉 붙잡더니 거의 의식을 잃을 정도로 때렸어요. 그래도 전 네 번째로 다시 올라갔어요. 아시잖아요, 그때쯤엔 만약 제게 면도칼이 있었다면 놈을 베어버렸을 거예요."

세 사람(워커, 킹, 셔틀즈워스)이 몽고메리의 제일 침례교회에서 1,500명에게 막 설교를 하려는데 성난 백인 폭도들이 교회를 둘러싸고 건물을 불태워버리겠다고 위협했던 어느 날 밤의 일화는 유명하다. 킹은 충분히 예상 가능한 대로 올바른 길을 택했다. 다른 사람들에게 "2층 사람들을 구하려면 폭도들에게 지도자인 우리를 넘겨주는 방법밖에 없습니다"라고 말한 것이다.

항상 차분하던 셔틀즈워스는 이에 동의했다. "그러죠, 우리가 그래야 한다면 그럽시다." 그렇다면 워커는? 그는 킹을 바라보며 혼잣말을 했다. "이 사람은 제정신이 아닌 게 분명해."[11] (마지막 순간에 연

다윗과 골리앗
David And Goliath

방 병력이 와서 군중을 해산했다.) 훗날 워커는 비폭력을 수용했다. 하지만 항상 그는 다른 쪽 뺨을 내미는 것은 자연스러운 일이 아니라는 생각을 내비쳤다.

워커는 "때때로 저는 일을 완수하기 위해 제 윤리의식을 일에 맞추거나 바꿉니다. 저는 결과를 감당해야 하는 사람이니까요"라고 말하기도 했다. "의식적으로 그렇게 합니다. 선택의 여지가 없어요. 제가 불 코너를 상대할 때 도덕적 상황을 상대하는 게 아니거든요."

워커는 코너를 골려주길 좋아했다. 버밍햄에 도착하자마자 눈을 반짝이며 "저는 황소(코너의 이름에 있는 'Bull'을 빗대어 한 말)를 타려고 버밍햄에 왔습니다"라고 선언하는가 하면 남부 사람 특유의 느릿한 말투로 지역 경찰서에 전화를 걸어 "깜둥이"들이 시위를 하러 어딘가로 간다고 가짜 신고를 해서 경찰들을 헛걸음시키기도 했다. 경찰이 머리를 쥐어뜯을 정도가 될 때까지 경찰서 로비와 좁은 복도를 돌고 도는 행진 아닌 행진을 이끌기도 했다. "아, 좋은 시절이었죠"라고 그는 버밍햄에서 벌였던 별난 짓들을 회상하며 말했다. 워커는 자신이 하는 일을 모두 킹에게 말할 만큼 어리석지는 않았다. 말하면 킹은 못마땅해했을 것이다. 워커는 그런 짓들을 혼자만 알고 있었다.

"제 생각에 저 같은 흑인들은 백인이 우리에게 말할 때의 목소리 톤을 정리한 정신적인 카탈로그 같은 걸 만들어왔습니다," 버밍햄 캠페인이 끝난 직후의 긴 인터뷰에서 워커가 시인 로버트 펜 워런[12]에게 한 말이다. "하지만 백인이 말하는 모든 것은 목소리 톤의 미묘한 차이나 머리를 숙인 모양이나 톤의 깊이나 말씨의 날카로움에 따라 해석됩니다. 알다시피 평범하고 정상적인 인종적 기준에서는 아무 의미 없을 것들이 엄청나고 심오하며 예리한 의미를 띠게 되죠."

그러자 워렌이 미국 흑인들에게 전해지는 사기꾼 민담[13]을 거론했다. 여러분은 워커의 얼굴에 스쳤을 장난기 어린 미소가 상상이 갈 것이다. "맞아요"라며 워커가 대답했다. "그는 주인이 원하는 말이지만 실제로 속뜻은 다른 말을 해서 '주인'을 놀리는 데서 '순수한 기쁨'을 발견했죠."

사람들은 마틴 루서 킹을 "지도자님", 혹은 좀 더 가벼운 상황에서는 "주님"이라고 불렀다. 워커는 토끼 형제였다.

가시덤불에 내던져진 토끼

워커가 버밍햄 캠페인을 위해 꾸민 계획은 '프로젝트 C'라고 명명되었다. C는 대립confrontation을 뜻했다. 무대는 켈리인그램공원 인근의 유서 깊은 16번가 침례교회로, 버밍햄 시내에서 겨우 몇 블록 떨어진 곳이었다. 프로젝트 C는 3막으로 구성되었는데, 뒤로 갈수록 규모가 크고 도발적으로 설계되어 있었다.

프로젝트는 먼저 지역 사업체에서 연이어 연좌농성을 벌이는 것으로 시작되었다. 목적은 버밍햄의 인종차별 문제에 대한 언론의 관심을 끄는 것이었다. 밤에는 셔틀즈워스와 킹이 지역 흑인 공동체의 사기를 높이기 위한 대규모 집회를 주도했다. 두 번째 무대는 시내 상점들을 상대로 한 불매운동이었다. 목적은 백인 업계에 재정적 압박을 가해 흑인 고객에 대한 그들의 관행을 재검토하도록 만드는 것이었다. (예컨대, 버밍햄의 백화점에서는 흑인이 손으로 만진 곳이나 옷이 백인에게 닿을까 봐 흑인이 화장실이나 탈의실을 쓸 수 없었다.) 세 번째는 불매운동을 지지하는 대규모 거리 행진을 연달아 벌여 교도소를 꽉꽉 채우는 것이었다. 흑인을 수감할 감방이 동이 나면 불 코너가 더 이상 단순히 시위자들을 체포하는 방법만으로는 민권 문제가 눈앞에서 사라지게 만들 수 없기 때문이었다. 그는 그 문제들을 직접 다루어야 했다.

프로젝트는 위험도가 큰 작전이었다. 이 프로젝트가 성공하려면 코너가 반격을 해야 했다. 킹이 언급한 것처럼, 코너가 "자기 손 안의 패를 보여주도록" 유도해 그의 추한 면을 세상에 드러내야 했다. 하지만 코너가 그렇게 하리라는 보장이 없었다. 킹과 워커는 조지아주 올버니에서 장기적인 캠페인을 벌이다 막 이곳으로 왔다. 올버니에서의 캠페인이 실패한 이유는 그곳 경찰서장인 로리 프리쳇이 미끼를 물지 않았기 때문이었다.

프리쳇은 경찰관들에게 폭력을 쓰거나 과도한 힘을 행사하지 말 것을 지시했다. 그는 우호적이고 예의를 지켰다. 민권에 대한 프리쳇의 견해에는 발전이 없었을지 모르지만 그는 킹을 존중하며 대했다. 북부의 기자들이 백인과 흑인 간의 대립을 취재하러 올버니로 왔다가 놀랍게도 프리쳇에게 꽤 호감을 느끼는 자신들을 발견했다. 마침내 킹이 투옥되었을 때는 다음 날 정체를 알 수 없는 잘 차려 입은 사람이 찾아와 보석금을 내고 그를 빼냈다. 그의 정체는 프리쳇이 보낸 사람이라고 전해진다. 교도소에 들어가자마자 보석으로 풀려 나 버리면 어떻게 순교자가 될 수 있겠는가?

한때 프리쳇은 폭력이 발생할 경우를 대비해 시내의 한 모텔에서 지냈다. 한번은 긴 협상 회의 중에 프리쳇이 비서에게서 전보 한 장을 건네받았다. 몇 년 뒤 프리쳇은 이렇게 회상했다.[14]

내가 그 전보에 대해 얼마간의 관심을 보였던 게 틀림없다. 킹 박사가 내게 나쁜 소식인지 물어보았기 때문이다. 나는 "아니요, 나쁜 소식은 아닙니다, 킹 박사님. 마침 제 열두 번째 결혼기념일이라서 아내가 전보를 보냈군요"라고 설명했다. 그러자 그가 했던 말을 나는 결코 잊지 못할 것이다. 그건 상대에 대한 우리의 이해를 보여주는 말이었다. "오늘이 결혼기념일이라고요?" 그래서 내가 "그렇습니다"라고 대답한 뒤 덧붙였다. "집에 못 간 지가 최소 3주는 되었네요." 그러자 킹 박사는 "음, 프리쳇 서장님, 오늘 밤엔 집에 가세요, 당장. 결혼기념일을 축하하세요. 내일까지 조지아주 올버니에서는 무슨 일도 일어나지 않을 것이라고 약속드리겠습니다. 그러니 가세요. 아내분과 저녁을 드시고 뭐든 원하는 일을 하세요. 그리고 내일 10시에 다시 우리 일을 시작합시다."

프리쳇은 킹을 가시덤불로 던지지 않았다. 가망이 없었다. 그 뒤

얼마 지나지 않아 킹은 짐을 싸서 올버니를 떠났다.[15]

워커는 올버니에서 큰 실패를 겪은 뒤 그렇게 금방 버밍햄에서도 캠페인에 차질이 생기면 피해가 막심할 것임을 인식했다. 당시 미국 가정의 압도적인 수가 텔레비전의 저녁 뉴스를 시청했는데, 워커는 프로젝트 C가 매일 밤 미국 텔레비전 화면의 전면과 중앙을 장식하길 간절히 원했다. 하지만 그는 캠페인이 흔들리고 있다는 걸 인지하게 되면 뉴스 매체들이 관심을 잃고 딴 데로 눈을 돌릴 수 있다는 걸 알고 있었다.

테일러 브랜치는 "워커는 원칙적으로 모든 것을 구축해야 한다고 주장했다"라고 썼다. "그들이 힘을 보여주면 외부의 지원이 그보다 더 큰 비율로 증가할 것이다. 그러나 일단 시작하면 물러날 수 없다. 워커는 어떤 경우에도 버밍햄 캠페인이 올버니보다 소규모가 되어선 안 된다고 말했다. 이 말은 한 번에 1천 명 이상이 교도소에 갇힐 준비를 해야 한다는 뜻이었다."

몇 주 지나지 않아 워커는 캠페인의 기세가 꺾이기 시작하는 것을 보았다. 당연히 버밍햄의 많은 흑인은 킹과 함께 있는 게 목격되어 백인 상사에게 해고될까 봐 걱정했다. 4월에 킹의 보좌관 중 한 명이 교회 예배에서 700명의 사람들에게 연설을 했지만 그중 설득되어 함께 행진에 나선 사람은 아홉 명에 불과했다. 다음 날 킹의 또 다른 측근인 앤드류 영이 다시 설득에 나섰지만 이번에는 자원자가 일곱 명뿐이었다.

지역의 보수적인 흑인 신문들은 프로젝트 C를 "소모적이고 무가

치하다고" 평했다. 백인과 흑인의 대결 모습을 기록하려고 그곳에 모여든 기자들과 사진기자들은 초조해하고 있었다. 코너는 가끔 흑인을 체포하긴 했지만 대개는 그냥 앉아서 지켜보았다. 킹이 버밍햄과 애틀랜타주에 있는 본거지를 오가는 동안 워커는 킹과 연락을 계속했다. "와이어트," 킹은 워커에게 입이 닳도록 말했다. "자네는 불코너가 손안의 패를 보일 방법을 찾아야 해." 워커는 고개를 저으며 말했다. "지도자님, 전 아직 열쇠를 찾지 못했어요. 하지만 찾아낼 겁니다."

돌파구는 종려주일에 찾아왔다. 그날 워커는 시위에 나갈 스물두 명을 준비해 두었다. 행진을 이끌 사람은 킹의 동생이자 A. D.라고 불리던 알프레드 대니얼이었다. "우리 대중 집회는 집결 속도가 느렸습니다"라고 워커가 회상했다. "2시 30분쯤에 행진하기로 되어 있었는데 4시가 다 될 때까지 행진을 하지 않았죠. 시위가 벌어질 것을 알고 있던 사람들이 그동안 거리에 모여들었습니다. 우리가 행진할 준비가 되었을 때는 세 개 블록에 걸쳐 1천 명의 구경꾼들이 거리 양쪽에 쭉 줄지어 서서 지켜보고 있었습니다."

다음 날, 시위에 대한 언론의 반응을 보려고 신문을 펼쳐 든 워커는 놀랍게도 기자들이 상황을 완전히 오해했다는 것을 알게 되었다. 신문들은 버밍햄에서 1,100명의 시위자가 행진했다고 보도했다. 저는 킹 박사에게 전화를 걸어서 말했어요. "킹 박사님, 방법이 생각났습니다!" 워커가 회상했다. "전화로는 말할 수 없지만 방법이 생각났어요!" 그래서 우리는 사람들이 퇴근해서 집에 가는 오후 늦게까지 매일 집회를 질질 끌었습니다. 사람들이 옆에 모여 구경하고 있으면 꼭 1천 명이 집회에 모여든 것처럼 보였어요. 우리 쪽에서 행진하는 사람은 열둘, 열셋, 열여섯, 열여덟 명에 불과했는데 신문들은 1,400명이라고 보도했죠."

가장 유명한 사기꾼 민담 중 하나인 테라핀 이야기가 현실이 된 상황이었다. 보잘것없는 거북 테라핀이 사슴과 달리기 시합을 하게 되었다. 테라핀은 자신은 결승선 옆에 숨어 있고 친척들을 전략적 간격을 두고 달리기 코스 중간중간에 투입해서 자신이 시합 내내 달리는 것처럼 보이게 했다. 그러다 결승선에서 사슴 바로 앞에 나타나서 승리를 차지했다. 사슴은 완전히 속아 넘어갔다. 테라핀이 알고 있던 대로, 사슴에게는 모든 거북이 "그놈이 그놈 같아 보여서 구별을 할 수 없었기 때문"이다.

약자들은 백인들의 표현에서 나타나는 미묘한 차이를 연구해야 한다. 고개를 숙인 모습이나 목소리 톤의 깊이나 말씨의 날카로움까지. 생존이 거기에 달려 있기 때문이다. 하지만 권력이 있는 사람들은 약자를 살필 필요가 없다. 사슴은 보잘것없는 테라핀을 업신여겼다. 사슴에게 거북은 그냥 거북이었다. 버밍햄의 편안한 엘리트들은 사슴과 비슷했다. "그들은 백인의 시각으로만 봤어요"라고 워커가 유쾌하게 설명했다. "흑인 시위자와 흑인 구경꾼도 구별하지 못했죠. 그들 눈에는 다 같은 흑인으로만 보였으니까요."[16]

코너는 여봐란 듯 버밍햄을 활보하며 "이곳에서는 우리 법은 우리가 만든다"라고 말하길 좋아하는 거만한 사람이었다. 그는 매일 아침 몰튼호텔에 앉아 버번을 마시며 킹이 동원할 수 있는 "깜둥이가 바닥날 것"이라고 소리 높여 예언했다. 그런데 이제 창밖을 보니 테라핀이 어디서나 그를 앞지르고 있었다. 그는 충격에 빠졌다. 그 가상의 시위자들 1천 명은 도발이었다. "불 코너는 이 흑인들이 시청까지 가지 못하게 할 방법을 생각해 둔 게 있었습니다"라고 워커가 말했다. "나는 그가 우리를 막으려 계속 애쓰길 기도했습니다. 만약 불 코너가 우리가 시청까지 가서 기도하도록 놔뒀다면 우리는 버밍햄을 잃었을 겁니다. 불 코너가 우리가 그렇게 하도록 놔두고 옆으로 물러나 있었다면 뭐가 새로울 게 있었을까요? 변화가 없으면 언론의 관심도 없었을 겁니다."**17** **제발, 코너 형제여, 제발. 무슨 일이 있어도 날 가시덤불에 던지지만 말아줘.** 그리고 당연히 불 코너는 딱 그렇게 했다.

시위가 한 달째로 접어들었을 때 워커와 킹은 압박을 강화했다. 버밍햄팀의 일원이던 제임스 베벨이 지역사회 어린이들에게 비폭력 저항의 원칙에 대해 가르치고 있었다. 베벨은 피리 부는 사나이였다. 큰 키에 대머리였고 최면을 거는 듯 말하는 연설자로, 정수리에 쓰는 동글납작한 유대인 모자와 위아래가 붙은 작업복을 입고는 자기 생각을 들어보라고 주장했다. (맥호터는 그를 "닥터 수스의 책에서 튀어나온 투사"라고 불렀다.)

4월 마지막 주 월요일에 그는 카운티의 모든 흑인 고등학교에 전단을 뿌렸다. "목요일 정오에 16번가 침례교회로 오세요. 허락은 구하지 말고." 이 도시에서 가장 인기 있던 흑인 디제이 셸리 "더 플레이보이" 스튜어트Shelly "the Playboy" Stewart도 젊은 청취자들에게 같은 메시지를 보냈다. "여러분, 공원에서 파티가 열릴 겁니다."[18] FBI가 이 낌새를 눈치채고 불 코너에게 전했다. 그러자 불 코너는 학교를 빠지면 누구든 퇴학당할 것이라고 발표했다. 그래봤자 달라지는 건 없었다. 아이들이 무리 지어 교회로 왔다. 워커는 아이들이 몰려온 그날을 "디데이"라고 명명했다.

1시에 교회 문이 열리고 킹의 참모들이 아이들을 밖으로 내보내기 시작했다. 아이들은 "자유"나 "목숨을 걸고 이 나라를 내 고향으로 만들 겁니다"라는 피켓을 들고 있었다. 그리고 '승리는 우리에게We Shall Overcome', '아무도 내 마음을 돌려놓지 못하리Ain't Gonna Let Nobody Turn Me Around'라는 노래를 불렀다. 교회 밖에는 코너가 보낸 경찰들이 기다리고 있었다. 아이들은 무릎을 꿇고 기도한 뒤 문이 열려 있던 범인 호송차 안으로 줄을 서서 들어갔다. 그런 뒤 또 다른 열두 명의 아이들이 나왔고, 코너 측 사람들이 판이 다시 커졌다는 것을 눈치채기 시작할 때까지 계속 열두 명씩 나왔다.

한 경찰이 프레드 셔틀즈워스를 발견하고는 물었다. "이봐요, 프레드, 아이들이 얼마나 더 있는 거요?"

"적어도 1천 명은 더 있습니다." 프레드가 대답했다.

"맙소사!" 경찰관이 탄식했다.

그날 하루 동안 600명 이상의 아이들이 투옥되었다.

다음 날인 금요일은 "더블 디데이"였다. 이번에는 1,500명의 학생들이 학교를 빠지고 16번가 침례교회로 왔다. 1시에 아이들이 교회 밖으로 줄지어 나오기 시작했다. 켈리인그램공원 주변의 거리에는 경찰과 소방관들이 바리게이트를 치고 있었다. 왜 소방관들이 소집되었는지 이상할 건 없었다. 소방차에는 고압 호스가 있었고 소위 "물대포"는 나치 독일 초창기인 1930년대부터 군중을 통제하는 주요한 방법이었다. 워커는 시위 규모가 커져서 버밍햄 경찰을 압도할 정도가 되면 코너가 고압 호스로 물을 쏘고 싶은 마음이 굴뚝같아질 것을 알고 있었다. 그는 코너가 호스에 의지하길 바랐다. "버밍햄은 무더웠어요"라고 그가 설명했다. "나는 (베벨에게) 이 궐기대회를 계속 진행해서 소방관들이 건드리기만 해도 폭발할 것처럼 성질이 날 때까지 뜨거운 햇볕 속에 구워지게 하자고 말했어요."

그렇다면 개들은 어떻게 된 걸까? 코너는 K-9 부대(군견, 경비견, 경찰견, 마약탐지견 등 훈련받은 개의 무리)를 이용하고 싶어서 안달이 났다. 그해 봄의 한 연설에서 코너는 100마리의 독일산 셰퍼드 경찰견으로 민권 시위자들을 물리치겠다고 맹세했다. 켈리인그램공원의 상황 수습이 어려워지자 코너는 "놈들에게 개들의 활약을 보여주고 싶군"이라고 으르렁거렸고, 코너의 이런 반응보다 워커를 기쁘게 만든 것은 없었다. 워커가 아이들에게 거리 행진을 시켰는데 이제 코너가 독일산 셰퍼드를 아이들에게 풀어놓고 싶어 하네? 킹의 진영의 모든 사람은 누군가가 경찰견이 아이에게 덤벼드는 사진을 게재하면 어떻게 될지 알고 있었다.

코너는 가까이 다가오는 아이들을 지켜보며 서 있었다. "넘어오지 마. 더 다가오면 소방호스로 너희들에게 물을 쏠 거다" 하며 코너가 으름장을 놓았다. 감방은 이미 꽉 차 있었다. 그는 누구도 더 체포할 수 없었다. 체포해 봤자 집어넣을 감방이 없었다. 아이들은 행진을 계속했다. 소방관들은 망설였다. 그들은 군중을 진압하는 데 익숙하지 않았다. 코너가 소방서장에게로 몸을 틀렸다. "물을 쏘세요. 아니면 집에 가든가." 소방관들이 호스의 물줄기를 고압으로 바꾸는 밸브인 "모니터 건"을 켰다. 아이들이 서로 꽉 달라붙었지만 뒤쪽으로 나가떨어졌다. 세찬 물줄기에 일부 아이들의 몸에서 셔츠가 찢겨 나가고 일부는 벽과 문가로 내동댕이쳐졌다.

교회로 돌아온 워커는 또 다른 전선을 열기 위해 아이들 무리를 공원의 다른 쪽 끝에 배치하기 시작했다. 코너에겐 더 투입할 소방차가 없었다. 하지만 그는 어떤 행진자도 "백인의" 버밍햄으로 건너오지 못하게 하겠다고 결심했다. "개들을 데려와" 하며 코너가 K-9 부대 여덟 개를 불렀다. "왜 늙어빠진 호랑이를 데려온 거야?" 코너가 경찰 가운데 한 명에게 소리를 쳤다. "왜 더 성질 더러운 놈을 데려오지 않는 거야. 이놈은 잔인한 놈이 아니잖아!" 아이들이 더 가까이 다가왔다. 독일산 셰퍼드가 한 소년에게 달려들었다. 아이는 "자, 나를 물어"라고 말하는 것처럼 몸을 숙이고 팔을 늘어뜨렸다. 토요일 아침, 그 사진이 전국의 모든 신문 1면을 장식했다.

강자의 규칙을 따르지 말 것

와이어트 워커의 행동에 불편함을 느꼈는가? 코너가 K-9 부대를 처음 배치했을 때, 당시 민권운동의 핵심 인물이던 제임스 포먼이 워커와 함께 있었다. 포먼은 워커가 기뻐서 펄쩍 뛰기 시작했다고 말한다. "우리가 변화를 일으켰어. 변화를 일으켰다고. 경찰이 폭력적인 짓을 했어. 폭력을 휘둘렀어."[19] 포먼은 어이가 없었다. 워커는 버밍햄이 얼마나 위험해질 수 있는지 다른 사람들만큼 잘 알고 있었고, 킹이 모든 사람에게 모의 추도사를 하던 방에도 있었다. 어떻게 그런 인물이 시위자들이 경찰견의 공격을 받는 모습에 좋아서 펄쩍펄쩍 뛴단 말인가?[20]

디데이가 지난 뒤 킹과 워커는 사방에서 이런 소리를 들었다. 체포된 시위자들을 조사하던 판사는 "이 아이들을 현혹하여" 행진을 하게 만든 사람들을 "교도소에 넣어야 한다"라고 말했다. 의회에서는 앨라배마주 의원 중 한 명이 아이들을 이용한 것은 "수치스러운 일"이라고 말했다. 버밍햄 시장은 아이들을 "도구"로 이용한 "무책임하고 경솔한 선동가"라며 비난했다. 어느 모로 보나 킹보다 급진적이던 흑인 운동가 맬컴 엑스도 "참된 사람은 아이들을 사선에 내보내지 않는다"라고 피력했다. 〈뉴욕 타임스〉는 사설에서 킹이 "벼랑 끝 전술로 위험한 모험"에 가담했다고 평했고, 〈타임〉은 아이들을 "돌격대"로 이용했다며 킹을 힐책했다. 법무장관이던 로버트 F. 케네디는 "아이들이 거리 시위에 참여하는 것은 위험한 일"이라고 경고

하면서 "아이가 다치거나 불구가 되거나 죽으면 그 대가는 우리 중 누구도 감당할 수 없다"라고 말했다.[21]

아이들이 시위에 나선 두 번째 날이 지나고 금요일 밤에 킹은 16번가 침례교회에서 그날과 그 전날 체포된 아이들의 부모들에게 연설을 했다. 이들은 버밍햄에서 흑인으로 살아가는 것의 위험과 굴욕을 잘 알고 있었다. **예수님은 멤피스까지만 가신다고 하더군**이라는 말도 있지 않은가. 그런 사람들이 불 코너의 교도소에 갇혀 있을 자식들을 생각하면 어떤 심정이었을지 상상이 가는가? 킹이 일어나서 상황을 가볍게 만들려고 노력했다. "아이들은 물을 맞으면서도 일어섰을 뿐 아니라 물속으로 걸어갔습니다!" 그가 말했다. "그럼 개들은요? 들어보십시오. 제가 크면서 개에 물린 적이 있습니다. 아무런 이유 없이요. 그래서 저라면 자유를 위해 맞서다 개에게 물려도 개의치 않을 겁니다!"

부모들이 이런 말을 믿었는지 아닌지는 분명하지 않다. 킹은 거침없이 말을 이어갔다. "여러분의 딸과 아들들이 교도소에 있습니다. (···) 아이들에 대해서는 걱정하지 마세요. (···) 아이들은 자신들의 신념 때문에 고통을 겪고 있는 겁니다. 이 나라를 더 좋은 나라로 만들기 위해 고통을 겪고 있습니다." 아이들을 걱정하지 말라고? 테일러 브랜치는 "진실인지, 거짓인지" 몰라도 "쥐, 구타, 콘크리트 침대, 오물이 넘쳐흐르는 변기, 교도소 내 폭행, 허술한 성병 검사"에 관한 소문이 돌았다고 썼다. 일흔다섯 명에서 여든 명 정도의 아이들이 8인용 감방에 쑤셔 넣어졌다. 어떤 아이들은 주의 행사들이 열리는 빈터에 버스로 실려가 쏟아지는 빗속에서 음식도, 물도 없이 울타리 안에 갇혔다.

킹의 대응은 어땠을까? 그는 "교도소는 일상생활의 독기에서 벗어나도록 도와줍니다"라고 쾌활하게 말했다. "아이들이 책을 원하면 우리가 가져다주겠습니다. 저는 교도소에 갈 때마다 밀린 독서를 합니다." 워커와 킹은 독일산 셰퍼드가 소년에게 달려드는 그 사진을 설정하기 위해 노력하고 있었다. 하지만 그러기 위해 복잡하고 겉과 속이 다른 게임을 해야 했다. 불 코너에게는 자신들에게 실제보다 100배 더 많은 지지자가 있는 척했다. 언론에는, 코너가 시위자들에게 개를 풀어놓은 데 충격을 받은 척하는 동시에 닫힌 문 뒤에서는 기뻐서 펄쩍 뛰었다. 그리고 총알받이로 이용한 아이들의 부모에게는 불 코너의 교도소가 아이들이 밀린 독서를 하기에 좋은 곳인 척했다.

하지만 우리가 이 사실에 충격을 받아서는 안 된다. 워커와 킹에게 다른 어떤 선택권이 있었는가? 옛날 동화 거북과 토끼는 서구의 모든 아이에게 거북이 끈기와 노력으로 토끼를 이겼다고 말한다. 느려도 꾸준히 하면 경주에서 이긴다. 이것은 적절하고 설득력 강한 교훈이다. 하지만 거북과 토끼가 같은 규칙에 따라 경기를 하는 세계, 그리고 모든 사람의 노력이 보상을 받는 세계에서만 그러하다. 공정하지 않은 세계에서는 테라핀이 달리기 코스를 따라 전략적 지점에 친척들을 배치해야 한다. 그리고 누구도 1963년의 버밍햄이 공정했다고 말하진 않을 것이다. 사기꾼이 천성적으로 사기꾼은 아니다. 필요에 따라 사기꾼이 된다.

2년 뒤 앨라배마주 셀마에서 벌어진 대규모 결전에서 〈라이프〉의 사진기자가 경찰관에게 맞고 있는 아이를 돕기 위해 카메라를 내려놓았다. 나중에 킹은 그를 질책했다. "세상은 그 일이 벌어졌다는 걸 모릅니다. 당신이 그 광경을 찍지 않았기 때문이죠. 제가 그런 일에 비정한 게 아닙니다. 하지만 당신에게는 싸움에 가담하는 또 다른 한 명이 되기보다 우리가 두들겨 맞는 사진을 찍는 것이 훨씬 더 중요합니다."[22] 킹에게는 사진이 필요했다. 아이들을 이용했다는 항의에 대한 반응을 가장 잘 표현한 사람은 프레드 셔틀즈워스였다. "우리는 우리가 이미 가지고 있는 것을 이용해야 했습니다."

난독증 환자가 성공하기 위해서는 정확히 이와 똑같은 입장에 있다. 이런 입장은 "비친화적"이 된다는 의미의 일부분이다. 게리 콘은 택시에 뛰어들어 옵션거래에 대해 아는 척했는데, 직업적으로 성공을 거둔 난독증 환자 가운데 경력에서 이와 비슷한 순간이 있었던 사람이 놀랄 만큼 많다. 할리우드의 제작자인 브라이언 그레이저는 대학을 졸업한 뒤 워너브라더스 영화사의 비즈니스 부서에서 석 달간 사환으로 일하며 인턴십을 했다. 그는 이곳에서 우편물 카트를 밀면서 돌아다녔다.

"큰 사무실에 두 명의 통합 비서들과 함께 일했어요"라고 하며 그가 회상했다. "제 상사는 잭 워너 밑에서 일했죠. 워너는 인생의 마지막 시간을 보내고 있었어요. 훌륭한 분이셨어요. 큰 사무실이 있어서 '제가 거길 사용해도 될까요?'라고 물어보았습니다. 지금 제 사무실보다 큰 곳이었죠. 그는 '물론이지, 사용하게'라고 대답했어요. 그 사무실은 브라이언그레이저사가 되었어요.

저는 여덟 시간 분량의 하루 업무를 한 시간에 해치울 수 있었죠. 그리고 제 사무실과 업무를 이용해 워너브라더스에 제출되는 모든 법률 계약, 사업 계약, 처리 사항에 접근했어요. 왜 계약들이 통과되었는지, 그들이 무엇을 검토했는지 보았죠. 저는 워너브라더스에서 일한 1년을 영화 사업에 관한 지식과 정보를 얻는 데 이용했어요. 매일 누군가에게 전화를 걸어서 '저는 브라이언 그레이저입니다. 워너브라더스의 비즈니스 부서에서 일합니다. 만나뵙고 싶습니다'라고 말했죠."

그는 결국 해고되었지만 세 달을 1년으로 늘리고 두 가지 아이디어를 NBC에 각각 5천 달러에 판 뒤였다.

학습 장애가 있는 두 명의 아웃사이더 그레이저와 콘은 속임수를 썼다. 그들에게 문이 닫혀 있던 직업에 그럴듯하게 허풍을 떨어 진입했다. 택시에 탔던 그 증권회사 임원은 옵션거래 방법을 모르면서 안다고 말할 만큼 대담한 사람이 있으리라곤 생각하지 않았다. 또한 브라이언 그레이저가 전화를 걸었던 사람들은 그가 워너브러더스의 브라이언 그레이저라고 말했을 때 워너브러더스에서 우편물 카트를 밀고 다니는 사람을 의미한다고는 상상도 하지 못했다. 두 사람이 한 일은 "옳지" 않았다. 아이들을 경찰견 앞으로 보낸 것이 "옳지" 않은 것처럼 말이다.

하지만 무엇이 옳은지에 대한 우리의 정의는 대체로 특권적인 자리에 있는 사람들이 그 바깥에 있는 사람들에게 문을 닫는 방법이라는 것을 기억해야 한다. 다윗은 잃을 게 없었다. 그리고 잃을 게 없었기 때문에 타인이 세워놓은 규칙을 무시할 수 있는 자유를 얻었다. 그래서 나머지 사람들과 약간 상이한 뇌를 가진 사람들이 옵션거래자와 할리우드 제작자로 일자리를 얻고 오직 기지로만 무장한 소규모의 항의자들이 불 코너 같은 사람과 맞설 기회를 얻는 것이다.

"그래도 난 내가 세상에서 가장 빨리 달린다고 생각해"라고 테라핀이 세상의 모든 시합에서 추방당할 수도 있는 짓을 한 경주가 끝난 뒤 당황한 사슴이 투덜거렸다. "아마 그렇겠지." 테라핀이 대꾸했다. "하지만 난 꾀를 써서 널 물리쳤어."

영원히 불타오를 이미지를 포착하다

빌 허드슨의 유명한 사진에 나오는 소년은 월터 개즈던이다. 당시 그는 버밍햄의 파커고등학교 2학년이었고 6피트(약 182센티미터)의 키에 열다섯 살이었다. 개즈던은 행진을 하진 않았다. 구경꾼이었다. 그는 버밍햄과 애틀랜타에 킹을 신랄하게 비판하는 신문사 두 곳을 소유한 보수적인 흑인 집안 출신이었다. 개즈던은 그날 오후 학교를 빼먹고 켈리인그램공원에서 펼쳐지는 구경거리를 보러 갔다.

사진 속 경찰은 딕 미들턴이다. 그는 온건하고 내성적인 사람이었다. 맥호터는 "K-9 부대는 정규 순찰구역에서 종종 발생하는 불법 행위와 뇌물을 바라지 않는 고지식한 사람들을 모은 곳으로 알려져 있었다. 경찰견을 다루는 사람들이 인종주의라고 알려져 있지도

않았다"라고 썼다. 그 개의 이름은 레오였다.

　이제 뒤쪽에 있는 흑인 구경꾼들의 표정을 보자. 그 사람들이 놀라거나 겁에 질려야 하지 않는가? 그런데 그렇지 않다. 이번에는 미들턴이 쥐고 있는 끈을 보자. 레오를 저지하려는 것처럼 팽팽하게 당겨져 있다. 개즈던의 왼쪽 손도 보자. 개즈던은 미들턴의 팔뚝을 붙잡고 있다. 이번에는 개즈던의 왼쪽 다리를 보자. 레오를 발로 차려고 하고 있다. 그렇지 않은가? 나중에 개즈던은 자랄 때 주변에 개들이 있어서 개들로부터 몸을 보호하는 법을 배웠다고 밝혔다. "저는 자동적으로 개의 머리 앞으로 무릎을 치켜올렸어요"라고 그가 말했다. 개즈던은 "자, 나를 물어"라고 말하는 듯 순순히 몸을 앞으로 기울인 순교자가 아니었다. 그는 더 예리한 일격을 날릴 수 있도록 미들턴을 잡고 몸을 가누고 있었다. 나중에 민권 운동권에서는 개즈던이 레오의 턱을 부러뜨렸다는 소문이 돌았다. 허드슨의 사진은 세상이 생각했던 것과 전혀 달랐다. 토끼 형제의 속임수와 약간 비슷했다.

당신이 이미 가지고 있는 것을 이용해야 한다.

"물론 사람들은 개에게 물리기도 했어요"라며 20년 후의 워커가 그때 일을 돌아보며 말했다. "최소한 한두 명은. 하지만 한 장의 사진이 천 마디 말의 가치가 있습니다."[23]

제 3 부

MALCOLM GLADWELL

강자는 결코
알지 못하는 것

DAVID AND GOLIATH

내가 다시 해 아래에서 보니 빠른 경주자들이라고 선착하는 것이 아니며 용사들
이라고 전쟁에 승리하는 것이 아니며 지혜자들이라고 음식물을 얻는 것도 아니며
명철자들이라고 재물을 얻는 것도 아니며 지식인들이라고 은총을 입는 것이 아니
니 이는 시기와 기회는 그들 모두에게 임함이니라 _〈전도서〉 9장 11절

약자가 그럴 수밖에 없는 이유

"제가 태어날 때부터 그랬던 건 아니에요.
그럴 수밖에 없었던 거죠."

피로 물든 나라에서

북아일랜드 분쟁이 시작되었을 때 로즈메리 롤러는 신혼이었다. 그녀와 남편은 벨파스트에 막 집을 구매했다. 아기도 낳았다. 때는 1969년 여름이었고, 아일랜드 역사 내내 불안한 관계로 지내온 두 종교집단인 가톨릭교도들과 개신교도들이 서로 물어뜯을 듯 싸웠다. 폭탄 테러와 폭동이 일어났고, 왕당파라고 불리던 개신교 과격 단체가 거리를 돌아다니며 집들을 불태웠다. 롤러의 집안은 가톨릭이었는데, 가톨릭교도들은 북아일랜드에서 항상 소수집단이었다. 날이 갈수록 가톨릭교도들은 두려움이 한층 더 커졌다.

"밤에 집에 돌아오면," 롤러가 말했다. "문에 '태이그, 꺼져'라고 낙서가 쓰여 있었어요. '태이그taig'는 아일랜드 가톨릭교도를 비하하는 말이었죠. 아니면 '교황은 여기 없어'라고 쓰여 있거나. 어느 날 밤은 매우 운이 좋았어요. 폭탄이 집 뒷마당에 떨어졌지만 폭발하지 않았거든요. 하루는 이웃집을 찾아갔는데 그 집 주인이 떠나고 없었어요. 많은 사람이 떠났다는 걸 그날 알게 되었죠. 남편 테리가 퇴근해서 왔을 때 '테리, 무슨 일이 벌어지고 있는 거야?'라고 물었더니 '우린 위험에 처했어'라고 대답하더군요."

"우리 가족은 그날 밤 집을 떠났어요. 우린 전화가 없었어요. 기억하시겠지만 아직 휴대전화가 없던 시절이었어요. 우리는 걸어서 집을 나왔어요. 무서웠지요. 아들을 유모차에 태우고, 아이와 우리가 입을 옷가지들을 최대한 꾸려서 유모차 아래의 바구니에 쑤셔 넣었어요. 테리가 말했어요, '자, 로지, 우린 여기서 곧장 걸어 나갈 거고 사람들을 만날 때마다 미소를 지을 거야.' 몸이 와들와들 떨렸어요. 전 10대 엄마였어요. 결혼한 10대 소녀, 열아홉 살, 결혼, 갓 태어난 아기, 새로운 세상, 새로운 인생. 그것들을 제게서 빼앗아가다니. 어떤 심정이었는지 아시겠어요? 그리고 제겐 그걸 막을 힘이 없었어요. 공포는 끔찍한 거예요. 정말, 정말 무서웠던 기억이 나요."

롤러 부부가 알던 가장 안전한 장소는 가톨릭교도들만 사는 동네인 웨스트 벨파스트의 발리머피였다. 롤러의 부모님이 그 동네에 살았다. 하지만 그들에겐 차가 없었고, 벨파스트가 아수라장이어서 위험을 무릅쓰고 가톨릭교도 동네에 가려는 택시도 없었다. 두 사람은 아기가 아파서 병원에 가야 한다는 거짓말을 해서 마침내 택시 한 대를 잡았다. 그런데 택시 문을 닫고 테리가 "발리머피로 가주세요"라고 하자 기사는 "아, 안 됩니다. 안 갈 거예요"라고 하며 거부했다.

하지만 테리가 부지깽이를 꺼내 기사의 뒷덜미에 들이대며 말했다. "우리를 데려다줘야 할 겁니다." 택시 기사는 그들을 발리머피 외곽까지 태우고 간 뒤 차를 세웠다. "그걸로 날 찔러도 할 수 없소"라고 하며 기사가 말을 이었다. "더 이상은 안 갈 거요." 롤러 부부는 아기와 소지품들을 끌어안고 죽어라 달렸다.

1970년 초기에는 상황이 더욱 악화되었다. 그해 부활절에 발리머피에서 폭동이 일어났고, 영국군이 투입되었다. 범퍼에 가시철사를 두른 장갑차들이 거리를 순찰했다. 롤러는 자동소총과 최루탄을 들고 있는 군인들 옆을 유모차를 밀고 지나갔다. 6월의 어느 주말, 이웃 동네에서 총격전이 벌어졌다. 총을 든 일단의 가톨릭교도들이 길 한가운데로 뛰어들어 개신교도 구경꾼에게 총을 발사했다. 개신교 왕당파는 이에 대응해 부두 근처의 한 가톨릭교 성당을 불태우려고 했다. 양측은 목숨을 건 총격전을 벌여 다섯 시간 동안 싸웠다. 도시 전체에서 수백 건의 화재가 발생했다. 주말이 끝날 즈음 여섯 명이 죽고 200명 이상이 다쳤다.

북아일랜드를 관할하는 영국 내무장관이 런던에서 날아와 이 난장판을 살펴보더니 급히 비행기로 되돌아갔다. "세상에! 스카치 큰 걸로 한 잔 주게"라고 하더니[1] 그는 양손으로 머리를 감싸며 한마디 내뱉었다. "피로 물든 끔찍한 나라야."

일주일 뒤 한 여성이 발리머피를 찾아왔다. 그녀의 이름은 해리엇 카슨이었다. "그녀는 시청에서 핸드백으로 마거릿 대처의 머리를 때린 일화로 유명했어요"라고 롤러가 말했다. "저는 자랄 때부터 그녀를 알고 있었어요. 해리엇은 냄비 뚜껑 두 개를 들고 와서는 꽝꽝 맞부딪치면서 고함을 질렀어요, '자, 자, 나오세요. 로어폴스에서 사람들이 살해당하고 있어요.' 그녀가 큰 소리로 외쳤어요. 제가 문가로 나갔더니 가족이 전부 나와 있었어요. 해리엇은 '사람들이 집 안에 갇혀 있어요. 아이들은 마실 우유가 없고, 어른들은 차 한 잔도 마실 게 없어요. 빵도 없어요. 나오세요, 나와요. 우리는 뭔가를 해야 합니다'라고 소리쳤어요."

로어폴스는 발리머피에서 언덕 바로 아래에 있는 가톨릭교도 동네였다. 롤러는 로어폴스에 있는 학교에 다녔었다. 그녀의 삼촌과 사촌들도 그 동네에 여럿 살았다. 로어폴스에는 발리머피만큼이나 그녀가 아는 사람이 많이 살았다. 영국군은 동네 전체에 통행금지령을 내리고 불법 무기가 있는지 수색했다.

"전 '통행금지령'이 뭔지 몰랐어요." 롤러가 말했다. "전혀 감이 안 왔죠. 그래서 누군가에게 '그게 무슨 뜻이에요?'라고 물어봐야 했어요. 그 사람이 '집 밖에 못 나가게 한다는 말이에요'라고 알려주더군요. 제가 말했죠. '어떻게 그럴 수가 있죠?' 기가 막혔어요. 어이가 없더라고요. '그게 무슨 말이에요?' '사람들이 집 안에 갇혀 있어요. 빵이나 우유도 사러 나가지 못하고요.' 영국인과 영국군이 문을 발로 차 부수고 들어가 온통 난장판을 만들며 수색을 하고 있다고 했어요. '뭐라고요?' 모든 이들의 머릿속엔 온통 사람들이 집에 갇혀 있다는 것과 아이들이 거기에 있다는 생각뿐이었어요. 알아두셔야 할게, 당시 어떤 집에는 열두 명, 열다섯 명의 아이들이 있었어요. 아세요? 그땐 다들 그랬어요. '그 사람들이 집 밖에 나갈 수 없다는 게 대체 무슨 말이야?'" 주민들은 분노했다.

로즈메리 롤러는 현재 60대 여성으로, 건장한 체구에 뺨이 발그레하고 옅은 금발을 한쪽으로 빗어 넘겼다. 직업은 재봉사이고 밝은 꽃무늬 블라우스와 흰색 크롭 팬츠로 세련된 옷차림이다. 그녀는 반생애 전의 이야기를 하고 있었지만, 모든 순간을 기억했다.

"아버지가 말씀하셨어요. '영국인들이 우리를 공격할 거야. 말로는 우리를 보호하려고 여기 왔다고 하지만 우리를 공격할 거야. 두고 봐.' 아버지 말씀이 딱 들어맞았어요. 그들은 우리를 공격했어요. 통행금지령이 시작되었죠."

북아일랜드 위기의 시작

북아일랜드가 혼란에 빠져들던 해에 두 명의 경제학자 네이선 라이츠와 찰스 울프 주니어가 반란을 어떻게 다룰 것인지에 대한 보고서를 썼다. 라이츠와 울프는 제2차 세계대전이 끝난 뒤 미 국방부가 설립한 저명한 싱크탱크 기구인 랜드연구소RANDS Corporation에서 근무했다. 이들이 쓴 보고서의 제목은 〈반란과 권위Rebellion and Authority〉였다. 세계에 폭력이 폭발적으로 증가하던 그 당시, 너나 할 것 없이 다들 라이츠와 울프의 보고서를 읽었다. 〈반란과 권위〉는 베트남전, 경찰이 시민의 소요를 다루는 방법, 정부가 테러에 대처하는 방법에 대한 청사진이 되었다. 보고서의 결론[2]은 단순했다.

우리는 대중이 개인이든 집단이든 "이성적으로" 행동하여 여러 다른 행동방침과 관련된 비용과 이익을 계산하고 그에 따라 선택을 한다는 가정에 기반하여 분석했다. 결과적으로, 대중의 행동에 영향을 미치기 위해 필요한 것은 공감이나 신비주의가 아니라 개인이나 집단이 관심을 기울이는 비용과 이익이 무엇인지, 그리고 이것들이 어떻게 계산되는지를 더 잘 이해하는 것이다.

다시 말해, 반란자들을 행동하게 하는 것은 기본적으로 수학 문제다. 만약 벨파스트가에서 폭동이 일어난다면 그건 집을 불태우고 창문을 깨부순 행동으로 폭도들이 치러야 하는 대가가 충분히 크지 않기 때문이다. 그리고 "대중의 행동에 영향을 미치기 위해 필요한 것은 공감이나 신비주의가 아니다"라는 말은 계산 말고는 아무것도 중요하지 않다는 뜻이다. 당신이 권력자라면 범법자들이 당신이 하는 일에 어떻게 느끼는지에 대해선 걱정할 필요가 없다. 그들이 행동을 주저하게 만들 만큼 세게 나가기만 하면 된다.

북아일랜드의 영국군 책임자는 〈반란과 권위〉에서 바로 튀어나온 것 같은 사람이었다. 이름은 이언 프리랜드.[3] 그는 제2차 세계대전 때 노르망디에서 공을 세웠고 그 뒤 키프로스와 잔지바르에서 반란군과 싸웠다. 꼿꼿한 등에 사각턱, 깔끔하고 직설적인 성격에 확고한 통제력을 지닌 사람이었다. 그는 "무엇을 해야 하는지 알고 있고 그 일을 하는 사람" 그 자체라는 인상을 풍겼다. 그는 북아일랜드에 도착했을 때 자신의 인내심에는 한계가 있음을 분명히 밝혔고, 무력

사용도 불사하겠다는 태도를 보였다. 그는 총리로부터 영국군은 "폭력배와 총잡이를 강하게 다루어야 하며 강하게 다룬다는 걸 눈으로 보게 해줘야 한다"라는 지시를 받았다.

1970년 6월 30일에 영국군이 정보 한 건을 입수했다. 로어폴스의 발칸가 24번지에 폭발물과 무기들이 숨겨져 있다는 정보였다. 프리랜드는 즉시 군인들과 경찰관들로 꽉꽉 채운 장갑차 다섯 대를 보냈다. 집을 수색하니 숨겨놓은 총과 탄약이 나타났다. 집 밖에 사람들이 모여들었다. 누군가가 돌을 던지기 시작했고, 돌이 화염병으로 바뀌었다. 이렇게 해서 폭동이 시작되었다.

밤 10시가 되자 영국군은 더 이상 참지 않았다. 확성기를 단 군용 헬리콥터가 로어폴스의 상공을 돌면서 모든 주민에게 집 안에 머물 것을 요구하고 그러지 않으면 체포할 것이라고 경고했다. 거리가 텅 비자 군은 대대적인 가택 수색을 시작했다. 수색에 응하지 않으면 즉각 엄한 처벌을 당했다. 다음 날 아침, 프리랜드는 개신교 정부 관리 두 명과 기자들 한 무리를 지붕 없는 트럭에 태우고 의기양양하게 동네를 돌면서 인적 끊긴 거리를 순찰했다. 훗날 한 군인은 그 모습이 "호랑이 사냥에 나선 영국령 인도의 영국인들" 같았다[4]고 말했다.

영국군은 선의로 북아일랜드에 왔다. 지역 경찰이 사태를 감당하지 못해서 도움을 주려고, 서로 투쟁 중인 북아일랜드의 양 인구 사이의 평화중재자 역할을 할 목적으로 그곳에 왔다. 북아일랜드는 먼 외국이 아니었다. 영국군은 그들의 나라, 그들의 언어, 그들의 문화를 상대하고 있었다. 영국군은 그들이 진압에 나선 반란자들의 기를 꺾어놓을 막강한 자원과 무기, 군인들과 경험을 갖추고 있었다. 그날 아침 로어폴스의 텅 빈 거리를 돌 때 프리랜드는 여름이 끝날 즈음 이면 자신과 부하들이 집으로 돌아가게 될 것이라고 믿었다. 하지만 그러지 못했다. 그러기는커녕 몇 달 정도 힘들고 끝났어야 할 상황 이 30년간의 유혈사태와 아수라장으로 이어졌다.

북아일랜드에서 영국군은 단순한 실수를 저질렀다. 영국군은 그 들이 진압에 나선 반란자들의 기를 꺾어놓을 막강한 자원과 무기, 군인들과 경험이 있다고 철석같이 믿었기 때문에 북아일랜드인이 그들을 어떻게 생각하느냐는 중요하지 않았다. 프리랜드 장군은 "대 중의 행동에 영향을 미치기 위해 필요한 것은 공감이나 신비주의가 아니다"라는 라이츠와 울프의 주장을 믿었다. 그리고 라이츠와 울프 의 생각은 틀렸다.

"혁명의 대부분이 애초에 혁명가들이 아니라 정부의 어리석음과 야만성이 일으킨다고 합니다." 임시 아일랜드 공화국군IRA의 초대 참 모총장 숀 맥스티오페인이 분쟁 초기를 돌아보며 한 말이다. "음, 북 아일랜드에서는 그렇게 시작되었습니다, 틀림없이."[5]

정당성의 원칙을 간과한 대가

북아일랜드에서 영국이 저지른 실수를 이해하는 가장 간단한 방법 은 어떤 교실을 상상해 보는 것이다. 밝은색 벽에 아이들의 그림이 가득 붙어 있는 유치원 교실이다. 이 교실의 교사를 스텔라라고 부르자.

버지니아대학교 커리교육대학에서 진행한 프로젝트의 일환으로 이 교실을 촬영했는데, 스텔라가 어떤 유형의 교사인지, 그리고 그녀가 어떤 유형의 반을 맡고 있는지 잘 이해할 수 있는 장면이 많다. 영상을 몇 분만 봐도 문제가 있다는 게 명확해진다.

스텔라는 교실 앞쪽의 의자에 앉아 있다. 그녀는 한쪽으로 치우치게 책을 들고 큰 소리로 읽고 있다. "일곱 조각의 토마토", "여덟 개의 맛있는 올리브," "아홉 개의 치즈 덩어리." 스텔라 앞에 한 여자아이가 서서 함께 책을 읽고 있고, 그 주위는 온통 난장판이다. 교실은 1970년 여름 벨파스트의 축소판이다. 교실 안을 가로지르며 재주넘기를 하는 여자아이도 있고, 인상을 쓰고 있는 남자아이도 있다. 교실의 많은 아이가 책에는 전혀 관심이 없는 것처럼 보인다. 일부 학생은 실제로 완전히 돌아서서 스텔라에게 등을 보이고 있다.

당신이 스텔라의 교실에 들어갔다면 무슨 생각이 들까? 아마 스텔라가 다루기 힘든 아이들을 맡고 있다는 생각이 처음 들 것이다. 어쩌면 그녀는 가난한 동네의 유치원에서 일하고 있고 문제가 있는 가정의 아이들일 수도 있다. 어쩌면 스텔라의 학생들은 권위와 학습에 대한 어떤 존중도 없이 유치원에 왔을 수 있다. 라이츠와 울프는 스텔라가 약간의 징계를 이용해야 한다고 말할 것이다. 그런 아이들에게는 확고한 훈육이 필요하다. 규율이 필요하다. 교실에 질서가 없다면 어떻게 학습이 이루어질 수 있겠는가?

하지만 진실은 스텔라의 유치원이 문제 동네에 있지 않다는 것이다. 그녀가 맡은 학생들이 특별히 혹은 유별나게 제멋대로인 것도 아니다. 수업이 시작될 때는 아이들이 완벽하게 예의 바르고 주의를 집중하며 공부하려는 열의와 준비를 갖추고 있다. 전혀 악동 같아 보이지 않는다. 아이들의 행동이 흐트러지기 시작한 건 수업이 한참 진행되었을 때였고 스텔라의 행동에 대한 반응일 뿐이었다. 위기를 불러일으킨 당사자는 스텔라였다. 어떻게 그랬다는 걸까? 그녀가 수업을 형편없이 진행한 결과였다.

스텔라는 나머지 학생들을 수업에 참여시키는 방법으로 한 여자아이에게 자기 옆에서 책을 읽게 했다. 하지만 두 사람이 번갈아 책을 읽는 속도가 몹시 느리고 활기가 없었다. "스텔라의 몸짓을 보세요." 우리가 스텔라를 관찰하고 있을 때 버지니아대학교의 연구원 중 한 명인 브리짓 햄리가 말했다. "지금 스텔라는 이 아이 한 명에게만 말하고 있어요. 다른 아이들은 아무도 참여하지 않고 있고요." 햄리의 동료 로버트 피안타는 "리듬이 없어요. 속도감도 없고요. 이런 수업은 아무런 효과도 없어요. 스텔라는 어떤 가치도 없는 일을 하고 있어요."

교실의 상황이 악화되기 시작한 건 그때부터였다. 남자아이가 얼굴을 찌푸리기 시작했다. 여자아이가 재주넘기를 시작했는데도 스텔라는 전혀 알아채지 못했다. 스텔라 바로 오른쪽에 있는 서너 명의 아이들이 여전히 뚝심 있게 수업을 따라가려 애쓰고 있지만 스텔라는 책에만 정신이 팔려 그 아이들에게 어떤 격려도 해주지 않았다. 한편 스텔라의 왼쪽에는 대여섯 명의 아이들이 뒤돌아 있었다. 하지만 반항을 하는 게 아니라 뭘 어떻게 해야 할지 몰라 당황했기 때문이었다. 이 아이들은 스텔라 앞에 서 있는 여자아이에게 가려 책이 전혀 보이지 않았다. 수업을 따라갈 방법이 없었다. 우리는 종종 권위를 반항에 대한 반응이라고 생각한다. 아이가 버릇없는 행동을 하면 교사가 엄하게 단속을 하는 것이다. 하지만 스텔라의 교실은 완전히 다른 무언가를 말해준다. 반항 역시 권위에 대한 반응일 수 있다. 교사가 자기 일을 제대로 하지 않으면 아이들이 반항하게 된다.

"사람들은 이런 교실에서 일어나고 있는 일을 품행 문제라고 부를 겁니다"라고 햄리가 말했다. 우리는 스텔라의 학생 중 하나가 꼼지락거리거나 꿈틀거리고 얼굴을 일그러뜨리는가 하면 교사를 피하기 위해 할 수 있는 건 뭐든 다 하는 모습을 지켜보았다. "하지만 우리가 발견한 점 가운데 하나는 이런 일이 품행 문제보다는 참여 문제인 경우가 더 많다는 겁니다. 교사가 흥미로운 뭔가를 하면 이 아이들은 충분히 그 활동에 참여할 수 있습니다. 교사는 '내가 학생의 행동을 통제하겠어'라는 식의 반응 대신 '어떻게 하면 내가 학생들이 애초에 잘못된 행동을 할 틈이 없도록 흥미로운 무언가를 할 수 있을까?'를 생각해야 합니다."

피안타와 햄리가 재생한 다음 영상에서는 학생들에게 과제를 내주고 있는 3학년 교사가 나왔다. 각 학생이 과제물을 받은 뒤 교사와 학급 전체가 함께 큰 소리로 지시사항을 읽었다. 피안타는 그 모습을 보고 경악했다. "여덟 살짜리들에게 지시사항을 입 맞추어 읽히겠단 생각은 아이들을 무시한다고 할 만한 짓입니다"라고 그가 말했다. "왜냐고요? 거기에 무슨 교육적 목적이 있나요?" 학생들은 읽는 법을 알고 있다. 이건 마치 식당 종업원이 메뉴판을 건넨 뒤 모든 메뉴를 읽어주는 꼴이다.

과제를 읽는 도중에 교사 옆에 앉은 어떤 남학생이 손을 들자 교사는 학생을 쳐다보지도 않고 손을 뻗어 그 학생의 손목을 잡고 아래로 밀어 내렸다. 다른 학생은 그 자리에서 과제를 수행하기 시작했다. 교사가 하고 있는 무의미한 짓을 감안하면 지극히 논리적인 행동이었다. 교사는 그 학생을 날카로운 목소리로 불렀다. "애야, 숙제는 집에 가서 해야지." 이것은 훈육이었다. 아이가 규칙을 어겼고, 교사가 단호하고 즉각적으로 반응했다. 소리를 끄고 그 장면을 보았다면 라이츠와 울프를 완벽하게 적용한 행동이라고 여겼을 것이다.

하지만 교사가 하는 말을 듣고 학생의 입장에서 이 일을 생각해보면 결코 의도한 효과를 낳지 못한다는 것이 분명해진다. 그 학생이 이 일로 규칙을 따르는 게 중요하다는 걸 새로이 깨닫고 교실을 나가지는 않을 것이다. 화가 나고 환멸을 느끼면서 나갈 것이다. 왜 그럴까? 처벌이 완전히 독단적이기 때문이다. 학생은 기탄없이 자신의 입장을 말할 수 없었다. 그리고 그 학생은 공부를 하고 싶어 했다. 그 학생이 반항적이 되었다면 그건 교사가 그렇게 만들었기 때문이다. 스텔라가 열의 있고 주의를 기울이던 학생을 수업시간에 재주넘기를 하는 아이로 만든 것처럼. 권위를 가진 사람들이 나머지 사람들에게 어떤 행동을 원할 때 다른 무엇보다 중요한 것은 그들이 어떻게 행동하는가다.

이를 "정당성의 원칙"[6]이라고 부르며, 정당성은 다음 세 가지가 바탕이 된다. 첫째, 권위에 복종할 것을 요구받은 사람들이 자신에게 발언권이 있다고 느껴야 한다. 자신이 의견을 밝히면 들어줄 것이라고 느껴야 하는 것이다. 둘째, 법이 예측 가능해야 한다. 내일의 법이 오늘의 법과 거의 같을 것이라는 타당한 기대가 있어야 한다. 셋째, 권위는 공정해야 한다. 한 집단을 다른 집단과 다르게 다루어선 안 된다.

모든 좋은 부모는 이 세 가지 원칙을 암묵적으로 이해하고 있다. 어린 조니가 여동생을 때리지 않게 하려면 어떤 땐 모른 척했다가 어떤 땐 소리를 질러서는 안 된다. 여동생이 조니를 때릴 때도 조니가 때렸을 때와 똑같이 여동생을 다루어야 한다. 그리고 조니가 여동생을 때리지 않았다고 말하면 직접 설명할 기회를 주어야 한다. 벌을 주는 방식이 벌을 주는 행위 못지않게 중요하다. 스텔라의 이야기가 그리 놀랍지 않은 건 그 때문이다. 교실에 앉아 있어본 사람이라면 누구나 교사가 학생들의 존중을 얻는 게 중요하다는 것을 안다.

그러나 법과 질서라는 문제에서는 이와 같은 원칙의 중요성을 이해하기가 더 어렵다. 우리는 우리의 부모와 교사를 알고 있기 때문에 가정이나 학교 내에서 정당성이 매우 중요하다는 말이 피부로 와 닿는다. 하지만 은행을 털거나 누군가에게 총을 쏠지에 대한 결정은 매우 다른 영역에 속하는 것처럼 보인다. 그렇지 않은가? 범죄자, 반란자와 싸우기 위해 "필요한 것은 공감이나 신비주의가 아니다"라는 라이츠와 울프의 말은 바로 이런 뜻이다. 두 사람은 그 수준에서는 법을 어긴다는 결정이 위험과 이익의 합리적 계산에서 나온다고 지적한다. 개인적인 문제가 아니다. 하지만 이것이 정확히 두 사람이 틀린 부분이기도 하다. 범죄자와 반란자의 행동 요인이 교실에서 아이들의 행동 요인과 마찬가지로 정당성에 의존하는 것으로 나타났기 때문이다.

브라운스빌 경찰의 실험

예를 들어보겠다. 이번 사례는 뉴욕의 브라운스빌이라는 동네에서 지난 몇 년간 진행해온 실험 이야기다. 주민이 10만 명을 조금 넘는 브라운스빌은 부유층들의 우아한 저택이 있는 파크 슬로프와 크라운하이츠의 유대교회당을 지나 브루클린의 동쪽에 자리 잡고 있다.[7]

1세기 넘게 이곳은 뉴욕 빈민가 중 하나였다. 브라운스빌에는 뉴욕의 다른 어느 지역보다 많은 열여덟 개소의 공영주택단지가 조성되어 있고 이 주택단지들이 스카이라인을 장악한다. 벽돌과 콘크리트로 된 황량하고 단조로운 주택단지가 몇 블록이고 이어진다. 지난 20년 동안 뉴욕의 범죄율이 급격하게 떨어지는 동안에도 브라운스빌은 항상 한 발짝 뒤로 물러나 있었고, 거리를 배회하며 행인들에게 강도질을 하는 10대 무리 때문에 골치를 썩었다. 때때로 단속반이 추가로 경찰 인력을 투입하여 거리를 단속했지만 그때뿐이었다.

2003년에 경찰관인 조앤 자피가 브라운스빌 주택단지의 주 책임기관인 주택국 국장 자리를 맡았다. 그녀는 새로운 뭔가를 시도해보기로 마음먹었다. 먼저 지난 열두 달 동안 한 번이라도 체포된 적이 있는 브라운스빌의 모든 청소년의 명단을 작성했다. 조사 결과 106명이 나왔고, 청소년 체포 건수는 180건이었다. 자피는 강도질로 체포된 사람은 아마 어딘가에서 경찰의 눈을 피해 스무 건에서 쉰 건 정도의 다른 범죄를 저질렀을 것이라는 가정을 세웠다. 따라서 자피의 계산법으로 어림잡아 보면 이 106명의 청소년은 바로 전해에 5천 건이나 되는 범죄에 책임이 있는 것이 된다.

그런 뒤 자피는 경찰 전담반을 꾸려 명단의 모든 아이를 일일이 접촉하게 했다. "우리는 아이들에게 '네가 프로그램에 포함되었어'라고 말했어요." 자피가 설명했다. "'네게 기회를 주려는 프로그램이야. 우리는 너를 학교로 돌려보내고 고등학교 졸업장을 받도록 도울 수 있다면 무슨 일이든 하고 싶어. 네 가족을 돕고 집에 뭐가 필요한지도 찾아보고 싶어. 우리는 네게 일할 기회, 교육 기회, 의료 기회를 줄 거야. 우리가 할 수 있는 건 뭐든 줄 거야. 우리는 너와 힘을 합치고 싶어. 하지만 범죄 행위는 그만두어야 해. 그러지 않고 무슨 혐의로든 체포되면 우린 널 교도소에 가둬두기 위해 뭐든 할 거야. 네가 저지른 짓이 아무리 사소해도 상관없어. 우린 너한테 온 힘을 다할 거야.'"

이 '청소년 강도행위 중재 프로그램Juvenile Robbery Intervention Program'은 J-RIP라고 명명되었다. 이 프로그램에 복잡한 부분은 없었다. 적어도 표면적으로는 그랬다. J-RIP는 표준적인 현대식 고강도 치안 유지 활동이었다. 자피는 J-RIP 전담반을 경찰서에서 멀지 않은 주택단지의 주차장 내 트레일러에 배치했다. 그리고 J-RIP팀이 각종 감시도구를 이용할 수 있도록 했다. 전담반은 J-RIP에 포함된 아이들의 공범자들, 즉 함께 체포된 사람들의 목록을 작성했다. 페이스북을 뒤져 친구들의 사진을 다운로드하고 갱단 소속인지 확인했다. 아이들의 형제자매, 어머니와 이야기했고, 아이들 각각의 친구와 지인 관계망을 표시한 포스터 크기의 지도도 작성했다. 정보기관이 테러 용의자의 움직임을 추적하는 방식과 비슷했다.

"저는 하루 스물네 시간, 일주일 7일 내내 인력을 가동했습니다"라고 자피가 말했다. "그래서 J-IRP에 포함된 아이가 체포되면 필요할 경우 바로 팀을 보냈어요. 위험한 동네인 브롱크스이건 한밤중이건 상관하지 않았습니다. 무서운 결과를 보여줘야 했습니다. 무슨 일이 일어날지 아이들이 알아야 했습니다. 신속하게 움직여야 했죠. 체포되면 저를 만나게 된다는 걸 알게 해줘야 했습니다."

그녀는 계속 설명했다. "저는 아이들에게 말했어요. '내가 너희 집을 찾아갔을 때 네가 문을 쾅 닫아버릴 수도 있겠지. 하지만 난 거리에서 널 보게 될 거야. 너한테 인사도 하겠지. 난 너에 관한 모든 것을 알게 될 거야. 네가 브루클린에서 브롱크스에 가면 난 네가 어떤 전철을 탔는지도 파악할 거야.' 우리는 아이에게 말했어요. '조니, 내일 J-RIP 사무실로 와.' 그래서 조니가 오면 말했죠. '너, 어젯밤에 브롱크스에 들렀더라. 그래서 부른 거야.' '뭐라고요?' '넌 레이먼드 리베라, 메리 존스와 함께 있었어.' '그걸 어떻게 아셨어요?' 그러자 아이들은 우리가 어디에나 있다고 생각하기 시작했어요.

우리는 아이들 각각에 대해 폴더를 만들어두었기 때문에 그 안에 우리가 수집해둔 정보를 보여주면서 말했어요. '이쪽엔 네 친구들이 전부 다 있어. 여긴 네 정보가 다 있고. 여긴 네 사진들이 있네. 우린 네가 이 사건에 가담한 걸 알고 있어. 그 패거리의 일원일 수 있다는 것도 알고. 우린 네 세계를 알고 있단다.' 우리는 아이들이 어디에서 학교에 가고 학교에서 누구와 어울리는지 알아가기 시작했어요. 아이들이 학교에 가지 않으면 우리에게 전화가 걸려왔어요. 그러면 J-RIP팀이 나가서 아이들을 깨웠죠. '얼른 일어나!'"

하지만 이것은 자피가 세운 전략의 일부일 뿐이었다. 그녀는 전형적인 치안유지 전략처럼 보이지 않는 일도 했다. 예컨대, 전담팀에 적임인 경찰을 찾는 데 많은 시간을 썼다. "아무 경찰이나 배치할 수는 없었어요"라고 하며 자피는 경찰서장이라기보다 사회복지사처럼 토로했다. "전 아이들을 사랑하는 경찰이 필요했어요. 그 아이들을 티끌만큼도 부정적으로 생각하지 않는 경찰, 아이들에게 감화를 주어 올바른 방향으로 나아가게 할 능력이 있는 경찰이 필요했어요." 전담반의 책임자는 실제로 자식을 키우고 있는 사교적인 성격의 전 마약 수사관 데이비드 글래스버그로 최종 결정했다.

자피는 또한 맨 처음부터 J-RIP 아이들의 가족을 만나는 데 많은 신경을 썼다. 그녀는 그들을 알고 싶었다. 하지만 가족을 만나는 건 놀라울 정도로 어려운 일이었다. 첫 시도로 자피는 지역 교회에서 열리는 단체 모임 초대장을 모든 가정에 보냈다. 하지만 아무도 나타나지 않았다. 그래서 자피와 팀은 각 아이의 집을 방문했다. 이번에도 아무 성과가 없었다. "우리는 아이들 106명의 가족을 찾아갔어요"라고 하며 그녀가 말을 이었다. "그러면 그 사람들은 '썩 꺼져, 내

집에 발 들이지 마'라고 했어요."

프로그램을 시작한 지 몇 달이 지나고 나서야 마침내 돌파구가 생겼다. "한 아이가 있었어요"라고 자피가 말했다. 자피는 그 아이를 조니 존스라는 가명으로 불렀다. "불량한 아이였어요. 그때 나이가 열너댓 살인가 그랬죠. 열일곱이나 열여덟 살쯤 된 누나와 같이 살았어요. 어머니는 퀸스에 살고요. 조니의 어머니는 우리를 싫어했어요. 우리가 연락을 취할 사람이 없었죠. 첫해인 2007년 11월에 데이브 글래스버그가 내 사무실에 왔어요. 추수감사절 전 수요일이었어요."

"그가 말하더군요. '팀원들 모두가 돈을 조금씩 모아서 오늘밤 존스와 가족에게 추수감사절 식사를 사 줬습니다.' 제가 말했어요. '농담이시죠.' 조니는 불량한 아이였으니까요. 그러자 데이브가 말했어요. '우리가 왜 그랬는지 아세요? 우리가 이 아이는 놓친다 해도 그 집에는 일곱 명의 다른 아이들이 있거든요. 우리는 그 아이들을 위해 뭔가를 해야 했어요.'

그 말을 들으니 눈물이 났어요. 데이브는 '음, 우리에겐 다른 가족도 있어요. 우리가 뭘 해야 할까요?' 그때가 추수감사절 전날 아침 10시였어요. 제가 말했죠. '데이브, 내가 시 경찰국장을 찾아가 2천 달러를 지원받을 수 있을지 알아보고 모든 가족에게 칠면조를 사면 어떨까요? 우리가 할 수 있을까요?'"

자피는 경찰본부 간부급이 일하는 2층으로 올라가 경찰국장에게 2분 동안 부탁했다. "제가 말했어요. '데이비드 글래스버그가 팀과 함께 이런 일을 했습니다. 저는 125마리의 칠면조를 사고 싶은데요,

돈을 지원받을 수 있을까요?' 국장이 승낙을 하더군요. 그날 글래스 버그는 팀원들에게 초과근무를 시켰어요. 팀원들은 냉동 칠면조와 냉장 트럭을 구했고 그날 밤 브라운스빌 단지의 집들을 방문했어요. 우리는 칠면조를 봉지에 담고 '우리 가족이 당신의 가족에게. 행복한 추수감사절 되시길'이라고 쓴 전단지도 동봉했어요."

자피는 맨해튼 시내에 있는 뉴욕 경찰본부의 자기 사무실에 앉아 있었다. 경찰 제복을 입고 있었고, 큰 키와 숱 많은 검은색 머리에 강한 모습이었다. 브루클린 억양이 뚜렷했다.

"우리가 문을 두드리면 어머니나 할머니가 문을 연 뒤 말했어요. '조니, 경찰이 왔어'라는 식으로요. 그럼 제가 말했죠. '안녕하세요, 스미스 부인. 전 경찰서장 자피입니다. 추수감사절이라 뭘 좀 가져왔어요. 그냥 행복한 추수감사절 보내시라고요.' 사람들은 '이게 뭐죠?'라고 묻고는 '들어오세요, 들어와요'라고 하면서 안으로 잡아끌었어요. 그러면 집 안에 그러니까, 엄청나게 활기가 돌기 시작해요. '조니, 나와 봐, 경찰이 왔어!' 이제 모두들 뛰어다니면서 껴안고 눈물을 흘려요. 다섯 집을 방문했는데 모든 가족이 껴안고 눈물을 흘렸어요. 저는 어느 집에서나 같은 말을 했어요. '여러분이 때때로 경찰을 싫어한다는 건 압니다. 다 이해합니다. 하지만 그저 이건 알아주셨으면 합니다. 우리가 여러분의 집 문을 두드려서 여러분을 괴롭히는 것처럼 보이지만 우리는 정말로 여러분에게 관심이 있다는 것을요. 여러분이 행복한 추수감사절을 보내길 진심으로 바랍니다.'"

자피는 J-RIP 아이들의 가족을 만나는 것에 왜 그렇게 집착했을까? 브라운스빌에서 경찰이 정당하다고 인식되지 않고 있다는 판단 때문이었다. 미국 전역에서 놀랄 만큼 많은 흑인 남성이 교도소에서 얼마간의 시간을 보낸다. (한 가지 통계만 알려주면, 1970년대 후반에 태어난 흑인 남성 중 고등학교 중퇴자의 69퍼센트가 철창신세를 졌다.)

브라운스빌은 고등학교를 중퇴한 흑인 남성이 가득한 동네이고, 이는 자피의 명단에 오른 청소년 범죄자의 거의 모두가 복역한 경험이 있는 형제나 아버지나 사촌을 두었다는 뜻이다.[8]

당신이 아는 그렇게 많은 사람이 철창신세를 진 적이 있다면 법이 공정해 보이겠는가? 법이 예상 가능해 보이겠는가? 당신의 생각을 거리낌 없이 말할 수 있고 당신의 말을 들어줄 것 같다고 느끼겠는가? 자피가 브라운스빌에 와서 깨달은 것은 경찰을 적으로 생각한다는 사실이었다. 그리고 경찰을 적으로 보는데 도대체 어떻게 그녀가 이미 강도질이나 도둑질의 길로 접어든 열다섯 살이나 열여섯 살짜리들의 앞길을 바꿀 수 있겠는가? 그녀는 그 아이들을 위협하고 범죄를 저질렀을 때의 무서운 결과를 경고할 수 있었다. 하지만 그 아이들은 이미 범죄 생활로 빠져든, 천성적으로 고집이 세고 반항적인 10대들이었다. 그런 아이들이 그녀의 말을 제대로 듣기나 하겠는가? 자피는 그들의 아버지와 형들과 사촌들을 교도소에 집어넣는 기관을 대표했다. 그녀는 지역사회의 존중을 되찾아야 했고, 그러기 위해서는 J-RIP 아이들 가족들의 지지가 필요했다.

그해 추수감사절에 그녀가 한 짧은 연설(여러분이 때때로 경찰을 싫어한다는 건 압니다. 다 이해합니다. 하지만 그저 이건 알아주셨으면 합니다. 우리가 여러분의 집 문을 두드려서 여러분을 괴롭히는 것처럼 보이지만 우리는 정말로 여러분에게 관심이 있다는 것을요. 여러분이 행복한 추수감사절을 보내길 진심으로 바랍니다)은 정당성을 얻기 위한 호소였다. 그녀는 때로는 여러 세대에 걸쳐 범법자들을 가족으로 둔 가정에 법이 그들의 편일 수 있다는 사실을 알려주려고 노력했다.

칠면조로 성공을 거둔 뒤 자피는 크리스마스 장난감 증정을 시작했다. J-RIP팀은 그들이 맡고 있는 아이들과 농구시합을 시작했다. 아이들을 데리고 스시를 먹으러 가고, 여름방학 때 일자리를 구해주려고 노력했다. 의사와의 진료 예약에 맞춰 차로 데려다주기도 했다. 그런 뒤 자피는 J-RIP의 모든 아이와 가족 전부를 초대한 크리스마스 만찬을 시작했다. "제가 J-RIP 아이들과 크리스마스 만찬에서 뭘하는지 아세요?" 자피가 물었다. "아이들은 친구들 앞에서는 거칠게 행동해요. 그래서 저는 아이들을 한 명씩 안아줍니다. 항상 '이리 와, 우리 껴안자'라고 하죠." 자피는 아담한 체구의 여성이 아니다. 강하고 위용 있는 모습이다. 그런 그녀가 팔을 활짝 벌리고 비쩍 마른 10대들에게 다가간다고 상상해 보라. 그녀가 껴안으면 아이가 품에 쏙 들어갔다.

이 이야기는 시시한 할리우드 영화에 나올 법한 장면 같다. 그렇지 않은가? 추수감사절의 칠면조! 껴안고 울기! 세계의 경찰서 대부분이 자피를 따라 하지 않는 이유는 그녀가 한 일이 옳아 보이지 않기 때문이다. 조니 존스는 불량한 아이다. 조니 같은 사람들을 위해 음식과 장난감을 사는 것은 진보적 관용의 최악의 형태처럼 보였다.

중대 범죄가 급증하고 있는데 당신이 사는 도시의 경찰서장이 거리를 배회하는 범죄자들을 껴안고 그 가족에게 먹을 것을 제공하겠다고 발표하면 당신은 할 말을 잃을 것이다. 그렇지 않은가? 흠, 그렇다면 브라운스빌에서 어떤 결과가 나타났는지 살펴보자.

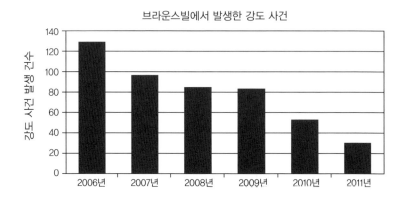

브라운스빌에서 발생한 강도 사건

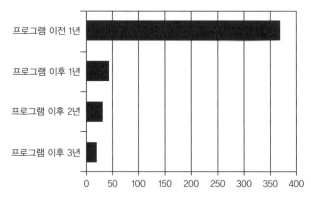

J-RIP에 속한 아이들이 강도 혐의로 체포된 건수

"대중의 행동에 영향을 미치기 위해 필요한 것은 공감이나 신비주의가 아니다"라는 라이츠와 울프의 말은 국가의 권력에 한계가 없다는 뜻이었다. 질서를 확립하고 싶다면 당신의 명령을 받는 사람들이 당신을 어떻게 생각하는지에 대해서는 걱정할 필요가 없다. 당신은 그보다 위에 있으니까. 하지만 라이츠와 울프는 그와 반대로 말했다. 자피가 증명한 건 권력을 가진 사람들은 남들이 그들을 어떻게 생각하는지 걱정해야 한다는 것이다. 명령을 내리는 사람들은 명령을 받는 사람들의 견해에 쉽게 타격을 입는다.

프리랜드 장군이 로어폴스에서 저지른 실수가 바로 이것이었다. 그는 로즈메리 롤러와 같은 사람의 눈으로 상황을 보지 않았다. 그저 호랑이 사냥에 나선 영국령 인도의 영국인들처럼 로어폴스의 숨죽인 거리를 돌아다니며 자신이 반란을 끝냈다고 생각했다. 그가 발리머피까지 올라가는 수고를 해서 해리엇 카슨이 냄비 뚜껑을 맞부딪히며 "자, 자, 나오세요. 로어폴스에서 사람들이 살해당하고 있어요"라고 외치는 소리를 들었다면 반란이 이제 막 시작되고 있다는 걸 깨달았을 것이다.

강경한 탄압과 격렬한 응전

북아일랜드의 7월은 신교도 왕당파들이 오래전 가톨릭교 소수집단에 거둔 승리를 기념하기 위해 가두행진을 여는 "행진 시즌"이 절정에 달하는 시기다.[9] 교회 행진, "아치, 현수막, 홀" 행진, 축하 밴드 행진, "유혈과 폭력blood and thunder"이나 "교황 축출Kick-the-Pope" 플루트 밴드 행진이 펼쳐진다. 은색관악기로 구성된 취주악단, 백파이프 행진, 아코디언 행진, 장식 띠와 짙은 색 양복, 중산모 차림을 한 행진도 벌어진다. 도합 수백 개의 행진에 수만 명의 인원이 참여하며, 매년 7월 12일에 벌어지는 대규모 행진에서 정점에 달한다. 7월 12일은 1690년의 보인전투에서 오렌지공 윌리엄이 거둔 승리의 기념일이며, 이 승리로 신교도가 북아일랜드에 대한 지배를 최종적으로 확립했다.

12일 축제 전야에는 전국의 행진 참가자들이 거리 파티를 열고 거대한 모닥불을 피운다.[10] 불길이 활활 타오르면 사람들은 불태울 상징을 선택한다. 과거에는 그 상징이 대개 교황이나 미움을 받는 해당 지역 가톨릭교 관계자의 인형이었다. 다음은 '클레멘타인'의 곡조에 맞춰 부르는 12일 축제 노래다.

모닥불을 피워라, 모닥불을 피워라.
가톨릭교도를 꼭대기에 꽂고
교황을 한가운데에 올려놓아라.
그리고 빌어먹을 것들을 태워버려라.[11]

북아일랜드는 큰 나라가 아니다. 도시들은 인구가 밀집되고 좁다. 왕당파들이 매년 여름 중산모를 쓰고 띠를 두른 채 플루트를 불며 행진할 때 그들이 무찔렀다고 축하하고 있는 사람들의 동네를 어쩔 수 없이 지나가게 되어 있다. 웨스트 벨파스트의 가톨릭교도 거주구역의 중심도로는 개신교도 거주구역의 중심부를 지나는 거리에서 도보로 몇 분밖에 걸리지 않는다. 벨파스트에는 가톨릭교도의 집이 개신교도의 집 뒷마당과 맞붙어 있는 곳들이 있다. 이렇게 가까이 붙어 있는 경우 파편이나 이웃들이 던지는 화염병으로부터 거주자들을 보호하기 위해 각 집의 뒷마당에 거대한 쇠살대가 설치되어 있다. 12일 축제날 전날 밤, 왕당파가 도시 전역에 모닥불을 피우면 가톨릭교도 동네에 사는 사람들도 연기 냄새를 맡고 노래를 듣는다. 그리고 가톨릭교 깃발이 불길 속에서 사라지는 모습을 본다.

행진 시즌에는 북아일랜드에서 항상 폭력이 발생한다. 북아일랜드 분쟁을 일으킨 사건 중 하나는 1969년, 가두행진이 가톨릭교도 마을을 지나갈 때 이틀 동안 폭동이 벌어진 뒤 일어났다. 집으로 돌아간 가두행진 참가자들은 웨스트 벨파스트가에서 미친 듯 난동을 부리며 수십 채의 집을 불태웠다.[12] 프리랜드의 인내심을 시험했던 다음 여름의 총격전도 개신교도들의 가두행진 중에 일어났다. 매년 여름 북부 주들의 미군 참전용사들이 애틀랜타와 리치먼드의 거리에서 오래전 남북전쟁에서 거둔 승리를 기념하기 위해 가두행진을 벌인다고 상상해 보라. 가톨릭교와 개신교가 서로 물어뜯을 듯 싸우던 북아일랜드 암흑기의 행진 시즌이 딱 그런 느낌이었다.

그날 오후, 동네를 기습한 영국군을 본 로어폴스 주민은 벨파스트에 시행된 법과 명령을 본 사람이라면 누구나 그랬듯 절망을 느꼈다. 하지만 그들은 법과 명령이 시행되는 방식에 대해서도 마찬가지로 우려했다. 그들의 세계는 공정해 보이지 않았다. 가톨릭교 깃발이나 교황 인형이 거대한 모닥불에서 불탄 12일 축제가 불과 며칠 전이었다. 행진 기간 동안 양측을 떼어놓는 책임을 맡은 기관은 왕립 얼스터경찰대Royal Ulster Constabulary(RUC)였다. 하지만 RUC는 거의 개신교도로 구성되어 있었다. 상대편이었다.

RUC는 바로 전해 여름에 일어난 폭동을 중단시키려는 노력을 거의 하지 않았다. 개신교 왕당파가 집들을 불태운 사건이 발생하여 영국 정부가 소집한 조사위원회는 RUC 경찰관들이 "효과적인 조치를 취하는 데 실패"했다는 결론을 내렸다.

현장에 있던 기자들은 왕당파가 경찰들에게 가서 무기를 빌려줄 수 있는지 물었다고 보도했다. 영국군을 북아일랜드에 투입한 이유 중 하나가 개신교와 가톨릭교 사이에서 공정한 심판 노릇을 맡기기 위해서였다. 하지만 영국은 신교도 수가 압도적으로 우세하기 때문에 사면초가에 몰린 북아일랜드의 가톨릭교도에게는 그 군인들이 궁극적으로 개신교도에게 동조하는 것이 당연하게 여겨졌다. 통행금지령이 내리기 전의 부활절 기간에 대규모 왕당파 행진이 발리머피를 지나갈 때 영국군들은 표면상으로는 완충재 역할을 수행하기 위해 행진 참가자들과 주민들 사이에 서 있었다. 하지만 군인들은 왕당파를 등진 채 보도의 가톨릭교도들 쪽을 보고 서 있었다. 가톨릭교도를 왕당파로부터 보호하는 게 아니라 왕당파를 가톨릭교도에게서 보호하는 게 자신들의 임무라고 생각하는 것처럼.

프리랜드 장군은 벨파스트에 법을 시행하려고 애썼지만 자신에게 법을 시행할 정당성이 있는지 먼저 자문해 보아야 했다. 그리고 진실은, 그에게 정당성이 없었다는 것이다. 북아일랜드의 가톨릭교도가 생각하기에, 그는 바로 전해 여름에 친구와 친지의 집을 불태운 바로 그 사람들에게 철저하게 동조하는 기관의 책임자였다. 가톨릭교도가 그렇게 생각할 만했다. 그리고 정당성 없이 적용된 법은 복종을 불러오지 않는다. 오히려 반발로 이어진다.[13]

북아일랜드 문제의 큰 수수께끼는 영국이 이 문제를 이해하는 데 왜 그렇게 오랜 시간이 걸렸는가 하는 것이다. 1969년에 북아일랜드 분쟁으로 열세 명이 사망하고 일흔세 건의 총격전과 여덟 건의 폭탄 테러가 벌어졌다.[14] 1970년에 프리랜드는 폭도와 총잡이들에게 강경하게 나가기로 결정했고 누구든 화염병을 던지다 걸리면 "총에 맞을 것"이라고 경고했다. 그래서 어떻게 되었을까? 역사학자 데스먼드 하밀은 이렇게 언급했다.[15]

IRA는 만약 아일랜드인들이 총에 맞으면 자신들도 군인들에게 총을 쏠 것이라고 되받았다. 극단적 불법 무장단체인 개신교도 얼스터 의용군이 재빨리 가세해 IRA에게 총격을 가한 모든 군인에 대한 보복으로 가톨릭교도들에게 총을 쏴주겠다고 했다. 〈타임〉은 한 벨파스트 시민의 말을 인용했다. "이곳에서 혼란을 느끼지 않는 사람은 무슨 일이 일어나고 있는지 이해하지 못하는 사람이다."

그해 스물다섯 명이 사망하고 213건의 총격전과 155건의 폭탄 테러가 벌어졌다. 영국의 입장은 단호했다. 그들은 더 강경한 탄압을 가했다. 1971년에는 184명이 사망하고 1,020건의 폭탄 테러, 1,756건의 총격전이 벌어졌다 그 뒤 영국은 한계선을 정했다. 군은 이른바 '억류' 정책을 시행했다. 북아일랜드에서는 민권이 정지되었다. 나라에 군인들이 넘쳐났고 군은 테러 용의자는 누구든 체포해서 기소나 재판 없이 무한정 교도소에 가둬둘 수 있다고 선언했다. 억류 정책이 시행되는 동안 너무도 많은 가톨릭교도 젊은이들이 감금되어 발리머피 같은 동네에서는 집집마다 남자형제나 아버지나 사촌이 교도소에 갇혔다.

당신이 아는 그렇게 많은 사람이 철창신세를 진 적이 있다면 법이 공정해 보이겠는가? 법이 일관성이 있어 보이겠는가? 당신의 생각을 거리낌 없이 말할 수 있고 당신의 말을 들어줄 것 같다고 느끼겠는가? 1972년에는 1,495건의 총격전, 531건의 무장 강도, 1,931건의 폭탄 테러가 벌어졌고 497명이 사망했다. 그 497명 중에 에이먼이라는 열일곱 살짜리 소년이 있었다. 에이먼은 로즈메리 롤러의 남동생이다.[16]

"에이먼이 우리 집에 왔더라고요." 롤러가 말했다. "제게 '여기서 하루 이틀 지냈으면 좋겠는데'라고 하더군요. 그래서 '안 될 게 뭐 있어'라고 대답했죠. 에이먼이 '엄마가 알면 졸도하실지 몰라. 화가 나서 펄펄 뛸 거야'라고 하더니 저와 남편에게 영국군에게 시달림을 당하고 있다고 털어놓았어요. 밖에 나갈 때마다, 모퉁이를 돌 때마다, 어디서든 영국군이 에이먼을 붙잡아 세우고 위협한다는 거예요."

에이먼이 정말 IRA 활동을 했을까? 그녀는 모른다. 그리고 그건 중요하지 않다고 말한다. "그 사람들 눈에는 우리 모두가 용의자였으니까요"라고 하며 그녀가 말을 이었다. "다 그런 거죠. 그리고 에이먼은 총에 맞았어요, 영국 군인이 쏜 총에. 에이먼과 친구들이 담배를 피우고 있는데 한 발의 총성이 크게 울렸고 에이먼이 맞았어요. 동생은 그 뒤로 11주 동안 살아 있다가 1월 16일에 17년 6개월의 삶을 끝냈어요." 롤러는 눈물을 흘리기 시작했다. "그 뒤로 아버지는 다시는 부두에서 일을 하지 않으셨어요. 어머니는 슬픔에 잠겨 피폐해졌죠. 올해로 40년이 흘렀지만 아직도 괴로워요."

롤러는 현대 벨파스트에서 자신이 기대해왔던 평범한 삶을 살던 젊은 아내이자 어머니였다. 하지만 그녀는 집을 잃었다. 위협을 받고 괴롭힘을 당했다. 언덕 아래의 친척들은 집안에 갇혀 있었다. 남동생은 총을 맞아 목숨을 잃었다. 그 어떤 것도 그녀가 원하거나 요구한 일이 아니었다. 주위에서 일어난 일들을 이해조차 할 수 없었다.

"제 인생이 그렇게 되어버렸어요. 완전히 새로운 인생이 닥쳤죠," 그녀가 말했다. "그 인생은 제게 강요된 것이었어요. 이건 옳지 않다는 생각이 들었어요. 이해하시겠어요? 같은 학교를 다니며 함께 자란 사람들이 집이 불타 거리로 내쫓겼어요. 우리를 보호하겠다고 온 영국군이 이제 우리를 공격하여 괴롭히고 망가뜨리고 있어요. 전 적극 나서게 되었어요. 경솔하게 그랬던 건 아니에요. 이런 일이 벌어지고 있는데 집 안에 가만히 앉아 있을 수 없어서 그렇게 되었던 거예요. 전 살림만 하는 엄마가 될 수 없었어요.

"사람들은 그걸 분쟁이라고 부르더군요." 그녀가 말을 이었다. "그건 전쟁이었어요! 영국군은 장갑차와 무기, 그 밖에 온갖 걸 동원했죠. 우리는 교전 지역에 살았어요. 영국군은 우리를 진압하기 위해 이용할 수 있는 모든 수단을 다 들고 여기에 왔죠. 그리고 우리는 오뚝이처럼 넘어져도 다시 일어났어요. 제 말을 오해하지 마세요. 우리는 상처를 받았어요. 많은 사람이 가슴이 찢어지는 아픔을 겪었죠. 저는 아주 오랜 시간 동안 분노에 시달렸고, 그 점에 대해 제 아이들에게 사과했어요. 하지만 상황이 그렇게 만들었어요. 전 원래 그런 사람은 아니었어요. 제가 태어날 때부터 그랬던 건 아니에요. 그럴 수밖에 없었던 거죠."

통행금지령을 깬 평화행진

프리랜드 장군의 부하들이 로어폴스를 급습했을 때 주민들은 일단 몇 블록 떨어진 지역 가톨릭교회인 성세인트피터성당으로 달려갔다. 웨스트 벨파스트의 많은 다른 가톨릭교 동네와 마찬가지로 로어폴스를 정의하는 특징은 독실한 신앙심이었다. 성세인트피터성당은 동네의 중심지였다. 평일에도 400명이 성당 미사에 참석했고, 이 지역사회에서 가장 중요한 인물이 이곳의 신부였다. 신부가 한달음에 달려와 군인들에게로 갔다. 그는 군인들에게 불시 단속을 즉각 끝내지 않으면 문제가 일어날 것이라고 경고했다.

45분이 지나자 군인들이 노획품을 들고 나타났다. 권총 열다섯

정, 라이플총 한 정, 슈마이처 기관단총 한 정, 숨겨놓았던 폭발물과 탄약들이었다. 순찰대는 노획품을 꾸려서 떠났고 로어폴스를 빠져 나가기 위해 샛길로 접어들었다. 하지만 그동안 소규모 군중이 모여 들었고 장갑차들이 모퉁이를 돌자 많은 젊은이가 앞으로 달려 나와 군인들에게 돌을 던지기 시작했다. 순찰대가 멈추었다. 군중은 분노 했다. 군인들은 최루탄으로 대응했다. 군중의 분노가 더 거세졌다. 돌이 화염병으로 바뀌고 화염병이 총알로 바뀌었다.

한 택시 운전사는 누군가가 기관단총을 들고 발칸가로 가는 것을 보았다고 말했다. 폭도들은 영국군의 전진 속도를 늦추기 위해 방어 벽을 세웠다. 트럭 한 대에 불을 붙여 거리의 끝을 막은 것이다. 군인 들은 바람이 로어폴스 전역에 최루탄 가스를 실어 나를 때까지 최루 탄을 더 많이 발사했다. 군중의 분노는 더욱 거세게 불타올랐다.

순찰대는 왜 멈췄을까? 왜 그냥 계속 가지 않은 걸까? 동네를 얼 른 떠나라고 신부가 당부했는데도 말이다. 신부가 다시 군인들에게 가서 호소했다. 최루탄 발사를 멈추면 군중이 돌을 던지는 걸 멈추 게 하겠다고 했다. 군인들은 신부의 말을 듣지 않았다. 그들이 받은 지시는 폭도와 총잡이들을 강하게 다룰 것, 그리고 강하게 다룬다는 걸 보여줄 것이었다. 신부가 군중을 향해 돌아섰다. 바로 그때 군인 들이 또 한 차례 최루탄을 발사했다. 산탄이 신부의 발밑에 떨어졌 고 신부는 비틀거리며 거리를 가로질러 어느 집 창턱에 기대며 가쁜 숨을 몰아쉬었다. 평일 미사에 참례하는 신자가 400명이나 되는 독 실한 동네에서 영국군이 신부에게 최루탄을 쏘다니.

폭동이 시작된 것이 그때였다. 프리랜드는 지원군을 요청했다. 좁은 거리를 따라 늘어선 작은 집들에 모여 사는 주민 8천 명의 동네를 진압하기 위해 영국군은 3천 명의 병력을 투입했다. 프리랜드는 독실한 가톨릭교 동네에 군 전체에서 개신교도 의식이 가장 강한 연대 중 하나인 왕립스코틀랜드연대Royal Scots의 군인들을 투입했다.

군 헬리콥터가 동네 상공을 빙빙 돌면서 확성기로 주민에게 집 안에 머물 것을 명령했다. 모든 출구에 방어벽이 설치되었다. 통행금지령이 선포되었고 체계적인 가택 수색이 시작되었다. 돌과 화염병 공격을 당한 치욕에 분개한 스무 살, 스물한 살짜리 군인들이 집마다 차례로 들이닥쳐 벽과 천장에 구멍을 내고 침실을 샅샅이 뒤졌다. 그 영국군 중 한 명이 그날 밤 일어났던 일을 회상하면서 한 말을 들어보자.**17**

아직 잠옷차림이던 사내가 욕을 하며 나오더니 램프를 휘둘러 스탠의 머리를 후려쳤어요. 스탠은 다음 가격을 재빨리 피하며 라이플총의 개머리판으로 그 사람을 때려눕혔죠. 저는 수많은 동료가 가택수색을 빌미로 이전에 당한 일들에 대한 화풀이를 하고 있다는 걸 잘 알고 있었어요. 사람들의 머리가 깨지고 집 구석구석이 쑥대밭이 되었어요. 집 안의 물건이란 물건은 다 부서졌어요. 그런데 흐릿한 광경 속에서 작고 세세한 것들이 또렷하게 나타났어요. 학교에서 찍은 사진, 웃고 있는 가족사진(부서졌어요), 작은 장신구들과 십자가(부러졌어요), 울고 있는 아이들, 유리가 깨진 교황의 사진 액자, 먹다 만 식사와 조잡한 벽지, 알록달록한 장난감들과 텔레비전에서 나오는 소음과 라디오의 치직거리는 소리, 채색된 접시들, 신발, 벽에 기댄 채 복도에 널브러져 있는 시체…. 그 순간 저는 우리가 침입자처럼 느껴졌어요.

그날 밤 337명이 체포되었고 예순 명이 다쳤다. 장애가 있는 공군 퇴역군인인 찰스 오닐이 영국군 장갑차에 치여 숨졌다. 그의 시체가 바닥에 나뒹굴 때 군인 중 한 명이 행인을 곤봉으로 쿡 찌르며 말했다. "꺼져, 이 아일랜드 새끼야. 네놈들은 죽어도 싸." 토머스 번스라는 사람은 저녁 8시에 폴스로드에서 가게 창문을 판자로 막고 있던 친구와 함께 서 있다가 군인에게 총을 맞았다. 시체를 수습하러 온 그의 누이는 번스가 그 시간에 거리에 있어선 안 되었다는 말을 들었다. 패트릭 엘리먼이라는 노인은 밤 11시가 되자 이제 한 고비 넘겼다고 생각하고 침실 슬리퍼에 셔츠 바람으로 잠자기 전 산책을 나왔다가 갑작스러운 군의 발포에 목숨을 잃었다. 이웃 중 한 명이 통행금지령에 대해 진술하다가 엘리먼의 죽음에 대해 이야기했다.[18]

바로 그날 밤에 영국군 병사들이 총을 맞은 노인의 집에 들어가서 묵었어요. 기겁을 한 노인의 누이는 거리 위쪽에 있는 다른 형제의 집으로 달아났고요. 주인 없는 집에 무단 침입한 사실은 다음 날 오후 "통행금지령"이 잠깐 풀린 시간에 밝혀졌어요. 노인의 형제가 딸과 사위를 데리고 집에 갔더니 문이 부서지고 창문은 깨진 데다 바닥에는 옷이, 소파에는 면도도구가 널려 있고 부엌에는 사용한 컵이 있었거든요. 이웃들은 군인들이 2층 방에서도 잤다고 알려주었어요.

문이 부서졌다. 창문이 깨졌다. 싱크대에는 더러운 접시들이 남아 있다. 라이츠와 울프는 중요한 건 규칙과 합리적 원칙뿐이라고 믿었다. 하지만 실제로 중요한 건 힘을 가진 사람들이 자신의 정당성을 확립하기 위해 하거나 하지 않는 수백 가지의 소소한 일들이다. 방금 자신이 우발적으로 총을 쏜 무고한 사람의 침실에 들어가 잠을 자고 집에 소지품들을 어질러놓는 것 같은 일 말이다.

일요일 아침에 로어폴스의 상황은 절망적이 되었다. 로어폴스는 부유한 동네가 아니었다. 성인 실업자가 많았고, 일을 한다고 해도 일용직이었다. 거리는 사람들로 북적거리고 집은 좁았다. 집들은 19세기에 지어진 싸구려 벽돌 연립주택으로, 한 층에 방이 하나밖에 없고 욕실은 뒷마당에 있었다. 냉장고가 있는 집이 극히 드물었다. 집 안은 어둡고 습했다. 사람들은 빵을 매일 구입했는데, 며칠 분을 사다놓으면 빵에 곰팡이가 피기 때문이었다. 하지만 통행금지령이 내려진 지 서른여섯 시간이 지났고, 사다 놓은 빵이 다 떨어졌다.

웨스트벨파스트의 가톨릭교도 동네들은 집들이 다닥다닥 붙어 있고 서로 친인척 관계여서 로어폴스가 처한 곤경에 대한 소문이 한 집에서 다른 집으로 금세 퍼져나갔다. 해리엇 카슨은 발리머피를 돌아다니며 냄비뚜껑을 꽝꽝 맞부딪혔다. 그다음에는 마이어 드럼이라는 여성이 등장했다.[19] 그녀는 확성기를 들고 거리를 행진하면서 여성들에게 외쳤다. "나오세요! 유모차를 빵과 우유로 채우세요! 아이들이 굶고 있잖아요."

여성들이 둘, 넷, 열, 스무 명씩 무리를 짓기 시작하더니 수천 명에 이르렀다. "어떤 사람은 머리에 감은 롤도 미처 풀지 못하고 스카프를 쓴 채 나왔어요." 롤러가 회상했다. "우리는 팔짱을 끼고 노래를 불렀어요. '우리 승리하리라, 언젠가는 우리 승리하리라.'"

"우리는 언덕 아래까지 내려갔어요. 흥분된 분위기였죠. 영국군이 군모를 쓰고 총을 들고 서 있었어요. 만반의 준비를 하고 있었죠. 방망이도 꺼내 들고 있었어요. 우리는 방향을 틀어 그로브너로드를 내려가며 노래를 부르고 구호를 외쳤어요. 영국군은 두려움을 느끼는 것 같았어요. 여자들이 유모차를 밀면서 그들과 싸우려고 오고 있다는 사실이 믿기지 않았겠죠. 한 영국 병사가 서 있다가 머리를 긁적이며 '이 여자들을 어쩌지? 폭동 상황으로 대응해야 해?'라고 말했던 게 생각나요.

그런 뒤 우리는 학교, 제가 다니던 학교가 있는 슬레이트가로 갔어요. 영국군이 있더군요. 군인들이 학교에서 뛰쳐나왔고 육탄전이 벌어졌어요. 우린 머리를 쥐어뜯겼어요. 영국군은 우리를 움켜잡고 벽에 내던졌어요. 아, 그래요. 말하자면 우리를 마구 두들겨 팬 거죠. 넘어지면 잽싸게 일어나야 했죠. 짓밟혀 죽지 않으려면 말이죠. 그들은 무자비했어요. 차 위에 올라가서 앞쪽에서 벌어지고 있는 일들을 봤던 게 기억나네요. 그때 얼굴에 면도크림이 묻어 있고 멜빵을 멘 남자를 봤는데, 갑자기 군인들이 구타를 멈췄어요."

멜빵을 멘 그 남자는 슬레이트가 검문소의 지휘관이었다. 그는 그날 영국군 측에서 유일하게 제정신이 박힌 사람, 지금 얼마나 어마어마한 참사가 벌어지고 있는지 이해하는 유일한 사람이었다. 로어폴스의 아이들을 먹이기 위해 유모차를 밀고 나온 여성들을 중무장한 군인들이 두들겨 패고 있다니.[20] 그는 부하들에게 멈출 것을 지시했다.

"아셔야 할 게 있어요, 행진 행렬이 여전히 거리를 따라 내려오고 있었고 뒤쪽에 있는 사람들은 앞에서 무슨 일이 벌어지고 있는지 전혀 몰랐어요"라고 하며 롤러가 말을 이었다. "사람들은 계속 행진했어요. 여자들은 울고 있었어요. 사람들이 집 밖으로 나오기 시작했어요. 너무 많은 사람이 다친 걸 보고 가만히 있을 수가 없었던 거죠.

일단 모든 사람이 집 밖으로 나오기 시작하자 영국군은 통제력을 잃었어요. 모든 사람이 거리로 나왔어요. 무수히 많은 사람들이요. 도미노효과와 비슷했어요. 한 거리에서 사람들이 나오면 그다음엔 다른 거리의 문들이 열리고, 또 다른 거리, 또 다른 거리로 이어졌어요. 결국 영국군은 포기했어요. 두 손 들어버린 거죠. 여성들은 밀고 나갔어요. 우리는 밀고 나갔어요. 계속 밀고 나갔어요. 목표점에 도착할 때까지, 그리고 목표점에 도달해서 통행금지령을 깨뜨렸어요. 전 종종 그 일을 생각해요. 세상에, 진짜 뭐랄까, 모든 사람이 승리감에 넘쳤어요. 우리가 해냈다, 그런 심정이었죠."

"집에 돌아오니 갑자기 그 모든 일이 너무 떨리고 마음이 요동을 치면서 불안했어요. 이해하시겠어요? 나중에 그 일을 아버지에게 이야기했던 게 생각나네요. '아버지 말이 들어맞았어요. 그들이 우리를 공격했어요.' 그러자 아버지가 말씀하셨죠. '맞아. 그게 영국군이 하는 짓이야.' 아버지 말이 옳았어요. 그들이 우리를 공격했어요. 그리고 그게 시작이었어요."

<u>8</u>

힘과 권한의 역효과

"우리 모두는 살면서 뭔가 끔찍한 일을 저지르거나
저지르고 싶은 충동을 느낀 적이 있습니다."

돌아오지 않는 딸

1992년 6월 첫 주에 대학을 다니던 마이크 레이놀즈의 딸이 결혼식에 참석하기 위해 집에 방문했다. 그녀는 긴 꿀빛 금발의 열여덟 살 소녀로 이름은 킴버였다. 킴버는 로스앤젤레스의 디자인 및 머천다이징 패션스쿨FIDM에 다녔고, 고향은 북쪽으로 몇 시간 떨어진 캘리포니아 센트럴밸리에 있는 프레즈노였다. 결혼식이 끝난 뒤 킴버는 옛 친구 그레그 칼데론과 함께 저녁을 먹으려고 남았다. 킴버는 반바지에 부츠를 신고 아버지의 빨간색과 검은색 체크무늬 스포츠 코트를 걸쳤다.

킴버와 그레그는 프레즈노의 타워 구역에 있는 데일리플래닛에서 저녁을 먹고 커피를 마신 뒤 킴버의 차 이스즈로 걸어갔다. 그때가 밤 10시 41분이었다. 킴버가 칼데론에게 조수석 문을 열어주고 차 뒤쪽을 돌아 운전석 쪽으로 갔다.

그 시간, 훔친 가와사키 오토바이를 탄 젊은이 두 명이 거리 바로 아래의 주차장에서 천천히 빠져나왔다. 두 사람은 어두운색의 얼굴 가리개가 달린 헬멧을 쓰고 있었다. 오토바이 운전석에 앉은 조 데이비스는 마약과 총기소지 혐의로 여러 차례 유죄 판결을 받았고, 당시 차량 절도죄로 와스코 주립교도소에서 복역한 뒤 막 가석방된 상태였다. 오토바이 뒷자리에 탄 더글러스 워커는 일곱 번이나 교도소를 들락날락한 사람이었다. 데이비스와 워커 둘 다 필로폰 중독자였다. 그날 저녁 일찍 두 사람은 프레즈노의 간선도로인 쇼 대로에서 차량 탈취를 시도했다.

"있잖아요, 난 생각이란 걸 별로 안 해요." 몇 달 뒤 그날 밤의 심리상태에 대해 물어보자 워커가 한 대답이다. "그 일은 그냥 그 순간에 일어난 거예요. 그냥 갑자기 일어난 거라고요. 우리는 그냥 그렇게 한 거예요. 내가 말해줄 수 있는 건 이것뿐이에요."

워커와 데이비스는 이스즈 옆에 오토바이를 멈추고 오토바이의 무게를 이용해 킴버를 차 쪽으로 밀어붙였다. 그레그가 조수석에서 뛰쳐나와 차 뒤쪽으로 달려갔지만 워커가 가로막았다. 데이비스는 킴버의 가방을 낚아챈 뒤 매그넘 권총을 꺼내 킴버의 오른쪽 귀에 들이댔다. 킴버가 저항하자 데이비스가 권총을 발사했다. 그런 뒤 데이비스와 워커는 오토바이에 뛰어올라 빨간 신호를 무시하고 속도를 냈다. 데일리플래닛에서 사람들이 달려 나왔다. 누군가가 킴버의 출혈을 멈추게 하려고 애를 썼다. 그레그가 킴버의 부모님 집으로 차를 몰고 달려갔지만 그들을 깨우지 못했다. 전화를 걸어봤지만 자동응답기가 받았다. 새벽 2시 30분이 되어서야 마침내 연락이 되었다. 마이크 레이놀즈는 아내의 비명 소리를 들었다. "머리에! 우리 애가 머리에 총을!" 킴버는 그다음 날 세상을 떠났다.

"아버지와 딸은 정말 특별한 관계예요." 얼마 전 마이크 레이놀즈가 그 끔찍한 밤을 돌아보며 말했다. 그는 이제 나이가 더 들었다. 기운이 없고 머리카락도 거의 빠졌다. 그는 딸이 총을 맞은 거리에서 차로 5분밖에 걸리지 않는 프레즈노의 자택 서재의 책상 앞에 앉아 있었다. 계획 없이 증축한 어수선한 미션 양식의 집이었다. 레이놀즈의 뒤쪽 벽에는 킴버의 사진이 걸려 있었고, 서재 옆의 주방에는 천사날개를 단 킴버가 하늘로 올라가는 그림이 있었다.

"아내와는 싸울 수 있어요"라고 그는 말했다. 그의 목소리에는 그리움이 가득했다. "하지만 딸은 공주와 비슷하지요. 딸은 어떤 잘못도 할 수 없는 존재입니다. 그리고 그런 점에서 딸을 가진 아버지는 망가진 세발자전거부터 망가진 마음까지 뭐든 고칠 수 있는 사람입니다. 아버지는 모든 걸 고칠 수 있어요. 그런데 우리 딸에게 그 일이 일어났을 때 저는 고치지 못했습니다. 딸이 죽어갈 때 저는 말 그대로 손만 붙잡고 있었습니다. 심한 무력감을 느꼈죠." 그때 그는 맹세했다. "그 뒤 내가 한 모든 일은 죽어가는 딸의 침대를 지키며 킴버에게 한 약속이었습니다." 레이놀즈가 말했다. "나는 널 살릴 수는 없어. 하지만 이런 일이 다른 누군가에게 일어나지 않도록 막는 데 온 힘을 쏟을게."

미국 역사상 최대의 형벌 실험

병원에서 집으로 돌아온 레이놀즈는 프레즈노의 인기 라디오 토크쇼 진행자인 레이 애플턴의 전화를 받았다. "도시가 미쳐 날뛰고 있었어요." 애플턴이 회상했다. "당시 프레즈노의 1인당 살인율이 전국 1위였어요, 아니면 1위에 근접하거나. 하지만 그 일은 너무 뻔뻔한 짓이었어요. 수많은 사람 앞에서, 사람들이 많이 찾는 식당 앞에서 사람을 죽였어요. 저는 그날 밤늦게 킴버가 세상을 떠났다는 소식을 듣고 마이크에게 연락했어요. '방송에 출연할 준비가 되시면 언제든 알려주세요.' 그러자 그가 말하더군요. '오늘 밤은 어떻습니까?' 이렇게 해서 그 모든 일이 시작되었어요. 마이크의 딸이 세상을 떠나고 열네 시간 뒤에."

레이놀즈는 애플턴의 토크쇼에서 보낸 두 시간이 인생에서 가장 힘든 시간이었다고 고백한다. 그는 눈물을 쏟았다. "그렇게 비통한 모습은 처음 봤어요." 애플턴이 회상했다. 처음에는 레이놀즈 가족을 알거나 그저 조의를 표하려고 한두 사람에게서 전화가 왔다. 하지만 애플턴과 레이놀즈가 이번 살인사건이 캘리포니아의 사법제도에 시사하는 바를 이야기하기 시작하자 주 전역에서 전화가 빗발쳤다.

레이놀즈는 집으로 돌아와 사람들을 모았다. 변화를 만들어낼 수 있다고 생각되는 사람들을 전부 초대했고, 사람들은 뒷마당의 바비큐 시설 옆에 놓인 긴 나무 탁자에 둘러앉았다. "그 자리에는 판사 세 명, 경찰서에서 온 사람, 변호사들, 보안관, 검찰청에서 온 사람,

지역 공동체와 학교에서 온 사람이 있었어요"라고 그가 말했다. "그리고 우리는 '왜 이런 일이 일어난 걸까? 이유가 뭘까?'라고 물었어요."

그들이 내린 결론은 캘리포니아에서 법을 어겼을 때의 처벌이 너무 약하다는 것이었다. 너무 빨리 그리고 너무 쉽게 가석방이 허가되고, 상습범의 처벌 수위가 초범과 큰 차이가 없었다. 오토바이 뒷자리에 타고 있던 더글러스 워크는 열세 살 때 헤로인 불법거래로 처음 법을 어겼다. 최근에는 임신한 아내를 방문하기 위해 일시 출소했는데 그 뒤로 돌아오지 않았다. 이게 말이 되는가?

그날 모인 사람들은 제안서를 준비했다. 레이놀즈의 주장에 따라 제안서는 짧고 간결했으며 비전문가의 언어로 작성되었다. 삼진아웃법이라고 명명된 이 제안서는 캘리포니아주에서 누구든 두 번째로 중범죄를 저질러 유죄 판결을 받은 사람은 현재 형량의 두 배를 선고받고 복역해야 한다고 명시했다. 그리고 세 번째 범법 행위로 유죄 판결을 받은 사람은 죄질의 경중을 불문하고 25년형 이상의 최고 종신형을 선고받는다.[1] 어떤 예외나 빠져나갈 구멍도 없었다.

레이놀즈와 그를 지지하는 사람들은 이 제안을 주 전체의 주민투표에 부칠 수 있도록 수천 명의 서명을 받았다. 매번 캘리포니아의 선거철에는 주민투표에 부칠 수많은 아이디어가 나오지만 대부분이 사장된다. 하지만 삼진아웃법은 아픈 곳을 건드렸다. 이 법안은 유권자의 72퍼센트라는 놀라운 지지를 받아 통과되었고, 마이크 레이놀즈의 집 뒷마당에서 작성된 표현 거의 그대로 1994년 봄에 법률로 승인을 받았다.

범죄학자 프랭클린 짐링은 이 법을 "미국 역사상 최대의 형벌 실험"이라고 불렀다. 1989년에 캘리포니아에서는 8천 명이 교도소에 갇혀 있었는데, 10년 내에 그 수치가 두 배로 늘어났다. 그리고 그동안 캘리포니아의 범죄율이 급락했다. 1994년부터 1998년까지 캘리포니아의 살인율이 41.4퍼센트 떨어졌고 강간은 10.9퍼센트, 강도는 38.7퍼센트, 폭행은 22.1퍼센트, 절도는 29.9퍼센트, 차량 절도는 36.6퍼센트 떨어졌다. 마이크는 딸의 임종을 지키며 킴버에게 일어났던 일이 절대 다른 누군가에게 일어나지 않게 하겠노라고 맹세했다. 그리고 그의 슬픔에서 혁명이 시작되었다.

"그때 캘리포니아주에서는 하루에 열두 건의 살인사건이 일어났어요. 지금은 약 여섯 건으로 줄었습니다"라고 레이놀즈가 말했다. "그래서 하루하루가 지날 때마다 저는 이 법이 나오기 전이었다면 살지 못했을 여섯 명이 살아 있다고 생각합니다." 그는 다양한 고위 관료들과 찍은 사진들, 상패, 서명이 된 인증서들, 액자에 담긴 편지들로 둘러싸인 프레즈노의 자택 사무실에 앉아 있었다. 그 모두는 레이놀즈가 미국에서 가장 큰 주의 정계에서 수행한 특별한 역할을 증명해 준다.

"살다 보면 이따금 다른 사람의 생명을 구할 기회가 있을지 몰라요." 그가 말을 이었다. "그러니까, 불타는 건물에서 누군가를 끌고 나온다거나 물에 빠진 사람이나 그 밖의 끔찍한 일을 당한 사람을 구한다거나 하는 일들이요. 하지만 매일 여섯 명의 목숨을 구할 기회를 얻은 사람이 얼마나 될까요? 제 말은 그러니까, 전 운이 좋은 사람 같아요."

레이놀즈는 딸에게 그 약속을 한 뒤 20년에 이르는 세월 동안 일어난 모든 일을 더듬는 듯 말을 멈추었다. 그는 아주 조리 있게 말하고 설득력 있는 사람이었다. 레이 애플턴 쇼에 나갔을 때 무너질 듯한 슬픔 속에서 어떻게 그렇게 강한 설득력을 발휘했는지 알 수 있었다. 그가 다시 이야기를 시작했다. "안전벨트를 발명한 사람을 생각해 보세요. 그 사람을 아세요? 전 모릅니다. 짐작도 하지 못해요.

하지만 안전벨트나 에어백이나 안전뚜껑 약통 덕분에 얼마나 많은 사람이 안전해졌는지 생각해 보세요. 그냥 앉아 있다 불행한 일을 겪을 수도 있어요. 그런데 나 같은 보통 사람이 만든 간단한 도구들이 수많은 목숨을 구했어요. 하지만 우리가 바라는 건 명성이 아닙니다. 등을 두드리며 칭찬해 주길 바라지도 않습니다. 우리가 바라는 건 오로지 결과입니다. 그리고 결과가 제가 얻는 가장 큰 보상입니다."

영국군은 선의로 북아일랜드에 오긴 했지만 결국 30년간의 유혈 사태와 대혼란에 휘말렸다. 그들이 원하는 걸 얻지 못한 이유는 힘에는 중요한 한계가 있음을 알지 못했기 때문이다. 힘은 정당하다고 여겨져야 한다. 그렇지 않으면 힘을 행사했을 때 의도한 것과 정반대의 결과가 나타난다. 마이크 레이놀즈는 자신이 사는 주에 특별한 영향력을 발휘하게 되었다. 같은 세대 캘리포니아 사람 중에서 레이놀즈의 행동과 아이디어만큼 많은 사람의 마음을 움직인 경우는 드물다. 그의 경우 힘이 그 목적을 달성한 것처럼 보인다. 캘리포니아 주의 범죄 통계만 봐도 그렇다. 그는 자신이 원하는 것을 얻었다. 그렇지 않은가?

그런데 실제로는 전혀 그렇지 않다.

삼진아웃법이 불러온 재앙

학급 규모를 다룬 장에서 논의했던 역U자형 곡선 이론으로 돌아가 보자. 역U자형 곡선에서 중요한 건 **한계**다. 이 곡선은 "더 많다고" 항상 "더 좋은" 건 아니라는 사실을 보여준다. 힘 있는 사람들이 자신들의 최고 강점이라고 생각하는 자원을 추가로 투입해도 상황을 더 악화할 뿐인 지점이 나타난다. 역U자형은 교실 규모의 효과를 분명하게 보여주고, 양육과 부 사이의 관계에도 명확하게 적용된다.

하지만 몇 년 전 많은 학자가 더 야심만만한 주장을 내놓기 시작했다. 이 주장은 마이크 레이놀즈와 그의 삼진아웃법[2]을 20년간의 논란 속으로 밀어 넣었다. 만약 처벌과 범죄의 관계 역시 역U자형이라면 어떻게 될까? 다시 말해, 범죄를 엄중 단속해도 특정 지점을 지나면 범죄자에게 어떤 영향도 미치지 않고 심지어 범죄를 더 악화하기 시작한다면?

삼진아웃법이 통과되었을 당시에는 누구도 이런 가능성을 고려하지 않았다. 마이크 레이놀즈와 그의 지지자들은 더 많은 범죄자를 교도소에 가두고 평균적인 선고에 형량을 더할 때마다 그에 상응하여 범죄가 줄어들 것이라고 가정했다.

"그때는 1급 살인죄를 저지른 사람도 고작 16년형을 선고받았고 실제로는 8년을 복역했어요"라고 마이크 레이놀즈가 설명했다. 그는 삼진아웃법 혁명 이전의 캘리포니아주에 대해 이야기하고 있었다.

"범죄의 길로 빠지는 게 아주 실용적인 선택지가 되었죠. 인간의 정신은 가장 저항이 적은 길을 따르기 마련입니다. 가장 저항이 적은 길은 편한 길을 말합니다. 나가서 강도질, 도둑질을 하고 약을 하는 게 1주에 마흔 시간씩 뼈 빠지게 일하고 출근해서 빌어먹을 수많은 고객을 응대하는 것보다 훨씬 더 편합니다. 일할 필요가 있을까요? 나가서 총을 흔들면 원하는 만큼 빨리, 원하는 만큼 많은 돈을 손에 넣을 수 있는데요.

게다가 만약 체포되더라도 95퍼센트가 양형 거래로 감형을 받습니다. 저를 어떤 죄로 기소를 해서 제가 그걸 인정하면 흥정을 하는 거죠. 그리고 전 선고받은 형량의 절반만 복역할 겁니다. 이 세 가지를 전부 따져보면 실제로 잡혀서 기소되기 전까지 엄청나게 많은 범죄를 저지를 가능성이 높습니다."

레이놀즈는 라이츠와 울프가 억제 문제에 관한 고전으로 꼽히는 보고서에서 내놓은 주장을 하고 있었다. **우리는 대중이 개인이든 집단이든 "이성적으로" 행동하여 여러 다른 행동방침과 관련된 비용과 이익을 계산하고 그에 따라 선택을 한다는 가정에 기반하여 분석했다.** 레이놀즈가 생각하기에 범죄자들은 캘리포니아주에서 범죄를 저지를 때의 이익이 위험보다 훨씬 더 크다는 것을 알게 되었다. 레이놀즈는 이 문제에 대한 해답은 범죄를 저질렀을 때 지금보다 훨씬 더 혹독한 대가를 치르게 하여 강도질과 도둑질이 정직하게 일하는 것보다 더 이상 더 쉽지 않게 만드는 것이라고 느꼈다. 그리고 삼진 아웃법은 처벌 수위가 달라졌는데도 불구하고 계속 법을 어기는 사람들을 평생 가두어 다시는 다른 범죄를 저지를 기회가 없도록 하자고 주장했다. 레이놀즈와 캘리포니아주 유권자들은 법과 질서에 관한 한 "더 많을수록" 항상 더 좋다고 믿었다.

하지만 정말 그럴까? 여기에서 역U자형 이론가들이 개입한다. 범죄로 치러야 하는 대가를 강화하면 여기에 반응해 범죄자들이 범죄를 덜 저지른다는 첫 번째 가정부터 시작해 보자. 법을 어겼을 때의 처벌이 매우 낮을 때는 이 가정이 분명히 맞다. 범죄학에서 가장 유명한 사례연구 중 하나가 1969년 가을, 몬트리올 경찰이 열여섯 시간 동안 파업에 들어갔을 때 일어난 상황이다. 몬트리올은 그때나 지금이나 세계에서 가장 법을 잘 지키고 안정적이라고 여겨지는 나라의 세계 최상급 도시다. 그런데 어떻게 되었을까?

엉망진창이 되었다. 그날, 그것도 환한 대낮에 얼마나 많은 은행 강도가 발생했는지 전국의 거의 모든 은행이 문을 닫아야 했다. 약탈자들이 몬트리올 시내를 급습해 유리창을 깨부쉈다. 제일 충격적인 사건은 공항에서 승객을 태울 권리를 둘러싸고 시의 택시기사들과 머리힐 리무진 서비스라는 차량 서비스 업체 간의 오랜 분쟁이 폭력사태로 폭발한 것이었다. 양측은 전쟁 중인 중세 유럽의 공국들처럼 싸웠다. 택시기사들이 화염병을 들고 머리힐을 습격하자 머리힐의 경비원들이 총을 쏘기 시작했다. 그러자 택시 운전사들은 버스에 불을 질러 머리힐 차고의 잠긴 문을 부수고 돌진시켰다. 우리가 지금 얘기하는 곳이 캐나다가 맞는가? 그런데 경찰이 업무에 복귀하자마자 금방 질서가 회복되었다. 체포와 처벌의 위협이 효과를 발휘한 것이다.

그러므로 법을 어겼을 때 처벌이 없는 것과 일정한 처벌이 따르는 것 사이에는 분명 큰 차이가 존재한다. 학생이 마흔 명인 학급과 스물다섯 명인 학급 사이에 큰 차이가 존재하는 것처럼 말이다. 역U자형 곡선의 왼쪽 부분에서는 개입이 차이를 만들어낸다.

하지만 처음에는 효과가 높던 전략이 특정 지점을 지나면 효과가 없어진다는 역U자형 곡선의 논리를 기억하라. 그리고 많은 범죄학자들이 처벌과 관련해 이런 현상이 일어난다고 주장한다.

예컨대, 몇 년 전에 범죄학자 리처드 라이트와 스콧 데커가 유죄 판결을 받은 여든여섯 명의 무장 강도를 인터뷰했다.[3] 두 사람은 주로 다음과 같은 말을 들었다.

잡힌다는 생각은 안 하려고 노력했어요. 그런 생각을 하면 정신이 너무 산만해지거든요. '잘 안 되면 어떡하지'라고 생각하면 어떤 일에도 집중이 안 돼요. 시간이 지남에 따라 저는 만약 강도질을 하겠다고 결심했으면 거기에만 완전 집중하고 다른 건 생각하지 않기로 했어요.

아니면 이런 말도 많이 들었다.

동료들과 제가 엄청나게 몰두하는 이유가 그겁니다. 우리는 하려는 일에만 몰두하고 아무 생각도 안 해요. 붙잡힐 위험은 이야기하지 않죠. 무슨 일이 일어나든 그 순간엔 신경 안 써요.

데커와 라이트가 인터뷰한 범죄자들은 압박감을 느낄 때도 "위협적인 처벌에 대해서는 무관심으로 일관했다." 그들은 당장 눈앞의 것만 생각했다.

딸이 살해당하는 사건이 일어나면서 레이놀즈는 캘리포니아의 예비 범죄자에게 겁을 주어 선을 넘기 전에 다시 한번 생각하게 만들길 원했다. 하지만 범죄자의 생각이 저렇다면 그런 전략은 효과가 없다. 데일리플래닛에서 킴버를 궁지에 몰아넣은 두 명의 폭력배 조 데이비스와 더글러스 워커는 필로폰 중독자들이었다. 그날 두 사람은 훤한 대낮에 차를 훔치려고 했다. 그리고 워커의 말이 기억나는가? **있잖아요, 난 생각이란 걸 별로 안 해요. 그 일은 그냥 그 순간에 일어난 거예요. 그냥 갑자기 일어난 거라고요. 우리는 그냥 그렇게 한 거예요. 내가 말해줄 수 있는 건 이것뿐이에요.** 이런 사람이 두 번 생각하겠는가?

"전 조와 그의 형을 알고 있는 가족, 친구들과 이야기를 했고, 그들이 조에게 왜 킴버를 쏘았는지 물어봤어요"라고 레이놀즈가 그 비극적인 밤을 돌아보며 말했다. "그러자 놈은 이미 가방을 빼앗았기 때문에 돈은 중요한 문제가 아니었다고 말했어요. 킴버를 쏜 건 딸이 놈을 바라보는 눈빛 때문이었어요. 놈은 딸이 자신을 진지하게 대하지 않고 어떤 존중도 보이지 않는다고 생각해서 총을 쐈어요."
레이놀즈의 말 자체가 삼진아웃법의 논리와 모순된다.

조 데이비스가 킴버 레이놀즈를 죽인 이유는 그가 그녀의 머리에
총을 겨누고 가방을 낚아챘을 때 응당 받아야 한다고 생각한 존중을
받지 못했기 때문이었다. 처벌 수위를 아무리 높인다고 해도 사고가
이런 식으로 돌아가는 사람을 도대체 어떻게 저지하겠는가? 당신과
나는 처벌 강화에 민감하다. 우리는 사회에 이해관계가 있는 사람들
이기 때문이다. 하지만 범죄자는 그렇지 않다. 범죄학자 데이비드 케
네디가 쓴 것처럼, "이미 처벌이 매우 엄격한데도 그 처벌을 받을 가
능성이 매우 적다고 생각하여 대개는 심신미약 상태에서 종종 충동
적으로 선뜻 범행을 저지를 수 있는 사람들은 다소 더 심각한 처벌
에 대해서도 여전히 그 처벌을 받을 가능성이 낮다고 생각하여 선뜻
범행을 저지를 것이다."[4]

삼진아웃법을 지지하는 두 번째 논거는 범죄자가 형량이 늘어날
때마다 그 기간만큼 범죄를 저지를 수 없다는 것인데, 이 주장에도
문제가 존재한다. 수학적으로 논리가 성립하지 않는다. 예컨대,
2011년에 캘리포니아의 범죄자가 삼진아웃법에 해당되는 범죄를
저질러 유죄 판결을 받을 때의 평균 연령이 마흔세 살이었다. 삼진
아웃법이 생기기 전에는 일반적인 중범죄를 저지른 사람이 5년 정
도 복역하고 마흔여덟 살에 출소했다. 삼진아웃법이 도입되면서 그
는 최소 25년을 살고 예순여덟 살에 출소한다. 그렇다면 논리적으로
이런 질문이 나온다. 범죄자들이 마흔여덟 살에서 예순여덟 살 사이

에 얼마나 많은 범죄를 저지를까? 그리 많지 않다. 가중폭행 및 살인과 강도 및 절도에 대해 연령과 범죄의 관계를 보여주는 다음 도표를 보자.[5]

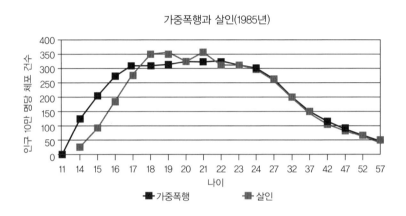

가중폭행과 살인(1985년)

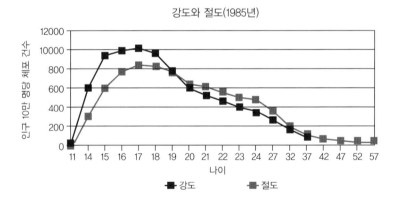

강도와 절도(1985년)

형량 증가는 젊은이들에게 영향을 미친다. 하지만 일단 20대 중반의 결정적 지점이 지나면 형량을 늘려봤자 이제는 덜 위험한 나이가 된 범죄자들에게서 우리를 보호하는 효과밖에 없다. 다시 말하지만, 처음에는 전망이 밝던 전략의 효과가 없어지는 것이다.

이제 중요한 질문을 던져보자. 범죄-처벌 곡선에서 엄중 단속이 실제로 상황을 악화하기 시작하는 지점이 있을까? 이 주장을 가장 설득력 있게 펼친 범죄학자가 토드 클리어다. 그의 추론은 다음과 같다.

교도소는 범죄에 직접적 영향을 미친다. 나쁜 사람을 철창에 가두므로 그 안에서는 그가 다른 사람에게 피해를 주지 못하기 때문이다. 하지만 교도소는 그 범죄자와 관련된 모든 사람에게 영향을 준다는 점에서 간접적인 영향도 발휘한다. 예컨대, 수감자 중 매우 많은 수가 누군가의 아버지다(유죄 판결을 받은 청소년 중에서 4분의 1이 자식이 있다). 그리고 아버지가 교도소에 간 사실이 아이에게 미치는 영향은 대단히 파괴적이다.

일부 범죄자는 형편없는 아버지다. 학대를 하고 변덕스러우며 집에 들어오지 않는다. 하지만 많은 범죄자가 그렇지 않다. 범죄로 얻은 것이든, 합법적인 일을 해서 번 것이든 그들의 소득은 가족을 부양하는 데 도움이 된다. 아버지가 교도소에 간 것은 아이에게 바람직하지 않은 어려움이다. 부모의 수감은 그 자녀가 청소년 비행을 저지를 가능성을 300퍼센트에서 400퍼센트까지, 심각한 정신질환을 앓을 가능성을 250퍼센트 증가시킨다.

범죄자는 복역을 마치고 출소하면 원래 살던 동네로 돌아간다. 교도소에 있는 동안 그는 정신적으로 상처를 입었을 가능성이 높다. 일자리를 구할 가능성도 급격히 떨어진다. 교도소에 있는 동안 그는 범죄자가 아닌 친구들을 다수 잃고 그 자리를 범죄자 동료들이 대신 차지했다. 그리고 이제 돌아온 그는 애초에 그가 교도소에 가면서 풍비박산이 난 집에 정서적·경제적으로 더 무거운 부담을 가한다. 수감은 부차적인 피해를 입힌다. 대부분의 경우에는 수감으로 생기는 피해가 이점보다 적다. 범죄자를 교도소에 넣는 것이 여전히 더 낫다. 하지만 클리어의 주장은 너무 많은 사람을 지나치게 장기간 교도소에 가두어두면 이점보다 부차적 피해가 더 커지기 시작한다는 것이다.[6]

클리어는 동료 디나 로즈와 함께 플로리다주 탤러해시에서 그의 가설을 시험해 보았다.[7] 두 사람은 도시 전역을 다니며 특정 지역에서 1년 동안 복역한 사람의 수와 다음 해 같은 지역의 범죄율을 비교하고 역U자형 곡선의 전환점을 수학적으로 추정해 보았다. 두 사람은 그 지점을 발견했다. 클리어는 "한 지역의 2퍼센트 이상이 교도소에 가면 범죄에 미치는 영향이 역전되기 시작한다"라는 결론을 내렸다.

이것은 자피가 브라운스빌에 대해 했던 말이다. 자피가 포옹과 칠면조로 복구하려던 피해는 법과 질서의 부재로 발생한 것이 아니라 법과 질서가 너무 과도해서 나타난 것이었다. 아버지, 남자형제, 사촌 가운데 지나치게 많은 수가 교도소에 가는 바람에 동네 주민은 법을 적이라고 여기게 되었다. 브라운스빌은 역U자형 곡선의 오른쪽 부분에 있었다. 1989년, 캘리포니아에서는 수감자가 6,700명이었다. 10년 뒤에는 그 수가 두 배 이상 늘었는데, 여기에는 삼진아웃법이 큰 몫을 했다. 1인당 기준으로 보면 21세기로 넘어갈 무렵 캘리포니아에는 캐나다나 서유럽에 비해 교도소에 있는 사람이 다섯배에서 여덟 배 정도 더 많았다. 삼진아웃법이 캘리포니아의 일부 동네를 브라운스빌과 맞먹을 만한 곳으로 만들 수 있다고 생각하지 않는가?

레이놀즈는 자신이 벌인 운동이 하루에 여섯 명의 목숨을 구했다고 확신한다. 삼진아웃법이 통과된 뒤로 캘리포니아주의 범죄율이 곤두박질쳤기 때문이다. 하지만 더 자세히 살펴보면 범죄율 감소는 삼진아웃법이 실시되기 전부터 이미 시작되었다. 그리고 1990년대에 캘리포니아주에서 범죄율이 크게 떨어진 시기에 미국의 많은 다른 지역에서도 범죄율이 크게 떨어졌다. 심지어 범죄를 강경하게 단속하지 않은 지역들에서도 마찬가지였다.

삼진아웃법을 더 자세히 연구해 볼수록[8] 그 효과가 더 알쏭달쏭해 보인다. 일부 범죄학자는 삼진아웃법이 범죄를 줄였다는 결론을 내렸다. 다른 학자들은 삼진아웃법이 효과는 있지만 범죄자들을 가두는 데 쓰는 비용을 다른 곳에 쓰면 더 효과가 높을 것이라고 지적한다. 최근의 한 연구는 삼진아웃법이 전체 범죄율은 낮췄지만 역설적이게도 강력범죄 건수는 늘렸다고 주장한다. 아마 어떤 효과도 발견하지 못한 연구들이 가장 많을 것이고, 심지어 삼진아웃법이 범죄율을 높였다고 주장하는 연구도 있다.[9]

캘리포니아주는 미국 역사상 최대의 형벌 실험을 시행했고, 그후 20년이 지나고 수백억 달러를 들였는데 누구도 그 실험이 어떤

다윗과 골리앗
David And Goliath

도움이 되었는지 아닌지 확인하지 못했다.[10] 2012년 11월에 캘리포니아주는 마침내 두 손을 들었다. 주의 주민투표에서 삼진아웃법이 대폭 축소되었다.[11]

헛간에서 발견된 딸

윌마 더커슨이 집 지하의 거실을 청소하고 있는데 딸 캔더시가 전화를 했다. 킴버 레이놀즈가 부모님의 집에서 마지막으로 걸어 나온 지 10년 전인 11월의 금요일이었다. 더커슨 가족은 캐나다 중부 대초원 지대에 있는 매니토바주 위니펙에 살고 있었고, 그 무렵엔 기온이 영하권으로 떨어져 추운 날씨였다. 그때 캔더시는 열세 살이었다. 학교에서 어떤 남자아이와 키득거리며 놀던 캔더시는 엄마가 학교에 데리러 와주길 원했다.

윌마는 머릿속에서 계산을 해보았다. 더커슨네는 차가 한 대였고, 윌마는 직장에 있는 남편 클리프도 데리러 가야 했다. 그런데 클리프는 한 시간 뒤에야 일을 마쳤다. 윌마에게는 두 살짜리와 아홉 살짜리 아이 두 명이 더 있었다. 다른 방에서 아이들이 싸우는 소리가 들려왔다. 윌마는 아이들의 옷을 입히고, 캔더시를 차에 태운 뒤 남편을 데리러 가야 했다. 그러면 배고픈 세 아이를 데리고 차에서 한 시간 동안 기다려야 할 것이다. 학교에서 집까지 오는 버스가 있었다. 캔더시는 열세 살이었고 더 이상 어린아이가 아니었다. 게다가 집 안은 엉망으로 어질러져 있었다.

"캔더시, 버스비 있니?"

"응."

"엄마가 데리러 가지 못하겠구나"라고 윌마가 말했다.

그런 뒤 윌마는 다시 청소기를 돌리기 시작했다. 빨래도 개고 바쁘 움직였다. 그러다 갑자기 일손을 멈추었다. 뭔가가 잘못된 느낌이 들었다. 시계를 보았다. 캔더시가 지금쯤은 벌써 집에 왔어야 했다. 바깥 날씨가 갑자기 더 차가워졌다. 눈도 내리고 있었다. 캔더시가 옷을 따뜻하게 입고 나가지 않았다는 사실이 떠올랐다. 윌마는 집 앞쪽의 창문과 뒤쪽의 주방 창문 사이를 오가며 골목을 내다보기 시작했다. 캔더시가 어느 쪽으로든 올 수 있었다.

시간이 지나 남편을 데리러 가야 할 시간이 되었다. 윌마는 두 아이의 옷을 입힌 뒤 차에 태우고 더커슨 가족이 살던 동네와 캔더시의 학교를 잇는 탤벗가를 따라 천천히 차를 몰았다. 딸이 가끔 들러서 빈둥거리는 세븐일레븐의 창 안도 유심히 살펴보았다. 학교에 가봤지만 문이 잠겨 있었다. "엄마, 언니는 어디 있어?" 아홉 살짜리 딸이 물었다. 윌마는 클리프의 사무실로 차를 몰았다.

"캔더시가 없어"라고 윌마가 남편에게 말했다. "무슨 일 생긴 게 아닐까."

네 사람은 거리 양쪽을 살피면서 집으로 돌아와 캔더시의 친구들 한 명 한 명에게 전화를 걸기 시작했다. 그날 오후부터 캔더시를 본 사람이 아무도 없었다. 윌마는 캔더시가 집에 전화를 걸기 전에 함께 놀고 있던 남자아이를 만나러 갔다. 아이는 캔더시가 탤벗가를 걸어 내려가는 모습을 본 게 마지막이었다고 말했다. 더커슨 부부는 경찰에 신고했다. 밤 11시에 경찰 두 명이 문을 두드렸다. 두 사람은 식탁에 앉아 윌마와 남편에게 캔더시가 집에서 행복하게 지냈는지 차례차례 질문을 던졌다.

더커슨 부부는 교회와 캔더시의 학교 사람들, 그리고 그 외에 떠오르는 모든 사람들로 수색 위원회를 조직했다. 위니펙 전역에 "캔더시를 본 적 있나요?" 포스터를 붙였고 도시 역사상 가장 대규모의 민간 수색을 시작했다. 두 사람은 기도했다. 눈물도 흘렸다. 잠도 자지 못했다. 그렇게 한 달이 지나갔다. 잠시 기분을 전환하려고 두 아이를 데리고 영화 〈피노키오〉를 보러 갔지만 제페토 할아버지가 슬픔에 잠겨 잃어버린 아들을 찾아 돌아다니던 장면까지밖에 보지 못했다.

캔더시가 사라진 지 7주가 지난 1월, 더커슨 부부는 지역 경찰서에 있었다. 이 사건을 담당하는 두 명의 경사가 클리프하고만 이야기할 수 있을지 물어보았다. 몇 분 뒤 두 명의 경사는 남편이 기다리고 있는 방에 윌마를 데려간 뒤 문을 닫았다. 클리프가 기다렸다가 입을 뗐다.

"윌마, 캔더시를 찾았어."

캔더시의 시신은 집에서 0.25마일(약 402미터) 떨어진 헛간에서 발견되었다. 손과 발이 묶여 있었다. 아이는 얼어 죽었다.[12]

자식을 잃은 부모에게 벌어질 일

더커슨 가족은 마이크 레이놀즈와 같은 아픔을 겪었다. 캔더시의 실종에 대해 위니펙시는 프레즈노가 킴버 레이놀즈의 살해에 대해 보였던 것과 동일한 반응을 보였다. 더커슨 부부는 마이크 레이놀즈와 마찬가지로 깊은 슬픔에 빠졌다. 하지만 그 지점부터 이 두 비극은 서로 다른 방향으로 향하기 시작했다.

더커슨 부부가 경찰서에서 돌아오자 친구와 친지가 모여들기 시작했다. 사람들이 하루 종일 함께 머물다가 밤 10시가 되자 더커슨 부부와 친한 친구 몇 명만 남았다. 남은 사람들이 부엌에 앉아 체리 파이를 먹고 있는데 벨이 울렸다.

"누가 장갑 같은 걸 놔두고 갔나 보다 생각했던 게 기억나요"라고 윌마가 말했다. 우리가 이야기를 나눌 때 윌마는 위니펙에 있는 집 뒷마당의 정원 의자에 앉아 있었다. 인생에서 가장 길었던 그날을 떠올리면서 그녀는 머뭇거리며 천천히 말을 이었다. 그녀가 문을 열었더니 모르는 사람이 서 있었다. "그 사람은 '저도 살해당한 아이의 부모입니다'라고만 하더군요."

방문자는 50대 남자로, 더커슨 부부보다 한 세대 위였다. 그의 딸은 몇 년 전 도넛 가게에서 살해당했다. 위니펙을 떠들썩하게 만든 사건이었다. 토머스 소포노우Thomas Sophonow라는 용의자가 살인 혐의로 체포되어 세 차례 재판을 받았다. 소포노우는 4년 동안 복역하다가 항소심에서 무죄로 밝혀졌다. 윌마의 집에 찾아온 남자는 주방에 앉았고 사람들이 체리 파이 한 조각을 가져다주었다. 그리고 그가 이야기를 시작했다.

"우리는 모두 식탁에 둘러앉아 그 사람만 뚫어지게 쳐다보았습니다." 윌마가 말했다. "그 사람이 재판에 대해 이야기했던 게 생각나요. 전부 세 차례 재판을 했다고 하더군요. 그 사람에겐 정보가 빼곡히 적힌 수첩이 있었어요. 꼭 기자 같았죠. 그는 모든 걸 상세하게 이야기했어요. 심지어 영수증까지 간직하고 있었어요. 그 모든 걸 정리해 두었어요. 그 사람은 소포노우, 재판의 불가능성, 정의가 없는 데 대한 분노, 누구에게도 범죄의 책임을 지우지 못하는 시스템의 무능함에 대해 이야기했어요. 그는 명확한 무언가를 원했어요.

이 모든 과정이 그를 망가뜨렸어요. 그의 가족도 망가뜨렸어요. 그는 더 이상 일을 하지 못했어요. 건강도 망가졌고요. 그는 약물치료를 받았어요. 그 사람은 그 자리에서 금방이라도 심장마비를 일으킬 것만 같았어요. 아내와 이혼한 것 같지는 않았지만 이야기를 듣자 하니 결혼생활은 끝난 것 같았어요.

그는 딸에 관해서는 그리 많이 언급하지 않았어요. 그저 정의를 구현하는 데 무섭게 몰두하고 있었어요. 우리는 그걸 알 수 있었어요. 우리에게 말할 필요도 없었어요. 말하지 않아도 느낄 수 있었거든요. 그 사람이 계속해서 반복한 말은 '앞으로 당신들에게 어떤 일이 벌어질지 알려주고 싶어서 이런 이야기를 하는 겁니다'였어요. 그는 자정이 지나서야 마침내 이야기를 멈추었어요. 그리고 시계를 보더니 이야기를 끝내고 일어나서 갔어요."

"끔찍한 날이었어요"라고 윌마가 말했다. "짐작하시겠지만 우린 제정신이 아니었어요. 무슨 말이냐 하면 우리는, 그러니까 어떻게 설명해야 할지 모르겠지만 넋이 나간 상태였어요. 그런데 그 사람의 이야기를 들으면서 그런 넋 나간 상태가 깨졌어요. 너무 생생하게 와닿았거든요. 중요한 이야기라는 느낌이 들었어요. 어떻게 설명해야 할지 모르겠는데, '주목해, 이건 너한테 중요한 이야기야'라고 하는 것 같았어요. 넌 힘든 시간을 겪을 거야, 하지만 여기에서 정신을 바짝 차려야 해."

그 낯선 사람은 자신에게 닥친 운명이 피할 수 없던 것이라고 이야기했다. **앞으로 당신들에게 어떤 일이 벌어질지 알려주고 싶어서 이런 이야기를 하는 겁니다.** 하지만 더커슨 부부에게 그 사람이 말한 것은 예측이 아니라 경고였다. 이런 일이 그들 앞에 놓여 있을 수 있다, 딸의 죽음이 그들을 다 갉아먹게 놔둔다면 건강과 온전한 정신, 그리고 서로를 잃을 수 있다는 경고.

"만약 그때 그 사람이 오지 않았다면 상황이 달라졌을지도 몰라요"라고 더커슨이 말했다. "지나고 나서 생각해 보니 그 사람은 우리에게 다른 선택지를 검토해 보게 했어요. 우리는 서로에게 물었어요, '어떻게 여기에서 벗어나지?'"

더커슨 부부는 잠자리에 들었다. 아니 잠들려고 노력했다. 다음 날이 캔더시의 장례식이었다. 부부는 장례식이 끝난 뒤 언론과 이야기하는 데 동의했고, 지역의 거의 모든 매체가 모였다. 도시 전체가 캔더시 더커슨의 실종 사건에 이목이 집중되어 있었다.

"캔더시에게 이런 짓을 한 사람에 대해 어떻게 생각하시나요?" 한 기자가 더커슨 부부에게 물었다.

"우리는 그 사람 혹은 그 사람들이 누군지 알고 싶습니다. 그 사람들의 삶에서 빠져 있는 것 같은 사랑을 나누고 싶기 때문입니다" 라고 클리프가 대답했다.

월마가 이어서 말했다. "우리의 주된 관심사는 캔더시를 찾는 것이었습니다. 이제 우리는 아이를 찾았습니다. 지금 당장은 그 사람을 용서한다고 말하지는 못하겠어요." 하지만 이 말을 할 때 "지금 당장은"이라는 부분에 힘이 실려 있었다. "우리 모두는 살면서 뭔가 끔찍한 일을 저지르거나 저지르고 싶은 충동을 느낀 적이 있습니다."

비극이 더 큰 비극을 부른다

월마 더커슨과 마이크 레이놀즈, 누가 더 영웅일까? 이렇게 묻고 싶은 마음이 들 수도 있다. 하지만 이런 질문은 옳지 않다. 두 사람은 각자 선의에서 행동했고 매우 용기 있는 길을 택했다.

두 사람의 차이는 힘을 사용해서 이룰 수 있는 일에 대한 생각이 달랐다는 것이다. 더커슨 부부는 보복하고 싶은 부모로서의 모든 본능과 싸웠다. 보복으로 뭘 얻을 수 있는지 확신이 들지 않았기 때문이다. 그들은 거인의 힘을 확신하지 않았다. 부부는 기독교 메노파의 종교적 전통 속에서 자랐다. 메노파는 평화주의자에 아웃사이더이더라. 월마의 가족은 러시아에서 온 이민자였다. 18세기에 메노파가 러시아에 많이 정착했고, 러시아 혁명과 스탈린 시절 반복적으로 잔혹한 박해를 받았다. 메노파 마을들 전체가 완전히 파괴되었고 성인 남성 수백 명이 시베리아로 끌려갔다. 농토는 약탈당하고 잿더미가 되었다. 공동체 전체가 미국과 캐나다로 달아나야 했다.

더커슨은 오래전 러시아에서 찍은 이모할머니의 사진을 보여주었다. 그녀는 할머니가 이 사진을 보고 울면서 여동생에 대해 이야기하던 게 기억난다고 말했다. 이모할머니는 주일학교 교사였고 많은 아이들이 그녀를 좋아했다. 그런데 혁명기간 동안 무장한 남자들이 이모할머니와 아이들을 학살했다. 윌마는 할머니가 밤마다 러시아에서 일어났던 일에 대한 악몽에 시달리다가 아침이 되면 일하러 나갔던 이야기를 했다. 큰돈을 떼어먹고 달아난 사람을 그녀의 아버지가 용서하기로 했던 일도 기억했다. 그녀의 아버지는 "이게 내 믿음이고 우리가 살아가는 방식이야"라고 말했다.

일부 종교운동에는 위대한 전사나 예언자인 영웅이 존재한다. 메노파에는 16세기에 종교적 신념 때문에 체포되어 감옥탑에 갇혔던 더크 윌렘스가 있다. 윌렘스는 넝마를 엮어 만든 밧줄을 타고 창문을 통해 내려와 얼어붙은 해자를 건너 달아났다. 교도관이 쫓아왔지만 윌렘스는 무사히 맞은편에 닿았다. 그런데 교도관이 차디찬 물속에 빠지자 윌렘스는 되돌아가 자신을 쫓던 사람을 구했다. 동정심에서 나온 이 행동 때문에 그는 다시 감옥으로 잡혀가서 고문을 당한 뒤 화형에 처해졌다. 몸이 천천히 타들어 가는 동안 그는 "오, 주여, 내 주여"를 일흔 번 넘게 되뇌었다.[13]

"저는 불의를 다루는 다른 방법이 있다고 배웠어요"라고 더커슨이 말했다. "학교에서 배웠죠, 우리는 박해의 역사에 대해 배웠습니다. 우리에겐 16세기까지 거슬러 올라간, 이 순교자를 그린 그림이 있습니다. 메노파의 철학은 용서하고 앞으로 나아가자는 것입니다." 메노파에게 용서는 종교적 의무다. **당신에게 죄를 범한 사람을 용서하라.** 하지만 또한 이것은 공식적인 응징 방식이 할 수 있는 것에는 엄청난 한계가 있다는 믿음에 근거한 매우 실용적인 전략이기도 하다. 메노파는 역U자형 곡선을 믿는다.

마이크 레이놀즈는 그런 한계에 대한 이해가 없었다. 그는 원칙적으로 국가와 법이 딸의 죽음에 대해 정의를 실현할 수 있다고 믿었다. 한번은 레이놀즈가 악명 높은 제리 드웨인 윌리엄스 사건을 언급했다. 한 젊은 남성이 로스앤젤레스 바로 남쪽의 레돈도비치에서 아이 네 명에게서 피자 한 조각을 빼앗아서 체포된 사건이었다. 윌리엄스는 이미 강도, 약물소지, 가석방 기간 위반 등등 각종 죄목으로 다섯 차례나 유죄 판결을 받았기 때문에 피자 조각 절도가 삼진아웃으로 인정되어 25년형 이상 종신형을 선고받았다.[14] 살인자인 교도소 동료보다 더 긴 형량을 받은 것이다.

돌아보면 윌리엄스 사건이 마이크 레이놀즈의 운동이 막을 내리는 시작점이 되었다. 이 사건은 삼진아웃법의 모든 문제점을 부각했다. 법이 피자 절도범과 살인자를 구분하지 못했다. 하지만 마이크 레이놀즈는 왜 윌리엄스 사건이 그렇게 대중의 큰 공분을 샀는지 이해하지 못했다. 그에게 윌리엄스는 기본 원칙을 어긴 사람이었다. 윌리엄스는 사회의 규칙을 여러 차례 어겼고 그래서 자유를 누릴 권리를 박탈당했다. 이토록 단순한 문제였다.

"보세요" 하며 레이놀즈가 내게 말했다. "실제로 삼진아웃을 당한 사람들은 시대에 뒤떨어져서 그렇게 된 겁니다. 그 사람들이 매를 벌었단 말입니다." 레이놀즈에게 중요한 것은 법으로 상습범에게 본보기를 보여주는 것이었다. "언론이 피자 한 조각을 훔치고 삼진아웃을 당한 멍청이들에 대해 보도할 때마다 그게 주의 어떤 다른 조치보다 범죄를 막는 데 더 큰 역할을 합니다."

영국군은 분쟁 초기에 이와 같은 원칙에 따라 행동했다. 폭탄 제조와 자동화기 은닉, 대낮에 서로 총을 쏘는 것이 금지되었다. 저런 것들이 허용되는 상황에서는 어떤 시민사회도 살아남을 수 없다. 프리랜드 장군은 폭력배와 총기 소지자를 엄하게 다룰 모든 권한을 손에 쥐고 있었다.[15]

그러나 레이놀즈와 마찬가지로 프리랜드도 선의로 힘과 권한을 적용해도 역효과가 나타나기 시작하는 지점이 온다는 것을 이해하지 못했다. 로어폴스의 첫 집을 수색한 건 명분이 있었다. 그런데 동네 전체를 샅샅이 뒤진 건 상황을 악화했을 뿐이다. 1970년대 중반, 북아일랜드의 모든 가톨릭교도 가정이 평균적으로 두 차례 수색을 당했다. 열 차례 넘게 수색을 당한 동네도 있었다. 1972년부터 1977년 사이에 북아일랜드에서는 열여섯 살부터 마흔네 살 사이의 가톨릭교도 남성 네 명 중 한 명이 적어도 한 차례 체포되었다. 설사 그 사람들 모두가 불법을 저질렀다고 해도 그 정도로 엄격한 단속은 성공하지

못한다.[16]

힘의 한계에 대한 이 마지막 교훈을 습득하기란 쉽지 않다. 권한을 가진 사람들이 자신들의 최대 강점이라고 생각하는 것(원하는 만큼 많은 집을 마음껏 수색하고, 원하는 만큼 많은 사람을 체포하고, 원하는 만큼 오랫동안 사람들을 교도소에 가둬둘 수 있다는 사실)에 실제로 제약이 있다는 것을 받아들여야 하기 때문이다. 캐롤린 색스는 강점이라고 생각했던 것이 실제로는 스스로를 불리한 입장에 처하게 한다는 것을 깨달았을 때 이 교훈과 직면했다. 하지만 아주 좋은 학교와 아주, 아주 좋은 학교 사이의 선택에 직면했을 때 자신이 가진 강점의 한계를 인정하는 것과 병원 침대에서 죽어가는 딸의 손을 붙잡고 있을 때 강점의 한계를 인정하는 것은 아주 다른 문제다.

레이놀즈는 "아버지는 모든 걸 고칠 수 있어요. 그런데 우리 딸에게 그 일이 일어났을 때 저는 고치지 못했습니다"라고 말했다. 그가 딸에게 약속한 건 앞으로 나서서 '더 이상은 안 돼'라고 말하는 것이었다. 그런 약속을 했다고 해서 그를 탓할 수는 없다. 하지만 마이크 레이놀즈의 비극은, 그 약속을 이행하면서 캘리포니아의 상황을 이전보다 악화했다는 데 있다.

수년 동안 많은 사람이 레이놀즈와 삼진아웃법에 관해 이야기를 나누기 위해 프레즈노를 찾아왔다. 로스앤젤레스에서 센트럴밸리의 평원으로 장거리 운전을 하는 것이 일종의 순례가 되었다. 레이놀즈는 방문객을 딸이 식사를 한 뒤 거리 건너편에서 살해당한 식당인 데일리플래닛으로 데려가곤 했다.[17] 나는 그곳을 찾아가기 전에 이

미 들은 소문이 있었다. 레이놀즈와 식당 주인이 말다툼을 벌였다는 것이다. 식당 주인이 그에게 사람들을 그만 데리고 오라고 말했다. 레이놀즈가 장사에 피해를 주고 있다는 것이었다.

"대관절 언제 끝나는 거요?"라고 주인이 물었다. 레이놀즈는 화가 치밀었다. "물론 장사에 피해를 주긴 하죠. 하지만 그 일은 우리 삶을 망가뜨렸어요. 난 식당 주인에게 내 딸이 살아 돌아오면 그만두겠다고 대꾸했어요."

인터뷰를 마칠 무렵 레이놀즈가 내게 딸이 살해된 곳을 보여주고 싶다고 말했다. 나는 그러자고 대답하지 못했다. 너무 지나치다고 생각했다. 그러자 레이놀즈가 책상 너머로 손을 내밀어 내 팔을 잡았다.

레이놀즈는 "지갑을 갖고 다니시나요?"라고 묻더니 여권사진 크기의 딸 사진을 내게 건넸다. "킴버가 살해당하기 한 달 전에 찍은 사진입니다. 그 사진을 넣어두면 아마 지갑을 열 때 이 문제를 생각하게 되지 않을까요. 우리는 가끔 이런 문제를 들여다볼 필요가 있습니다." 마이크 레이놀즈는 항상 슬픔에 젖어 있었다. "그 아이는 죽을 이유가 전혀 없었습니다. 이런 일이 일어나게 하는 것, 누군가가 이 아이를 그렇게 잔혹하게 죽이게 하는 것, 말도 안 되는 개소리예요. 그런 일은 막아야 합니다."

용서가 뒤집은 세상

2007년에 더커슨 부부는 경찰에서 전화 한 통을 받았다. "저는 경찰들과 만나는 걸 두 달 동안 미루었어요"라고 월마가 말했다. 무슨 일이 일어날 것도 없는데 말이다. 캔더시가 실종된 지 20년이 지났다. 그들은 그 일에서 벗어나려고 노력해 왔다. 묵은 상처를 헤집어서 좋을 게 뭐가 있겠는가? 그러다 마침내 두 사람이 응답을 했고 경찰이 찾아왔다. 경찰이 말했다. "캔더시를 죽인 범인을 찾았습니다."

캔더시의 시신이 발견된 헛간에서 찾은 증거들을 그동안 경찰 창고에 보관해 왔는데 현장에서 발견된 DNA가 마크 그랜트라는 남자의 DNA와 일치하는 것이 밝혀졌다. 마크 그랜트는 더커슨 부부의 집에서 멀지 않은 곳에 살고 있었다. 성범죄 전과가 있고 성인이 된 뒤로 계속 교도소를 들락거린 사람이었다. 2011년 1월, 그랜트가 재판에 회부되었다.

월마는 두려웠다고 말한다. 어떻게 대응해야 할지 판단이 서지 않았다. 딸에 대한 기억을 마음속에 간직했는데 이제 그 모든 것이 다시 들추어졌다. 그녀는 법정에 앉아 있었다. 그랜트는 붓고 창백한 모습이었다. 머리는 백발이었다. 몸이 좋지 않고 쇠약해 보였다. "그 사람이 우리한테 분노와 적대감을 드러내는 걸 보고 굉장히 기이했어요"라고 그녀가 말했다. "우리가 그에게 화를 내야 하는데 왜 그가 우리에게 그렇게 화를 내는지 알 수 없었죠. 저는 예비심문이 끝날 즈음에야 마침내 그 사람의 얼굴을 보았어요. 그리고 생각했죠. **당신이 캔더**

시를 죽인 사람이구나. 둘 다 서로를 쳐다보며 믿을 수 없어 하던 게 생각나요. **당신은 누구야? 어떻게 당신이? 어떻게 그럴 수 있어?**"

"최악의 순간은, 아, 눈물이 날 것 같네요, 그건 제가…." 윌마는 말을 멈추고는 울어서 미안하다고 사과했다. "그 사람이 캔더시의 손발을 묶었는데 그게 뭘 뜻하는지 알게 되었을 때였어요. 성적 취향은 다양한 형태를 취합니다. 전 알지 못했어요." 그녀가 다시 말을 멈추었다. "전 고지식한 메노파 신도예요. 그가 캔더시를 묶고 아이가 고통스러워하는 모습을 지켜보면서 쾌락을 느끼고 아이를 고문하는 데서 쾌락을 얻었다는 걸 알게 되었어요. 그게 말이 되나요. 제겐 그런 짓이 욕정이나 강간보다 더 나쁘게 생각되었어요. 비인간적이에요. 뒤틀린 성욕은 이해할 수 있어요. 하지만 이건 히틀러와 다를 게 없잖아요. 끔찍해요. 최악이에요."

이건 추상적으로 용서하는 것과는 다른 문제였다. 캔더시가 살해당했을 때 그들은 살인자가 누구인지 몰랐다. 그는 이름이나 얼굴이 없는 사람이었다. 그런데 이제 그들은 알게 되었다.

"그런 사람을 어떻게 용서할 수 있겠어요?" 그녀가 말을 이었다. "이제 제 이야기는 훨씬 더 복잡해졌어요. **저런 사람이 왜 죽지 않는 거야? 왜 누군가가 저 사람을 죽이지 않는 거야?** 따위의 생각과 싸워야 했어요. 그건 해로운 생각이었어요. 복수심이었죠. 어떻게 해서든 그 사람의 운명을 내 손에 쥐고 그를 괴롭히겠단 거였죠."

"어느 날 교회에 있다가 자제력을 다소간 잃었어요. 그때 친구들과 함께 있었는데, 제가 성적인 미친 짓들에 대해 욕을 퍼부었죠. 그런데 다음 날 아침에 그 친구들 가운데 한 명이 저를 불러내서 '아침 같이 먹자'라고 했어요. 그러더니 '아니, 여기선 말 못 해. 내 아파트로 가야 해'라고 하더군요. 그래서 제가 친구의 아파트로 갔어요. 친구는 자신이 포르노와 성적 속박, 가학 피학성 변태 성욕에 빠져 있다고 고백했어요. 친구는 그 세계에 있었어요. 그래서 그 세계를 알고 있다고 했고 제게 그 세계에 대해 전부 말해주었어요. 그때 제가 그녀를 몹시 좋아했다는 사실이 생각났어요. 우리는 교회에서 함께 일했어요. 이런 기능장애, 이런 측면 전부를 제게 감춘 거죠."

긴 시간 이야기를 해온 더커슨은 감정적으로 힘들어지기 시작했다. 이제 그녀는 작은 소리로 천천히 말했다. "친구는 몹시 걱정했어요, 두려워했죠. 그녀는 제 분노를 봤으니까요. 그럼 이제 제가 그 분노의 화살을 그녀에게 겨누어야 할까요? 다시는 그 친구를 보지 않아야 할까요?" 윌마는 친구를 용서하려면 그랜트를 용서해야 한다는 것을 깨달았다. 자신의 도덕적 편의를 위해 예외를 둘 순 없었다.

"저는 그 문제와 씨름했어요." 윌마가 말을 이었다. "주저했죠. 전성자가 아니에요. 항상 너그럽지는 않아요. 그건 정말로 하고 싶지 않은 일이었어요. 제 목소리를 내는 게 훨씬 쉬웠을 겁니다." 그녀가 주먹을 쥐었다. "왜냐하면 제 편이 더 많았을 테니까요. 어쩌면 지금쯤이면 엄청난 지지자들이 있겠죠. 제 뒤에 거대한 조직이 있을 수도 있고요."

윌마 더커슨은 마이크 레이놀즈가 될 수도 있었다. 윌마 버전의 삼진아웃법을 만들 수도 있었다. 하지만 그녀는 그렇게 하지 않기로 했다. "처음에는 그게 더 쉬웠을 거예요." 그녀가 말을 이어갔다. "하지만 시간이 지나면 더 힘들어질 겁니다. 클리프를 잃었을 거고 내 아이들도 잃었을 거예요. 어떤 면에서 보면 그 사람이 캔더시에게 했던 일을 제가 다른 사람에게 하고 있을 거예요."

한 남자는 비통함에 빠져 주에서 큰 힘을 행사했고 결국 주정부를 소득은 없고 대가는 큰 실험으로 밀어 넣었다. 한 여자는 권력의 약속에서 벗어나 용서의 힘을 발견하여 우정과 결혼생활, 온전한 정신을 지켰다. 세상이 송두리째 뒤집힌다.

9

약자의 무궁무진한 지략

"장관님께 우리 중에 일정 수의 유대인이 있다는 사실을
말씀드려야 할 것 같습니다."

범죄를 저지르겠다고 고백하는 편지

1940년 6월. 프랑스가 항복하자 독일군은 프랑스인에게 비시에 정부를 수립하도록 허가했다. 비시 정부의 수장은 제1차 세계대전 당시 프랑스의 영웅이던 필리프 페탱 원수였고, 그는 독재자의 전권을 부여받았다. 페탱은 독일인에게 적극 협력했다. 유대인의 권리를 박탈하고 직장에서 쫓아냈다. 반유대주의 법들을 폐지하여 프랑스의 유대인을 색출해서 포로수용소로 보냈고, 그 외에도 10여 개의 크고 작은 독재적인 조치를 취했다. 여기에는 프랑스의 초등학생들에게 매일 아침 손바닥을 아래로 한 채 오른팔을 쭉 뻗는 정식 파시스트 경례로 프랑스 국기에 경의를 표하라는 요구도 포함되었다. 그러나 독일 점령하에서 있었던 여러 조치에 비하면 매일 아침 국기에 경례를 하는 것은 사소한 문제였다. 대다수가 순순히 따랐다. 하지만 르

샹봉 쉬르 리뇽[1]에 사는 사람들은 그렇지 않았다.

르 샹봉은 이탈리아와 스위스 국경과 인접한 프랑스 중남부의 산악지대인 비바레고원에 자리 잡은 열두 개 마을 중 하나로, 폭설이 내리는 혹독한 겨울을 지낸다. 외떨어진 지역이었고 큰 마을은 가장 가까운 곳도 산기슭에서 몇 마일 떨어져 있다. 농사를 많이 짓는데, 소나무 숲속과 그 주위에 농지들이 자리 잡고 있다. 수 세기 동안 르 샹봉은 다양한 반체제적 기독교 종파들의 본거지였고, 그중 으뜸이 위그노파였다.

지역의 위그노파 목사는 앙드레 트로크메[2]라는 사람으로, 평화주의자였다. 프랑스가 독일에 함락된 뒤의 일요일에 트로크메는 르 샹봉의 개신교 교회당에서 설교를 했다. "적들을 사랑하고 용서하며 선을 베푸는 것이 우리의 의무입니다. 하지만 포기하지 않고, 당당하게 이를 실천해야 합니다. 우리는 적들이 복음의 명령에 반하는 복종을 요구할 때마다 저항할 것입니다. 우리는 두려움 없이, 하지만 오만하거나 증오심을 품지 않고 그렇게 행할 것입니다."[3]

트로크메가 생각하기에 비시 정권에 팔을 쭉 뻗은 파시스트 경례를 하는 것은 "복음의 명령에 반하는 복종"의 아주 좋은 예였다. 그와 동료 목사 에두아르 타이스는 몇 년 전 르 샹봉에 콜레주 세베놀이라는 학교를 열었다. 두 사람은 세베놀에는 게양대도, 파시스트 경례도 없게 하겠다고 결심했다.

비시 정권의 다음 단계는 프랑스의 모든 교사에게 국가에 대한 충성 선서에 서명하도록 요구하는 것이었다. 트로크메, 타이스 그리고 세베뇰의 모든 직원은 이 요구를 거부했다. 페탱은 프랑스의 모든 학교에 자신의 초상화를 걸어놓으라는 요구도 했다. 트로크메와 타이스는 화가 나서 눈을 치켜떴다. 또한 비시 정권 1주년 기념일에 페탱은 전국 도시에 8월 1일 정오에 교회 종을 울리라고 명령했다. 하지만 트로크메는 교회 관리인이던 아멜리라는 여성에게 신경 쓰지 말라고 말했다. 여름이면 그곳에 와 지내던 사람 두 명이 찾아와 불평을 하자 아멜리는 단호하게 말했다. "이 종은 국가 원수가 아니라 신의 것입니다. 이 종은 신을 위해 울릴 것입니다. 그 외에는 울리지 않을 겁니다."[4]

1949년 겨울과 봄을 지나면서 유럽 전역에서 유대인의 상황이 점점 더 악화되었다. 어느 날, 한 여성이 트로크메의 집을 찾아왔다. 겁에 질리고 추위에 벌벌 떨면서 자신이 유대인임을 밝혔다. 목숨이 위태로운 상황이었다. 그녀는 르 상봉이 따뜻하게 맞아줄 거라는 이야기를 들었다고 했다. 몇 년 뒤 트로크메의 아내 마그다는 그때의 상황을 "그래서 제가 '들어오세요'라고 말했어요"[5]라고 회상했다. "그리고 그게 시작이었어요."

곧 점점 더 많은 유대인 피난민이 마을에 나타나기 시작했다. 트로크메는 기차를 타고 마르세유로 가서 뷔른 샤르메유라는 퀘이커교도를 만났다. 퀘이커교도들은 프랑스 남부에 세워진 포로수용소들에 인도주의적 지원을 제공했다. 수용소들은 쥐와 이, 병이 들끓는 끔찍한 곳이었다. 1940년부터 1944년까지 한 수용소에서만 1,100명의 유대인이 목숨을 잃었다. 살아남았다 해도 많은 사람이 결국 동쪽으로 실려가 나치 강제수용소에서 살해당했다. 퀘이커교 도들은 수감자들, 특히 아이들을 수용소에서 빼낼 수 있었지만 그 사람들을 보낼 곳이 없었다. 트로크메는 자진하여 르 상봉으로 받아 들였다. 그전에는 드문드문 산에 나타났던 유대인이 갑자기 한꺼번에 몰려들었다.

1942년 여름, 비시 정권의 청년 문제 책임자 조르주 라미랑 장관이 르 상봉을 공식 방문했다. 페탱은 라미랑이 프랑스에 독일의 히틀러 유겐트Hilter Youth를 본뜬 청소년단을 설립하길 원했다.

라미랑은 화려한 군청색 군복을 차려 입고 수행원들과 함께 산을 휩쓸고 다녔다.[6] 그날 그는 연회 뒤에 시 경기장으로 행진하여 지역 젊은이들을 만난 다음 공식 환영회에 참석할 예정이었다. 하지만 연회가 제대로 진행되지 않았다. 차린 음식도 충분치 않은 데다 트로크메의 딸이 "실수로" 라미랑의 군복 등짝에 수프를 흘렸다. 행진을 하는 동안 거리는 텅 비어 있었고 경기장에는 아무 준비도 되어 있지 않았다. 아이들은 어슬렁거리며 밀치락달치락하고 멍청하게 쳐다보았다. 환영회에서는 한 주민이 일어나 신약성서의 〈로마서〉 13장 8절을 읽었다. "피차 사랑의 빚 외에는 아무에게든지 아무 빚도 지지 말라 남을 사랑하는 자는 율법을 다 이루었느니라."

그런 뒤 한 무리의 학생이 라미랑에게 걸어가 전 주민이 보는 앞에서 편지를 건넸다. 편지 초안은 트로크메의 도움을 받아 작성되었다. 그해 초여름, 비시 정권의 경찰이 나치의 요청을 받아 파리에서 1만 2천 명의 유대인을 검거했다. 체포된 사람들은 파리 남쪽의 동계경륜장에서 끔찍한 조건 속에 억류되어 있다가 아우슈비츠 강제 수용소로 보내졌다. 아이들은 르 샹봉은 이런 일에 관여하길 원하지 않는다는 것을 분명히 밝혔다. "장관님께"로 편지는 시작되었다.

우리는 3주 전 파리에서 일어난 무서운 상황에 대해 알게 되었습니다. 프랑스 경찰이 점령 세력의 명령에 따라 파리의 모든 유대인을 집에서 체포하여 동계경륜장에 억류했습니다. 아버지들이 가족과 강제로 떨어져 독일로 보내졌습니다. 아이들은 어머니와 생이별을 했고, 어머니들은 남편과 같은 운명을 겪었습니다. (…) 우리는 유대인 추방 조치가 곧 남부지역에도 적용될까 봐 두렵습니다.

우리는 장관님께 우리 중에 일정 수의 유대인이 있다는 사실을 말씀드려야 할 것 같습니다. 하지만 우리는 유대인과 비유대인 사이에 어떤 차별도 두지 않습니다. 차별은 복음의 가르침에 반하니까요.

다른 종교를 믿는 집에서 태어난 잘못밖에 없는 우리 친구들이 강제 추방이나 심지어 조사 명령을 받으면 그들은 거역할 것이고 우리는 최선을 다해 그들을 숨겨주려 애쓸 겁니다.

우리 중에는 유대인이 있습니다. 그러나 장관님은 그들을 잡을 수 없습니다.

범죄의 소굴이 된 마을

나치는 왜 르 샹봉에 가서 그곳 주민을 본보기로 처벌하지 않았을까? 트로크메와 타이스가 설립한 학교의 등록자 수는 전쟁 전 열여덟 명에서 1944년에는 350명으로 늘어났다. 뛰어난 추리력을 발휘하지 않아도 늘어난 그 332명이 누구인지 알 수 있을 것이다. 그렇다고 르 샹봉 사람들이 그들이 하고 있는 일을 딱히 비밀로 하지도 않았다. **우리는 장관님께 우리 중에 일정 수의 유대인이 있다는 사실을 말씀드려야 할 것 같습니다**라고 하지 않았는가?

한 구호원은 한 달에 여러 차례 열두 명 정도의 유대인 아이들을 데리고 리옹에서 기차를 타고 갔던 일을 회상했다. 그녀는 기차역 옆의 메이호텔에 아이들을 놔두고 그 아이들이 갈 수 있는 집을 전부 찾을 때까지 읍 전체를 돌아다녔다. 비시 정권의 법에 따라 프랑스에서는 유대인 피난민을 이동시키고 숨겨주는 것이 명백한 불법이었다. 전쟁 동안 나치는 유대인 문제에서 양보할 생각이 없음을 밝혔다. 한번은 비시 정권의 경찰이 르 샹봉에 3주 동안 사무소를 설치하고 유대인 피난민을 찾기 위해 읍과 주변 시골지역을 수색했다. 그들은 두 명밖에 체포하지 못했고 그중 한 명도 나중에 풀려났다. 왜 경찰은 주민 전부를 줄 세워서 아우슈비츠로 데려가지 않은 걸까?

르 샹봉에 관한 가장 뛰어난 역사서를 저술한 필립 할리는 이 마을이 전쟁이 끝날 무렵 지역 게슈타포 고위 관리인 율리우스 쉬멜링 소령의 보호를 받았다고 주장한다. 또 지역의 비시 정권 경찰 중에서 동정심이 강한 사람이 많았다. 앙드레 트로크메는 가끔 한밤중에 다음 날 기습단속이 벌어진다고 경고해 주는 전화를 받았다. 때로는 지역 경찰 파견대가 이 마을에 숨어 있는 피난민에 관한 정보를 듣고 와서는 마을의 모든 사람에게 그들이 왜 왔는지 충분히 알려주려고 먼저 동네 카페에 앉아 커다란 컵에 커피를 마셨다. 독일군은 특히 동부 전선의 전세가 불리하게 돌아가기 시작한 1943년에는 해야 할 일이 태산이었다. 그런 상황에서 논쟁을 좋아하고 비친화적인 산골 사람들에게 싸움을 걸고 싶지 않았을 수도 있다.

하지만 가장 적절한 대답은 이 책이 명료하게 설명하려고 노력해 온 주장, 즉 한 마을이나 사람이나 운동을 제거하는 것이 보기보다 간단하지 않기 때문이라는 것이다. 힘을 가진 사람들은 보이는 것만큼 강하지 않다. 약자들도 보기만큼 약하지 않다.

르 상봉의 위그노교도들은 프랑스 최초의 개신교도들의 후손이었고, 사실 그전에도 사람들이 그들을 말살하려고 노력했지만 실패로 돌아갔다. 위그노교도는 종교개혁 때 가톨릭교에서 떨어져 나왔고, 그 때문에 프랑스 정부의 눈에는 이들이 범법자로 보였다. 여러 왕이 잇달아 이들을 가톨릭교회와 재통합하려고 노력했다. 위그노 운동은 금지되었다. 공개적인 일제 검거와 학살도 벌어졌다. 위그노교도 남성 수천 명이 교수대로 보내졌고 여성들은 무기징역을 받았다. 신앙심을 없앨 목적으로 아이들은 가톨릭교도 양부모의 집으로 보내졌다.

공포정치가 한 세기 넘게 이어졌다. 17세기 말에 2만 명의 위그노교도가 프랑스에서 달아나 유럽과 북미의 다른 나라들로 향했다. 남아 있던 사람들은 지하로 숨어야 했다. 그들은 외딴 숲에서 비밀리에 예배를 보았고 비바레고원의 높은 산간 마을들로 숨어들었다. 또 스위스에 신학교를 세우고 성직자들이 몰래 국경을 건너오게 했다. 추적을 피하고 위장하는 기술도 익혔다. 그들은 떠나지 않았다. 그리고 대공습 동안의 런던 시민처럼 실제로는 겁이 나지 않는다는 것을 알게 되었다. 그들은 그저 두려운 상태를 겁냈던 것이다.[7]

"우리 마을 사람들은 박해가 뭔지 이미 알고 있어요"[8]라고 마그다 트로크메가 말했다. "사람들은 조상들 이야기를 종종 했어요. 세월이 흐르면서 잊었지만 독일군이 쳐들어왔을 때 그 일들을 기억해 냈고 유대인에 대한 박해를 다른 마을 사람들보다 더 잘 이해할 수 있었어요. 이미 일종의 준비가 되어 있었으니까요." 첫 피난민이 집을 찾아왔을 때 마그다 트로크메는 거부할 생각은 꿈에도 하지 않았다고 말한다. "위험할 거라는 걸 몰랐어요. 아무도 그렇게 생각하지 않았어요." **위험할 거라는 걸 몰랐어요. 아무도 그렇게 생각하지 않았어요라고?**

프랑스의 나머지 지역에서는 사람들이 삶이 너무 위험하다는 생각만 하고 있었다. 그런데 르 샹봉 사람들은 그런 단계를 넘어섰다. 첫 유대인 피난민이 도착했을 때 마을 사람들은 그들을 위해 위조서류를 만들었다. 한 세기 동안 정부에게 자신들의 진짜 믿음을 숨기며 지내온 공동체에겐 어려운 일이 아니었다. 그들은 수 세대 동안 피난민을 숨겨주었던 장소에 유대인을 숨겨주었고 그들이 300년 동안 이용해 왔던 같은 길을 따라 유대인을 스위스 국경을 넘게 하여 탈출시켰다.

마그다 트로크메가 이야기를 이어나갔다. "때때로 사람들이 제게 어떻게 그런 결심을 했는지 물어요. 그런데 결심할 게 없었어요. 문제는, 당신이 우리 모두가 형제라고 생각하는가, 그렇지 않은가 하는 거예요. 당신은 유대인을 고발하는 것이 부당하고 생각하는가, 그렇지 않은가? 부당하다고 생각한다면 그들을 도우려고 노력하자!"

프랑스인은 위그노파 말살을 시도하다가 도저히 말살할 수 없는 집단을 나라 안에 만들었다.

앙드레 트로크메의 말처럼, "나치가 어떻게 그런 사람들의 오만 가지 방법을 다 막을 수 있었겠습니까?"[9]

상상을 뛰어넘는 힘의 정체

앙드레 트로크메는 1901년에 태어났다. 키가 크고 체구가 탄탄했으며 높은 코에 매서운 푸른색 눈을 가졌다. 그는 르 상봉의 이쪽 끝에서 저쪽 끝까지 돌아다니며 쉴 새 없이 일했다. 딸 넬리가 "아버지의 땀구멍에서는 사명감이 흘러나왔다"[10]라고 쓸 정도였다. 그는 자신을 평화주의자라고 불렀지만 평화주의자적인 면모가 없었다. 그와 아내 마그다는 싸움꾼으로 유명했다. 그는 종종 "신에게 정복당한 난폭한 사람"이라고 불렸다. "점잖게 시작하는 사람에게 저주가 있을지니."[11] 그는 일기에 이렇게 썼다. "그 사람은 결국 평범하고 비겁하게 끝날 것이고 기독교 해방의 위대한 흐름에 발을 들여놓지 못할 것이다."

라미랑 장관이 방문하고 여섯 달 뒤 트로크메와 에두아르 타이스가 체포되어 포로수용소에 갇혔다. (할리에 따르면 포로수용소에서는 "개인 소지품을 빼앗고 유대인인지 아닌지 확인하기 위해 코의 높이를 측정했다.") 한 달 뒤 두 사람은 풀어주겠다는 이야기를 들었다. 단, "프랑스의 안전과 페탱 원수의 국가 개혁을 위해 정부 당국이 내리는 모든 명령에 이의 없이 복종하겠다"라는 맹세를 해야 한다는 조건이 붙었다. 트로크메와 타이스는 맹세를 거부했다. 수용소장이 믿을 수 없다는 듯 두 사람을 찾아왔다. 수용소에 남은 사람들 대다수가 결국 가스실에서 죽게 될 것이다. 애국 조항 하나가 적힌 종이 쪼가리 한 장에 서명만 하면 집으로 가는 공짜 티켓을 손에 쥘 수 있다.

"이게 뭡니까?"[12] 수용소장이 두 사람에게 소리쳤다. "이 맹세에는 당신들 양심에 어긋나는 부분이 없소! 원수님은 오로지 프랑스의 이익만 바라오!"

"우리는 적어도 한 가지 점에서는 페탱 원수의 생각에 동의하지 않습니다"라고 트로크메가 대답했다. "그는 유대인을 독일인에게 넘겨주고 있습니다. (…) 집에 돌아가면 우리는 분명 계속해서 거기에 반대할 것이고 분명 계속해서 정부의 명령을 거역할 겁니다. 그런데 어떻게 지금 여기에 서명을 하겠습니까?"

마침내 수용소 관리들은 두 손을 들고 그들을 집으로 돌려보냈다.

전쟁 막바지에 게슈타포가 르 샹봉에 대한 감시를 강화했을 때

트로크메와 타이스는 몸을 피해야 했다. 타이스는 지하조직에 합류해 전쟁이 끝날 때까지 유대인을 알프스를 넘어 안전한 스위스로 보내는 일을 했다. (그는 할리에게 자신의 결정에 대해 "합리적이진 않았습니다"라고 설명했다.[13] "하지만 어쨌거나 전 그 일을 해야 했습니다.") 트로크메는 위조 신분증을 소지하고 이 마을 저 마을을 돌아다녔다. 그런데 굉장히 조심했음에도 불구하고 리옹철도역에서 경찰의 일제 검거에 걸리고 말았다. 트로크메는 혼란에 빠졌다. 단지 신분이 발각될 위험 때문만이 아니라 그가 가지고 있던 위조 신분증을 어떻게 할 것인가라는 더 중요한 문제 때문이었다. 할리는 이렇게 썼다.[14]

그가 가진 신분증에는 이름이 베귀에라고 되어 있었고, 경찰들이 본명이 맞는지 물어볼 것이다. 그러면 정체를 숨기기 위해 거짓말을 해야 할 것이다. 하지만 그는 거짓말을 할 줄 모르는 사람이었다. 그는 이 사건에 대한 자전적 기록에서 "특히 위기를 모면하려고 거짓말을 하는 것은 신이 시키지 않은 타협 쪽으로 슬그머니 기우는 것이었다"라고 썼다. 위조 신분증으로 다른 사람의 목숨을 구하는 것, 심지어 자신의 목숨을 구하는 것과 오로지 자기 보호를 위해 다른 사람 앞에 서서 거짓말을 하는 것은 다른 문제였다.

신분증에 가짜 이름을 쓰는 것과 경찰에게 가짜 이름을 말하는 것 사이에 정말 도덕적 차이가 있을까? 아마 없을 것이다. 당시 트로크메는 어린 아들 중 한 명과 함께 다니고 있었고, 피난민을 숨겨주는 일에 여전히 적극적으로 관여하고 있었다. 다시 말해 그는 선의의 거짓말을 정당화할 사유가 충분했다.

하지만 그게 중요한 게 아니었다. 트로크메는 제이 프라이라이히, 와이어트 워커, 프레드 셔틀스워스와 동일한 숭고한 의미에서 비친화적이었다. 그리고 비친화성의 장점은 그들이 다른 사람들과 같은 계산을 하지 않는다는 것이다.

워커와 셔틀스워스는 잃을 게 아무것도 없었다. 집이 폭격당하고 KKK단이 차를 에워싸고 주먹질을 하는데 어떻게 그보다 상황이 더 나빠질 수 있겠는가? 제이 프라이라이히는 하고 있는 일을 중단하라는 말을 들었고 경력을 위태롭게 만드는 짓을 하고 있다는 경고를 받았다. 동료들이 야유를 하고 그를 떠났다. 그는 죽어가는 아이를 팔에 안고 정강이뼈에 두꺼운 주삿바늘을 찔러 넣었다. 하지만 그는 더 나쁜 상황도 이미 겪어본 사람이었다. 개인적 이익이 먼저였던 위그노교도들은 오래전에 다른 신앙으로 개종하거나 신앙을 버리거나 떠났다. 남은 것은 불굴의 정신과 저항이있다.

트로크메를 체포한 경찰은 신분증을 보여달라고 하지 않았다. 트로크메는 경찰에게 자신을 기차역 뒤쪽으로 데려가도록 설득했고 그곳에서 아들을 만나 옆문으로 몰래 빠져나갔다. 하지만 트로크메는 만약 경찰이 그에게 이름이 베귀에인지 물어보면 사실대로 말하겠노라고 이미 결심하고 있었다. "난 베귀에가 아닙니다. 앙드레 트로크메 목사입니다." 그는 개의치 않았다. 이렇게 생각하는 사람을 골리앗이 대체 어떻게 이길 수 있겠는가? 물론 그를 죽일 수는 있다.

하지만 그렇게 하는 건 북아일랜드의 영국군과 캘리포니아의 삼진 아웃법에 그토록 극적인 역효과를 불러일으켰던 접근방식의 한 변형일 뿐이다. 힘의 과도한 행사는 정당성 문제를 불러일으키고 정당성이 없는 힘은 복종이 아니라 저항으로 이어진다. 앙드레 트로크메를 죽일 수는 있다. 하지만 그렇게 해서 얻는 건 십중팔구 또 다른 앙드레 트로크메일 뿐이다.

트로크메가 열 살 되던 해[15] 어느 날 가족들이 시골집에 갔다. 그는 남자형제 두 명, 사촌 한 명과 함께 뒷좌석에 타고 앞자리에는 그의 부모가 앉았다. 앞차가 너무 천천히 달리자 화가 난 그의 아버지가 추월하려고 차를 옆 차선으로 뺐다. "폴, 폴, 너무 빨리 달리지 말아요. 사고 나겠어요!" 어머니가 고함을 질렀다. 그때 차가 중심을 잃고 빙그르르 돌았다. 어린 앙드레는 부서진 차의 잔해 속에서 기어 나왔다. 아버지와 남자형제들, 사촌은 무사했다. 하지만 어머니는 그렇지 못했다. 그는 30피트(약 9미터) 떨어진 곳에 숨진 채 누워 있는 어머니를 보았다. 나치 장교를 대면하는 것은 길가에 누워 있는 어머니의 시신을 보는 것에 비하면 아무 일도 아니었다. 세월이 지난 뒤 트로크메가 돌아가신 어머니에게 쓴 글을 보자.

만약 제가 죄를 많이 지었다면, 그 이후로 제가 너무 고독했다면, 제 영혼이 그토록 소용돌이치며 외롭게 떠돌았다면, 제가 모든 것을 의심했다면, 제가 운명론자이고 매일 죽음을 기다리는 염세적인 아이였다면, 그리고 죽음을 거의 갈구했다면, 제가 느리고 늦게 행복에 마음을 열었다면, 제가 여전히 진심으로 웃지 못하는 침울한 사람이라면 그건 당신이 그 6월 24일에 그 길에서 저를 떠났기 때문입니다. 하지만 제가 영원한 진실을 믿는다면 (…) 제가 그 진실을 향해 나아간다면 그것 역시 제가 혼자였기 때문이며 당신이 더 이상 그곳에 계시지 않고 나의 신이 되어 당신의 풍요롭고 탁월한 삶으로 제 삶을 채우기 때문입니다.

프랑스에서 유대인을 받아들인 사람들은 특권층이나 행운아로 살아온 사람들이 아니었다. 사회 주변부에 속하는 사람들, 상처받은 사람들이었다. 이런 사실은 악과 불운이 할 수 있는 일에는 한계가 있다는 것을 떠올리게 해준다. 글을 읽는 능력을 빼앗으면 듣는 재능을 발달시킨다. 도시를 폭격하면 죽음과 파괴를 남기지만 멀리서 폭격을 피한 사람들의 공동체가 생긴다. 어머니나 아버지를 빼앗기면 고통과 절망이 오지만 열에 한 번 정도는 그 절망 속에서 불굴의 힘이 생긴다. 엘라 골짜기에서 거인과 양치기를 보면 칼과 방패, 번쩍거리는 무기를 든 사람에게 시선이 끌린다. 하지만 세상의 아름답고 가치 있는 것의 많은 부분은 우리의 상상을 뛰어넘는 힘과 목적을 가진 양치기에게서 나온다.

마그다와 앙드레의 장남은 장 피에르라는 섬세하고 재능 있는 소년이었다. 앙드레 트로크메는 아들에게 헌신적이었다. 전쟁이 끝날 무렵 어느 날 저녁, 가족은 비용의 시 〈교수형에 처해진 사람의 노래〉의 낭송회를 보러 갔다. 그런데 이튿날 식구들이 밖에서 저녁을 먹고 집에 와보니 장 피에르가 욕실에서 목을 매고 죽어 있었다. 트로크메는 비틀거리며 숲으로 가서 울부짖었다. "장 피에르! 장 피에르!"**16** 나중에 그는 이렇게 썼다.

지금도 나는 내 속에 죽음, 내 아들의 죽음을 품고 다닌다. 나는 목이 잘린 소나무와 비슷하다. 소나무의 꼭대기는 다시 자라지 않는다. 비틀리고 망가진 그대로 남아 있다.

하지만 그는 이렇게 쓰고 틀림없이 잠시 멈추었을 것이다. 르 샹봉에서 일어났던 모든 일은 이 이야기에 더 많은 의미가 있음을 암시하기 때문이다. 그는 다음과 같이 글을 이었다.

아마도 소나무들은 자라서 굵은 나무가 될 것이다. 그리고 그것이 지금 내가 하고 있는 일이다.

약자의 힘을 이해하기

"그가 적들에 대해 전혀
모르고 있다고 전해주시오."

파스퇴르가의 비극

옛 사이공의 중심부, 통일궁 바로 길 아래쪽에 오래된 유럽식 빌라
한 채가 서 있다. 베트남이 프랑스 식민지이던 시절, 그리고 사이공
이 동양의 파리이던 시절부터 있던 집이다. 주소는 파스퇴르가
176번지이며, 지금은 탁아소로 운영되고 있다. 하지만 1960년대에
이 집은 한동안 미 국방부가 비밀 조사를 하던 본거지였고, 여기에
서 나온 조사 결과가 미군이 벌인 베트남전의 흐름에 지대한 영향을
미쳤다.

　파스퇴르가 176번지는 또한 그에 못지않게 중요한 논쟁의 시작
점이기도 했다. 논쟁의 한쪽에는 레온 구레라는 인물이 있었다. 그는
한동안 이 빌라의 웅장한 침실 중 하나에서 지내면서 사이공의 외국
인 사회에서 상당한 주목을 받았다. 다른 한쪽에는 그와 마찬가지로

비범한 인물인 콘라트 켈른이 있었다. 켈른은 원칙적으로 이 빌라에 발을 들여놓길 거부했다. 켈른은 제2차 세계대전을 겪었고 전쟁은 평생에 한 번으로 충분하다고 생각했다. 구레와 켈른의 싸움은 구레가 틀리고 켈른이 옳았던 것으로 밝혀졌다. 파스퇴르가 176번지의 비극은 이런 사실이 너무 늦게 사람들에게 알려졌다는 것이다.

다윗과 골리앗의 현대 버전

켈른도, 구레도 미 국방부와 백악관의 최고위층 외에는 잘 알려진 인물이 아니었다. 베트남전이 최고조에 달했을 때도 마찬가지였다. 나는 이 책을 쓰다가 우연히 두 사람을 알게 되었고, 이들을 아는 사람들을 추적하는 데 몇 주를 보냈다. 켈른의 미망인이 바다가 내려다보이는 로스앤젤레스의 높은 언덕에 살고 있고, 그의 전 동료들 몇 명이 가끔 산타모니카의 작은 식당에서 만나 점심을 먹는다. 또 구레의 팀에서 일했던 역사학자 마이 엘리엇[1]이 로스앤젤레스 동쪽의 리버사이드 카운티에 살고 있다.

내가 두 사람의 이야기에 끌린 이유는 매우 익숙하다는 느낌 때문이었다. 본질적으로 구레와 켈른은 고대에 엘라 골짜기에서 이스라엘과 블레셋 사이에 벌어진 전쟁의 현대 버전에 대해 논쟁을 벌이고 있었기 때문이다. 두 사람 다 동남아시아의 "다윗"을 살펴보고는 그가 어떤 인물인지, 무엇을 할 수 있는지에 대해 근본적으로 다른 결론을 내렸다. 그리고 두 사람의 의견 차이는 내 책이 남기는 질문의 완벽한 예다.

만약 다윗이 골리앗을 무찌른다면, 실제로 다윗이 항상 골리앗을 이긴다면, 역경이 위대한 스승이라면, 많은 자원이 결과적으로 오히려 문제를 키운다면, 왜 그런데도 우리는 세상을 이해하는 방식을 바꾸지 않는 걸까? 1960년대에 콘라트 켈른은 파스퇴르가 176번지에 관해 이 모든 주장을 했고 그가 옳았다. 하지만 모든 사람이 레온 구레의 말을 들었다. 왜일까?

밀리언 달러 프로젝트

1960년대 초에 사이공에는 오페라 극장과 (당연하게도) 노트르담이라 불리는 대성당이 있었다. 타마린드와 호주오동나무가 늘어선 대로, 노천카페와 부티크, 고급 프랑스 식민지 스타일로 지어진 우아한 건물들도 있었다. 서구의 외교관들과 관리들은 습도가 높은 오후에는 고급 스포츠센터에 가서 수영을 하거나 테니스를 쳤다. 저녁에는 콘티넨털호텔에 모여 베란다의 등나무 의자에 앉아 담배를 피우고 칵테일을 마셨다.

그러나 도시 밖으로 나가는 건 위험했다. 1954년에 베트남은 중국의 지원을 받는 공산주의자들이 지배하는 북베트남과, 사이공에 기반을 두고 남베트남을 다스리는 친서구 정권으로 나뉘었다. 북베트남의 폭도가 그 뒤로 계속 임시 국경을 건너와 마을들과 시골의 작은 촌락들에 침투했다. 사이공 정부는 부패하고 인기가 없었다. 거

다윗과 골리앗
David And Goliath

리에서 항의와 시위가 벌어졌고, 때때로 폭탄이 터지거나 누군가가 카페에 수류탄을 던졌다. 미국 정부가 남베트남을 공산주의로부터 수호하겠다고 결정함에 따라, 머리를 짧게 깎고 군복에 새로 풀을 먹인 열여덟 살, 열아홉 살짜리 미군 병사들이 도시 중심을 가로지르는 카티나가Rue Catinat(혹은 프랑스인이 떠난 뒤 베트남인이 바꾼 이름인 "뜨 요 거리Tu Do")로 모여들었다. 지프차들과 장갑차들이 길을 메웠다. 베트남과 주변국을 10년 넘게 집어삼킨 전쟁, 수백만 명이 넘는 군인과 민간인의 목숨을 빼앗고 미국 사회를 뒤집어 놓았을 뿐 아니라 한 대통령의 몰락을 불러온 전쟁이 막 시작되고 있었다.

처음부터 이상한 전쟁이었다. 미국이 그 얼마 전에 한국에서, 그리고 그 이전에 제2차 세계대전에서 독일군, 일본군과 싸웠던 전쟁과 상당히 달랐다. 미국은 북베트남을 침략할 의도가 없었다. 미국은 단지 북베트남이 베트콩이라고 불리던 게릴라들을 국경 너머로 보내지 못하게 하고 남베트남을 설득해 공산주의에 합류하는 걸 막으려 했다.

또한 미군은 베트남에 대해 아는 바가 없었다. 미 국방장관 로버트 맥나마라가 베트남에 첫 병력을 보내기 전에 "베트콩이 뭐죠? 그들이 왜 그런 짓을 하는 겁니까?"라고 물었다는 건[2] 유명한 일화다. 그건 솔직한 질문이었다. 그는 베트콩이 누군지 몰랐다. 아무도 몰랐다. 당시 남베트남에 파견된 미군 장군의 수석 자문은 세롱 대령이라는 오스트레일리아인이었는데, 그가 해줄 수 있는 건 고작 "그들은 간단히 말해 많은 나라에서 비행청소년이라고 부르는 그런 부류

입니다"라고 말하는 것뿐이었다.[3]

맥나마라와 린든 존슨 대통령은 북베트남에 공습을 단행하기로 결정했다. 작전명은 롤링선더Rolling Thunder(천둥소리)였다. 미국은 북베트남이 항복하고 강화를 제의할 때까지 베트콩이 지배하는 지역들을 폭격하기로 했다. 하지만 적에 대해 모르는데 그 전략이 먹힐지 어떻게 알겠는가? 맥나마라와 존슨은 베트남 농민을 같은 편으로 끌어들이길 원했다. 하지만 워싱턴D.C.의 책상 앞이나 콘티넨털호텔의 베란다에 놓인 등나무 의자에 앉아 있는 사람이 베트남 외딴 구석의 농부가 미 공군이 자기 마을에 폭탄을 투하할 때 어떤 감정을 느낄지 어떻게 알겠는가? 미 국방부는 그걸 알아야 했고, 그래서 레온 구레에게 그 일을 맡겼다.

레온 구레는 1922년에 러시아에서 태어났다. 그의 부모는 러시아혁명 때 다수파인 볼셰비키에서 떨어져 나온 사회주의 분파인 멘셰비키였다. 레닌이 멘셰비키를 숙청한 뒤 구레는 베를린으로 갔다가 나치가 집권하자 파리로 달아났고 프랑스가 독일에 함락되자 마지막 기회를 붙잡아 뉴저지로 달아났다. 구레는 자신을 "전문 피난민"이라고 부르곤 했다. 그는 카리스마와 힘이 넘치는 사람이었고, 관자놀이 부근이 희끗희끗한 숱 많은 검은색 곱슬머리를 가지고 있었다. 말을 할 때 파리 억양이 묻어났고, 정치학 박사학위 소지자였다. 그는 영향력 있는 캘리포니아 싱크탱크인 랜드연구소의 사이공 사무소에서 일했다. 그 사무소는 파스퇴르가 176번지에 있었다.

그의 오랜 동료 중 한 명은 "구레는 전형적인 대륙의 교수였어요"

라고 말한다.[4] "그리고 반짝거리는 눈은 삶의 기쁨에 차 있었죠." 여자들은 그를 사랑했다. 구레의 또 다른 동료는 "레온에겐 항상 애인이 있었어요"라고 회상했다. "아내와 아이들이 있었지만 아랑곳하지 않았죠. 애인을 두는 건 그가 즐기는 문화의 일부일 뿐이었어요. 랜드연구소에서 두 명의 비서가 캘리포니아에서 같은 비행기를 타고 사이공에 도착했는데, 둘 다 자신이 레온의 여자가 될 것이라고 생각하며 왔던 게 기억나네요. 레온은 둘 중 한 명을 선택해야 했어요."

베트남 생활 초기에 구레는 프랑스인이 생 자크 곶이라고 부르던 해안도시 붕따우를 방문했다. 그는 해변에 앉아 스테이크와 랍스터를 먹으며 B-52 폭격기들이 만 건너편의 한 마을을 파괴하는 모습을 지켜보았다. 그의 앞에서는 아이들이 해변에서 축구를 하고 10대들이 시시덕거리고 있었다. 멀리서는 비행기들이 굉음을 내며 날아다니고 시커먼 연기가 하늘을 가득 덮었다. 그리고 폭발로 땅이 뒤흔들렸다. 구레는 베트남이 대단히 매력적인 곳이라고 생각했다.

1965년 3월, 레온 구레는 워싱턴D.C.로 날아가 국방장관 로버트 맥나마라를 만났다. 랜드연구소는 1년 동안 작은 연구 프로젝트를 진행해오고 있었다. 구레가 맥나마라에게 포로로 잡힌 베트콩 군인들이나 탈주병들과 면담을 하여 알게 된 것들을 이야기하기 시작하는데 맥나마라가 말을 끊었다.

"예산이 얼마였습니까?"[5] 맥나마라가 물었다.

"10만 달러 정도였습니다." 구레가 대답했다.

"좋습니다, 100만 달러가 있으면 뭘 할 수 있죠?" 맥나마라가 다시 물었다.

1964년에 백만 달러는, 특히 베트남처럼 가난한 나라에서는 어마어마한 금액이었다. 이렇게 해서 베트콩 동기 및 사기 분석 프로젝트Viet Cong Motivation and Morale Project가 탄생했다.

사람, 돈, 물자를 너무 많이 가진 강자

랜드연구소의 사기 분석 프로젝트는 서너 개 그룹으로 분류된 수십 명의 베트남인 면담관으로 구성되었다. 이들은 때로는 사이공에 머물면서 포로로 잡힌 베트콩들이 감금된 교도소를 찾아갔다. 그러나 대개는 시골로 가서 면담을 했다. 메콩 삼각주로 차를 몰고 가거나 베트콩에서 전향한 사람들을 위한 수용소인 "찌에우 호이"를 방문하기 위해 군용기를 타고 산악지방으로 갔다. 지역 비행장에 착륙한 뒤에는 가장 가까운 수용소로 데려다줄 운전사를 구하거나 때로는 히이하이킹을 했다. 그들은 게릴라 활동에서 의미 있는 역할을 한 사람들을 찾았다.

면담 내용은 녹음되었다. 면담 대상자가 흥미를 보이지 않거나 주저하면 면담이 짧게 끝났지만 어떤 때에는 며칠간 면담이 이어지기도 했다. 그런 뒤 사이공으로 돌아와 인터뷰 내용을 옮겨 적고 번역한 뒤 분석했다.

여행은 몹시 고되었다. 일단 면담관들이 연구소로 돌아오기 위해 선택할 수 있는 유일한 수단은 화장할 목적으로 사이공에 보내는 남베트남 장교들의 시신을 실어 나르는 화물기뿐이었다. 햇빛 속에 그냥 내버려 두었던 시신들이었다. 면담관들은 집으로 돌아오는 내내 미친 듯이 파이프 담배를 피워댔다.

면담 대상자 중 일부는 "날아라 비행기di tau bay"(몸을 최대한 앞으로 숙이고 팔을 최대한 위로 뻗어 올린 자세를 장시간 유지하는 고문)라고 불린 고문을 받은 적이 있었고 대개 조심성이 강했다. 그래서 면담관들은 항상 자신이 군이나 정보기관에서 나온 사람이 아니라고 설명하면서 면담을 시작했다. 독립된 연구기관에서 나왔으며 그저 개인적인 사연을 듣고 싶다고 말했다. 남베트남인인데 왜 베트콩에 합류했는가? 게릴라 생활은 위험과 고난으로 가득한데 왜 베트콩을 떠나지 않았는가?

면담은 나무 아래나 가까운 식당에서 맥주를 마시며 이루어졌다. 면담관은 면담 대상자에게 담배를 건네기도 했다. 면담 대상자 중에는 포로가 많았다. 오랫동안 아무도 그들의 삶과 경험에 관심을 보이지 않았다. 그래서 면담관이 앉아서 끈기 있게 들어주다 보면 어느 순간 그들의 사연이 튀어나왔다.

딱딱하고 특색 없는 보고서에 익숙해 있던 미국의 정치 지도자와 군 지도자에게는 사기 분석 프로젝트가 분명 하늘이 내린 선물처럼 보였을 것이다. 적들을 눈앞에서 숨 쉬는 듯 생생하게 묘사해주었기 때문이다. 미 국방부가 마침내 파스퇴르가의 기록보관소를 공개했을 때 필기록이 전부 6만 1천 쪽에 달했다. 정보의 보고였다. 구레는 그가 알아낸 내용을 공군, 육군, 미 대사관에 보고한 뒤 미 태평양 함대의 본부가 있는 호놀룰루로 날아갔다. 그리고 산타모니카의 랜드 사무소를 거쳐 워싱턴D.C.에 가서 국방부와 백악관을 차례로 방문했다. 그런 뒤 사이공으로 돌아와 거의 매일 밤마다 파스퇴르가에서 칵테일 파티나 작은 만찬을 열었다.

구레의 부관 중 한 명이던 토니 루소는 몇 년 뒤에 "참석자들은 베트남을 '운영'하는 사람들이었어요"라고 회상했다. "군과 대사관 최고위층의 보좌들이었죠." 후일 베트남전이 절정에 달했을 때, 리처드 닉슨 정부의 국무장관을 지낸 헨리 키신저가 베트남을 방문했다가 이곳에 들렀다. 나중에 지미 카터 행정부의 부통령이 된 월터 먼데일도 이곳을 방문했고, 이 지역의 CIA 고위 간부 중 한 명이던 조지 카버는 단골손님이었다.

베트남을 방문한 기자에게도 이곳은 필수 코스였다. 남베트남의 장군들 한 무리가 쿠데타를 계획했을 때는 제일 먼저 구레를 찾아가 의향을 떠보았다. 그때마다 구레는 장황하게 자기 의견을 늘어놓았다. 유창하고 열정적이면서도 날카롭게. 그리고 무엇보다 그의 말은 설득력이 강했다. 그도 그럴 것이 다른 사람들은 모두 책상 앞에 앉아 있거나 높은 하늘에서 폭탄을 떨어뜨리고 있을 때 그에게는 베트콩의 진짜 생각을 들을 수 있는 직접적인 통로가 있었기 때문이다.

"브리핑이 끝나면 군 장교들이 몰려들어 구체적인 질문을 던졌습니다," 루소가 이야기를 이었다. "'인명살상용 무기의 효과는 어떻습니까?', '베트콩들은 물소에 짐을 실어 나릅니까?', '심리전에서 가장 좋은 접근방식은 무엇입니까?' 구레는 어떤 질문에도 답을 가지고 있었죠." 그리고 그의 답은 항상 똑같았다. 미국의 폭격이 "군사력의 균형을 급격하게 바꾸어놓았다"는 것이었다. 사람들이 줄지어 반란 세력을 떠나고 있고, 시골 마을 사람들은 미군을 환영하며 그들이 "신속한 승리를 가져오길" 기대하고 있다고 했다.

랜드가 처음 연구를 시작했을 때 변절자와 포로의 65퍼센트가 베트콩이 이길 것이라고 믿었다. 구레는 미군이 1년 동안 맹폭격을 퍼부은 뒤 이 수치가 20퍼센트로 줄었다고 보고했다. 그는 베트콩의 사기가 위태로울 정도로 떨어져서 베트콩에 대한 폭격작전을 강화하여 조금만 밀어붙여도 반란세력이 무릎을 꿇을 것이라고 주장했다. 1965년과 1966년에 미국의 베트남 개입 확대를 결정할 때 존슨 대통령은 구레의 보고서를 곁에 두고 다각적인 검토를 했다.

베트남이 끝없는 혼란에 빠져들고 구레의 생각이 재앙을 불러올 정도로 틀렸다는 것이 분명해진 뒤 몇 년 동안 사람들은 그가 왜 그랬는지 추측해 보았다. 그는 자신이 말한 것을 정말로 믿었을까? 필기록에서 나온 증거들은 그가 이해한 것처럼 절대 단순하지 않았다. 마이 엘리엇은 사기 분석 프로젝트에서 일했던 사람들 중 한 명이다. "제가 한 고위급 베트콩과 했던 면담이 있어요"라고 그녀가 회상한다.

"저는 며칠 동안 그와 이야기를 나누었어요. 그는 베트남 중부의 해안지방 중 한 곳에서 자랐는데, 매우 빈곤한 지역이었고 많은 사람이 30대와 40대에 일찍 혁명에 가담했어요. 그도 그 가운데 한 명이었죠. 그는 교육을 많이 받지 못한 농민이었어요. 하지만 상당히 논리정연했어요. 그는 가족이 치러야 하는 대가를 무릅쓰고 이상을 위해 자기 삶을 희생한 사람이었어요. 그가 '정당한 대의'라고 불렀던 베트남 재통일, 미국인 축출, 경제적·사회정치적 정의를 실현할 정부 수립을 제외하고는 어떤 개인적인 이익도 없는데 말이죠. 그는 그 대의를 정말로 믿었어요. '와, 이 사람이 사이공의 어떤 지도자보다 훨씬 낫구나'라고 생각했던 게 기억나네요." 그는 붙잡혀서 굴욕을 당하고 아마도 고문에도 시달렸을 테니 낙담해야 했다. 하지만 그렇지 않았다. 여전히 저항적이었다.

엘리엇에게 인생사를 들려준 여성도 있었다. 그녀는 살고 있던 마을이 적과 내통하고 있다는 의심을 받아 미군에게 강제로 쫓겨났다. 그리고 다른 곳으로 보내져 "안전한" 마을을 건설하라는 요구를 받았다. 엘리엇에게는 그런 요구가 중국의 만리장성을 쌓을 때와 같은 강제노동처럼 생각되었다.

그 여성이 베트콩에 가담한 게 그때였다. "처음에는 이 사람들이 그 일들을 하고 있는 실질적인 이유가 있다는 걸 알고 놀랐던 것 같아요"라고 엘리엇이 말했다. "그 뒤에는 연민을 느꼈고 심지어 존경심마저 들었어요. 제가 공산주의를 지지한 건 아니었어요. 다만 미국이 공산주의자를 물리치기가 굉장히 힘들겠다는 걸 깨달았을 뿐이에요. 미국의 바람에도 불구하고 공산주의자는 결코 항복하지 않을 것이기 때문에 전쟁이 오래갈 것이란 생각이 들었죠." 6만 1천 쪽에는 이런 이야기가 잔뜩 담겨 있다. 구레는 분명 그중 일부를 읽었을 것이다. 그는 그 이야기들을 그냥 무시한 것일까? 미리 마음을 정해

놓은 것일까?

출처가 불분명한 이야기이긴 하지만, 구레가 사이공에 처음 도착해 공항에 마중 나온 차에 탔을 때의 일화가 있다. 구레를 빌라로 태우고 간 여성이 사기 분석 프로젝트의 방향을 묻자 그는 서류가방을 두드리며 "바로 여기에 그 대답이 있습니다"라고 답했다고 한다.[6] "공군이 돈을 대는 한 그 대답은 항상 폭격입니다." 어떤 사람은 구레를 그저 기회주의자라고 여긴다. 그는 영향력 있는 사람이 되고 싶었고, 롤링선더 작전이 진행 중이던 1965년에 영향력 있는 인물이 되는 방법은 공군에게 롤링선더 작전이 효과를 발휘하고 있다고 말하는 것이었다.

그러나 그 대답은 구레의 확신을 보여주기에는 충분하지 않다. 그는 냉소적인 사람이 아니었다. 그는 미국의 군사력을 진심으로 믿었다. 믿지 않을 이유가 있었겠는가? 구레는 베트콩이 휘청거리고 있다는 결론을 내렸다. 겉보기엔 비틀거리고 있었기 때문이다. 반란세력의 중심지는 현대 문명의 발길이 거의 닿지 않은 베트남의 시골 마을들이었다. 구레와 그의 팀이 생각하는 반란세력은 공산주의자들에게 속아 넘어간 문맹의 가난하고 순진한 사람들이었다. 그들은 베트콩을 "들소의 머리에 말의 얼굴을 한 사람들dau trau mat ngua"이라고 표현했다.

반면 롤링선더 작전은 세계 최고 강대국의 어마어마한 군사력을 과시하는 장이었다. 폭탄 적재량을 늘리는 "빅 벨리big-belly" 프로그램으로 특별 개조한 B-52 폭격기가 괌의 앤더슨 공군기지를 이륙하여 열두 시간의 임무 수행을 위해 베트남으로 날아갔고 B-52가 지나는 길에는 폭격으로 큰 구덩이가 파였다. 1965년부터 1968년까지 북베트남에 64만 3천 톤의 폭탄이 투하되었다. 이는 태평양전쟁 전기간 동안 미 공군이 일본에 투하한 폭탄 톤수의 네 배에 이르는 양이다. 더 좋은 비교 대상은 제2차 세계대전 막바지에 나치가 점령한 유럽에 연합군이 실시한 폭격작전이다. 당시 어마어마한 공습이 벌어져 폭격이 휩쓸고 지나간 동유럽과 서유럽 전역이 초토화되었다. 전부 120만 톤의 폭탄이 사용되었다.

롤링선더 작전하에 19세기의 경제 수준을 간신히 벗어난 작은 나라에 연합군이 1944년부터 1945년까지 유럽 전역에 사용한 공군력의 절반을 쏟아부었다. 아마 구레는 엘리엇이 베트콩 지도자와 했던 면담 내용을 읽었을 것이다. 하지만 그는 보고서로 알게 된 내용을 한쪽이 충분히 더 크고 강하면 결국 약한 쪽이 항복해야 한다는 저항할 수 없는 군사력 논리를 적용해 걸러냈음이 틀림없다.

국방부도 구레의 의견에 동조했다. 미국의 베트남 군사 활동 책임자이던 윌리엄 웨스트모얼랜드는 "우리는 하노이가 수 세대에 걸친 국가적 재앙이 될 정도로 조국을 피 흘리게 했다는 사실을 깨달을 때까지 계속해서 그들을 피 흘리게 할 것이다"[7]라고 말했다. 또 다른 장군의 말을 보면 전쟁의 핵심은 단순했다. 전쟁은 "3M, 즉 사람men, 돈money, 물자matériel"의 문제였고 이 세 영역 모두에서 미국이 압도적으로 유리했다. 1965년에 첫 미국 병력이 베트남에 도착했다. 공군이 폭격을 시작했다. 어디서나 낙관적인 관측이 나왔다. 한 고위급 군 관계자는 "우수한 미군 대대 하나가 베트남 최남단인 까마우에서 출발하면 하노이까지 저항 없이 쭉 행군할 것이다"라고 예측했다.

오만함이나 안일함 같은 성격적 결함 측면에서 강자의 어리석음을 설명하기란 언제나 쉽다. 하지만 진실은, 만약 당신이나 내가 1965년에 워싱턴에 앉아 있었더라도 분명 똑같이 생각했으리라는 것이다. 우리는 본능적으로 세 가지 측면에서 우위를 측정한다. 사람, 돈, 물자는 전투를 파악하는 가장 쉽고 분명한 방법이기 때문이다. 베트콩이 가하는 위협을 인식하는 유일한 방법은 그들이 하고자 하는 말을 실제로 들어보는 것, 갑옷 너머의 그들을 꿰뚫어 보는 것이었다.

이 책은 독자가 이런 식으로 생각하도록 유도하고자 노력해 왔다. 사람, 돈, 물자가 항상 전투의 결정적 요소는 아니다. 실제로 역U자형 곡선이 우리에게 시사하는 바는 돈과 물자가 너무 많으면 너무 적은 것만큼 힘을 약화한다는 것이다. 잃을 게 없는 약자가 되면 가능성이 열린다. 인상파 화가들은 살롱전을 피하는 게 더 나았다. 역사와 경험은 골리앗을 의심하라고 가르친다. 거인을 그토록 무서운 존재로 만드는 그 강점이 바로 그의 약점의 근원이기도 하기 때문이다. 다윗은 오래전 엘라 골짜기에서 자신의 적을 판단할 때 이것을 이미 알고 있었다. 그리고 시기와 시대는 한참 멀지만 레온 구레의 강적 콘라트 쿼른도 그랬다.

전투 결과에 관심 없는 적들

콘라트 켈른은 귀족 같은 풍모에 실력이 출중한 인물이었다. 그는 1913년 베를린에서 유럽의 유대인 명문가 중 하나인 카첸엘렌보겐 가문에서 태어났다. 아버지는 슐트하이스 맥주공장을 운영했고, 가족의 친구이던 르누아르가 새어머니의 초상화를 그렸다(새어머니의 초상화는 현재 뉴욕 메트로폴리탄 미술관에 걸려 있다). 켈른은 페라리, 골프, 필적 감정의 전문가였다(그는 아내가 된 퍼트리샤가 쓴 메모를 면밀하게 검토한 뒤 데이트 신청을 했다고 한다). 그는 다방면에 조예가 깊었다. 한 친구는 "우리는 서로에게 투키디데스의 말을 인용했습니다"라고 회상했다. 누이동생 두 명도 버클리에서 각각 화학과 생물학 박사학위를 받았고, 아인슈타인이 친척이었다.[8] 그의 어머니는 백 번째 생일을 맞아 "인생이 너무 빨리 지나갔다"라고 소회를 밝혔다. 켈른가는 이런 집안이었다.

켈른은 열아홉 살이 되던 1933년에 가족과 함께 독일을 떠나 파리로 이주했다. 이곳에서 그는 프랑스의 예술가이자 작가 장 콕토와 친해졌다. 그 뒤 파리에서 미국으로 옮겨갔는데, 대서양을 건너는 배 안에서 대공황 시대의 가장 악명 높은 폭력배 중 한 명인 더치 슐츠를 만났고 슐츠가 그에게 일자리를 제안했다. 켈른은 뉴욕에 도착하자마자 나중에 젊은 워런 버핏을 채용한 전설적인 투자자 벤 그레이엄 밑에서 일했다.

1930년대 말에 로스앤젤레스로 옮겨 갔고 1941년에는 노벨상 수상작가인 토마스 만의 개인 비서가 되었다. 사람들이 그에게 끌렸다고 말하는 건 지나치게 절제된 표현일 정도로 켈른은 매력적인 사람이었다.

제2차 세계대전이 끝난 직후 그는 파리의 한 카페에서 화가 마르크 샤갈의 딸을 만났다. 그녀는 켈른에게 아버지의 작품 가운데 일부를 미국에 몰래 보내자고 설득했다. 그리고 그 대가로 작품 중 한 점을 주겠노라고 약속했고, 켈른은 그 말을 따랐다. (켈른은 일을 끝내고 그림을 5천 달러에 팔았다. "유명한 작품이었어요." 켈른의 아들 데이비드가 웃으면서 회상했다. "물론 지금은 수백만 달러쯤 하겠죠. 샤갈의 작품이 수록된 새로운 화집이 나올 때마다 아버지께선 그걸 보신 뒤 양손으로 머리를 잡고는 '우우우우우우' 하고 소리를 내셨어요.")

켈른은 미 육군정보부에서 일했고 제2차 세계대전이 끝난 뒤 고향 베를린에 배치되었다. 그가 한 일은 포로로 잡힌 독일 병사들을 면담하는 것이었다. 켈른의 아내는 "미국인들은 무슨 일이 일어났었는지 알아내기 위해 노력하고 있었어요"라고 회상했다. "히틀러가 어떻게 그런 일을 할 수 있었는가? 독일인들이 어떻게 그토록 오랜 세월 그렇게 살 수 있었는가? 왜 독일인들은 나치를 몰아내지 않았는가? 몇 시간이고 인터뷰를 한 뒤 그 사람들이 말한 내용을 분석해서 보고서를 썼어요."

켈른은 전쟁에서 돌아온 뒤에는 뉴욕의 자유유럽방송에서 일했다. 이곳에서도 많은 시간을 면담을 하며 보냈는데, 이번에는 난민과 철의 장막 뒤에서 온 탈주자들을 만났다. 미국인들은 동유럽의 모든 사람이 자국의 공산주의 지도자들을 싫어한다고 믿고 싶어 했다. 그러나 켈른은 좀 더 미묘한 상황을 묘사하기 위해 노력했다.

1966년 말에 켈른은 랜드연구소의 전화를 받았다. 레온 구레는 여전히 국방부 순회 보고의 스타였다. 하지만 파스퇴르가 176번지에서 약간의 저항이 있었다. 구레가 면담 내용을 어떻게 활용하고 있는지 아무도 확실히 알지 못했다. 랜드연구소는 지적으로 매우 엄격한 곳이었고 모든 사람의 보고서와 아이디어가 철저한 비판적 검토를 받았다. 구레는 점점 독단적으로 판단을 내리고 있었다. 그의 보고서들은 다른 사람의 검토가 필요했다.

켈른은 산타모니카의 랜드연구소에서 각 면담 내용을 차례차례 검토했다. 그중 일부는 빈 줄 하나 없이 20쪽이나 30쪽에 이르렀다. 그는 수천 쪽을 읽었다. 마이 엘리엇이 베트콩 지도자와 했던 면담과 마을을 새로 건설해야 했던 여성의 이야기도 읽었다. 상상도 할 수도 없는 고생, 굶주림과 고통, 상처, 아이를 포함해 전쟁 중에 잃은 가족에 대한 진술을 읽었다.

검토가 끝났을 때 그는 구레가 얘기한 거의 모든 것에 동의가 되지 않았다. 그런 고초가 견딜 수 없을 정도라는 증거가 거의 보이지 않았다. 베트콩은 항복 직전 상황이 아니었다. 그들은 절대 항복하지 않을 것이다. 켈른의 동료 중 한 명은 그의 입장을 간단하게 이렇게 표현했다. "우리의 힘이나 의지로는 어떤 것으로도, 어떤 방법으로도, 어디에서도, 어느 때에도 이 사람들을 포기하게 만들지 못할 것이다."

구레는 이해하지 못했는데 켈른은 이해한 것이 무엇일까? 그 답은 레온 구레와 달리 켈른은 자신이 듣거나 읽은 것을 군사력이라는 저항할 수 없는 논리로 걸러내지 않았다는 것이다. 구레는 공군 장교들을 찾아가 만났다. 그들은 구레에게 하노이에 얼마나 많은 폭격기를 내보낼지 이야기했고, 그 사실이 전쟁을 바라보는 구레의 시각을 지배했다. 반면 켈른은 미군이 보유한 무기의 수와 종류는 초점을 흐리게 하는 요소로 생각했다. 그는 3M이 아니라 사람들과 그들의 이야기와 동기에 집중했다. 민간인에게 잇달아 폭탄을 투하하면 사기를 떨어뜨려 항복하게 만들 수도 있고, 아니면 상대를 증오하게 되어 절대 싸움을 그만두지 않게 만들 수도 있다.

가난하고 무기가 거의 없다는 사실은 훨씬 더 큰 적과의 전투에서 절망적일 정도로 열세라는 뜻일 수 있다. 하지만 다윗도 절망적일 정도로 열세였다. 그렇지 않은가? 그런데 그런 상황은 다윗에게 머리를 쓰라고 독려했다.

히틀러가 권력을 잡았을 때 켈른은 베를린에 살고 있었다. 당시에 총통은 우스꽝스러운 인물로 취급받았다. 그는 고작 거리 불량배의 지지나 받는 작달막하고 히스테릭한 과대망상증 환자로 여겨졌다.[9] 하지만 히틀러가 수상이 되자 켈른은 짐을 싸서 달아났고 전쟁이 끝날 때까지 고국에 돌아가지 않았다. 그는 "처음부터 (…) 히틀러가 적어도 수백만 명의 삶을 파괴하거나 망가뜨릴 정도로 오래 그 자리를 지킬 것이란 느낌이 들었어요"라고 말했다.[10] 켈른의 동년배 대부분은 히틀러에 대한 생각이 그와 달랐다. 그들은 편안한 특권층이었고 눈앞의 미치광이에게 주의를 기울여야 할 필요성을 느끼지 못했다.

전쟁이 끝난 뒤 베를린으로 돌아온 켈른은 그때 무슨 일이 있었는지 알려면 독일 국민의 이야기를 들어봐야 한다고 확신했다. 하지만 그는 워싱턴의 상관들이 이런 생각을 이해할지 확신하지 못했다. 켈른은 "사람들이 나치가 실제로 저지른 일들의 명백한 진실을 받아들이는 데 10여 년이 걸렸습니다"라고 말한 적이 있다. "그리고 그걸 잊는 데는 몇 년밖에 걸리지 않았습니다. 그 사실은 우리가 인간에 대해, 그리고 인간이 어떠해야 하는지에 대해 어렵게 얻은 상식과 맞지 않기 때문입니다."[11]

랜드연구소에서 그는 구레가 했던 일들을 신속하게 살펴보았다. "우리는 베트콩 포로에게 누가 전쟁에서 이길 것이라 생각하는지 항상 물어보았습니다"라고 켈른이 설명했다. "베트콩이 이길 것이라고 생각하는 사람은 매우, 매우 드물었어요." 레온 구레는 자신이 던진 질문에 답을 얻은 데 만족하며 분명 이 지점에서 읽기를 멈추었을 것이다. 그러나 켈른은 계속해서 답변을 검토했다. "하지만 좀 놀랍게도, 미국이 이길 것이라 생각하는 사람도 매우, 매우 드물었습니다. 질문을 받은 사람들 대다수가 어느 쪽도 이기지 않을 것 같다고 고백했습니다."

베트콩이 자신들이 질 것이라 생각했다는 뜻은 아니다. 그들은 이 전쟁을 이기고 지는 측면에서 생각하지 않았다. 이건 완전히 다른 문제였다. 전투의 결과에 관심이 없는 적이 가장 위험하다. 첫 번

다윗과 골리앗
David And Goliath

째 대답(베트콩이 이길 것이라 생각하는 사람은 드물다)의 진짜 의미를 이해하기 위해서는 두 번째 대답(미국이 이길 것이라 생각하는 사람도 매우, 매우 드물다)을 들어보아야 한다. 그리고 3M에 대한 생각은 제쳐두고 가장 위험하지 않은 적 같아 보이는 양치기 소년이 얼마나 강적일 수 있는지 이해해야 한다.

이 책에서 나는 콘라트 켈른처럼 세상을 보라고, 양치기와 거인을 보고 힘과 강점이 실제로 어디에 있는지 이해하라고 설득하려 노력했다. 이런 시각은 구체적이고 현실적인 수많은 문제에서 중요하다. 이런 시각은 우리가 부모로서 내리는 결정, 학교 선택, 전쟁을 치르고 범죄와 싸우는 방식에 영향을 미친다. 또 우리가 창의성과 기업가 정신을 이해하는 방식, 억압받는 사람들이 괴롭힘과 폭군과 싸우기 위해 노력하는 방식을 형성한다.

우리는 힘에 대한 이런 교훈을 직시하는 데 익숙하지 않다. 켈른의 인생행로에서 일어난 흔치 않은 모든 일이 그로 하여금 베트남의 진실을 볼 수 있게 했다는 점을 생각해 보라. 약자의 힘을 이해하려면 노력이 필요하다. 통념에 맞서야 한다. 백악관에서 찬사를 받은 사람은 콘라트 켈른이 아니라 레온 구레였다. 구레는 모든 회의와 싱크탱크를 순회했다. 켈른은 부차적인 존재였다. 구레가 언급한 내용은 상식적이었다. 켈른이 언급한 내용은 상식적이지 않았다. 적어도 오랜 시간이 지난 뒤 전쟁이 100만 명의 목숨을 앗아가고 때로는 양치기 소년이 전혀 약자가 아니라는 점이 분명해질 때까지는 그랬다.

"1970년에 제가 헨리 키신저를 만날 일정이 잡혀 있었습니다."

켈른의 랜드연구소 동료 가운데 한 명이던 대니얼 엘즈버그가 회상했다.[12] 켈른이 사기 분석 프로젝트의 면담 내용을 처음 검토한 뒤였다. 이제 키신저는 미국 군사노력의 설계자가 되어 있었고 그사이 전쟁 상황은 갈수록 악화일로로 치닫고 있었다. "콘라트에게 '내일 키신저를 만나러 갈 겁니다. 키신저를 만나면 하고 싶은 말이 있습니까?'라고 물었더니 이렇게 대답하더군요. 음, 제가 그의 말을 정확히 이해했는지는 모르겠어요. 콘라트는 독일식 억양을 썼거든요. '먼저, 그가 적인 베트콩에 대해 전혀 모르고 있다고 전해주십시오. 그리고 그가 그들에 대해 무지한 것은 그들이 패배할 리도, 강압에 휘둘릴 리도 없다는 뜻입니다.'"

레온 구레는 헬리콥터를 타고 다니며 항공모함에서 브리핑을 했다. 존슨 대통령은 구레가 조사한 결과의 요약본을 뒷주머니에 넣고 다녔다. 그런데 콘라트 켈른은 말이 안 되는 이야기를 하고 있었다.

"전 키신저에게 '콘라트 켈른과 이야기를 해보셔야 합니다'라고 말했습니다." 엘즈버그가 말했다. "키신저는 이름을 받아 적고는 만나보겠다고 하더군요. 하지만 그는 만나보지 않았습니다."

감사의 말

《다윗과 골리앗》은 수많은 이들의 지혜와 관대함에 큰 도움을 받았다. 내 부모님, 대리인 티나 베넷, 〈뉴요커〉의 내 담당 편집자 헨리 파인더, 제프 샌들러, 패멀라 마셜을 비롯한 리틀브라운출판사의 모든 팀원, 영국 펭귄출판사의 헬렌 콘포드에게 감사드린다. 고마운 친구들도 손에 꼽을 수 없이 많다. 그중에서도 찰스 랜돌프, 세라 라이올, 제이컵 웨이스버그, 린턴 부부, 테리 마틴, 탈리 파하디언, 에밀리 헌트, 로버트 매크럼에게 감사의 인사를 전한다. 사실 확인 작업을 도와준 제인 킴과 캐리 던, 그리고 신학적 컨설팅을 해준 온타리오주 키치너의 개더링교회의 짐 로엡 티센에게 특별한 감사를 보낸다. 그리고 항상 그랬듯 빌 필립스에게 고마움을 전한다. 당신은 마에스트로다.

들어가며 | 다윗의 강점과 골리앗의 약점

1 다윗과 골리앗의 싸움을 다룬 학술문헌은 매우 방대하다. 그중 한 가지를 소
   개한다. John A. Beck, "David and Goliath, a Story of Place: The Narra-
   tive-Geographical Shaping of 1 Samuel 17," *Westminster Theological
   Journal* 68(2006): 321-30.

2 일대일 결투에 대한 클라우디우스 콰드리가리우스의 서술: Ross Cowan, *For
   the Glory of Rome*(Greenhill Books, 2007): 140. 다윗이 물매질의 고수라는
   사실이 알려진 뒤에는 고대의 누구도 다윗의 전술적 우위를 의심하지 않았을
   것이다. 로마의 군사 역사가 베게티우스의 글을 보자.

   "신병들은 손과 물매로 돌을 던지는 기술을 배웠다. 물매를 발명한 사람은 발
   레아레스제도Balearic Islands의 주민으로, 이들은 양육방식 덕분에 놀라울 정도
   로 능숙하게 물매를 다루었다고 한다. 이곳 어머니들은 아이가 물매로 음식
   을 맞추어야 먹을 수 있게 했다. 병사들은 방어용 갑옷을 입었지만 적이 쏜 모
   든 화살보다 물매에서 날아오는 돌멩이 때문에 종종 더 골치를 앓았다. 돌은
   몸을 훼손하지 않고도 사람을 죽일 수 있고 좌상은 출혈 없이도 치명적이다.
   고대인이 투석 전사들을 모든 전투에 고용한 사실은 널리 알려져 있다. 모든
   병사에게 예외 없이 물매 훈련을 하도록 한 데는 더 큰 이유가 있었다. 물매는
   짐처럼 생각되지 않는 데다 종종 가장 쓸모 있는 무기이기 때문이다. 특히 돌
   이 많은 장소에서 싸울 때, 산이나 고지를 방어해야 할 때, 혹은 성이나 도시

를 공격하는 적을 격퇴해야 할 때 더 유용했다."

3 Morshe Garsiel, "The Valley of Elah Battle and the Duel of David with
   Goliath: Between History and Artistic Theological Historiography,"
   Homeland and Exile(Brill, 2009).

4 현대의 돌 던지기 세계 기록은 1981년에 래리 브레이가 세운 437미터다. 확
   실히 그 거리에선 정확성이 떨어진다.

5 물매에 대한 바루크 할펀의 논의: *David's Secret Demons*(Eerdmans Pub-
   lishing, 2001), 11.

6 에이탄 허시의 계산: Eitan Hirsch, Jaime Cuadros, and Joseph Backofen,
   "David's Choice: A Sling and Tactical Advantage," *International Sympo-
   sium on Ballistics*(Jerusalem, May 21-24, 1995) 참조. 허시의 논문에는 다
   음과 같은 단락이 가득하다.
   "시체를 이용한 실험들과 혼합형 시뮬레이션 모형들은 지름 6.35밀리미터
   의 강철 발사체가 초속 370미터로 날아가 두개골 두정부에 충돌했을 때
   72줄Joule의 충격에너지면 (관통은 하지 않더라도) 두개골에 구멍을 내기에
   충분하다는 것을 보여준다. 발사체가 꼭 두개골에 구멍을 낼 필요는 없고 단
   지 전두골 일부를 으스러뜨려 (기껏해야) 함몰 두개골 골절을 일으키거나 기
   절할 정도의 충격을 주어 의식을 잃게 만들어도 된다. 그런 충돌은 충격을 받
   은 두개골 앞쪽의 혈관과 뇌 조직에 압박을 준다. (…) 뇌의 움직임이 두개골
   의 움직임보다 느리기 때문이다. 이 두 가지 효과를 얻는 데 필요한 충격 에너
   지는 각각 40-20줄 정도로 훨씬 낮다."
   허시는 한 학술회의에서 자신의 분석을 발표했다. 그리고 내게 보낸 이메일
   에서 이렇게 덧붙였다.
   "강연 다음 날 한 참석자가 찾아와 결투가 벌어진 장소의 개울에서 질량 밀도
   4.2g/cc(일반적인 돌의 질량 밀도는 약 2.4g/cc입니다)인 중정석을 발견할
   수 있다고 말했습니다. 다윗이 골리앗과 싸우기 위해 그런 돌 중 하나를 선택
   했다면 표에서 계산된 수치에 더하여 상당히 유리한 입장에 섰을 겁니다."

7 Robert Dohrenwend, "The Sling: Forgotten Firepower of Antiquity,"

Journal of Asian Martial Arts 11, no. 2(2002)은 물매의 힘을 다룬 훌륭한 소개서다.

8 1969년의 '6일전쟁'에서 이스라엘이 거둔 놀라운 승리의 설계자였던 이스라엘의 국방부 장관 모셰 다얀도 다윗과 골리앗 이야기를 다룬 논문을 썼다. 다얀에 따르면 "다윗은 열등한 무기가 아니라 (그 반대로) 우월한 무기로 골리앗과 싸웠으며, 그의 위대함은 자신보다 훨씬 강한 자와의 싸움에 자발적으로 나선 데 있는 것이 아니라 약자가 우위를 점하고 더 강해질 수 있는 무기 활용법을 알고 있었던 데 있다."

다윗과 골리앗을 다룬 모셰 다얀의 소론: Moshe Dayan, Spirit of the Fighters," *Courageous Actions-Twenty Years of Independence* 11(1968): 50-52.

9 골리앗이 말단비대증을 앓았다는 생각은 C. E. Jackson, P. C. Talbert, and H. D. Caylor, "Hereditary Hyperparathyroidism," *Journal of the Indiana State Medical Association* 53(1960): 1313-16에서 최초로 제시되었고 그 뒤 데이비드 래번과 폴린 래빈이 *New England Journal of Medicine*(1983. 10. 20)에 쓴 편지에 나온 것으로 보인다. 이후 수많은 전문가가 동일한 결론에 도달했다. 스탠리 스프레처는 학술지 *Radiology*(1990. 7)에 보낸 편지에 이렇게 썼다.

"골리앗의 어마어마한 몸집은 의심의 여지없이 뇌하수체 거대 선종으로 인한 말단비대증 때문입니다. 이 뇌하수체 선종은 시신경 교차 부위를 압박하여 시야 결손을 일으킬 만큼 충분히 컸던 것으로 보이며, 그 때문에 골리앗은 자기 주위를 빙빙 도는 젊은 다윗을 쫓아가지 못했습니다. 말단비대증에서 빈번하게 나타나는 증상인 전방 부비강 비대로 현저하게 얇아진 전두골을 통해 돌멩이가 골리앗의 머리덮개뼈를 뚫고 들어갔습니다. 그리고 골리앗의 비대해진 뇌하수체에 박혀 뇌하수체 출혈을 일으키고 경천막 뇌탈출과 사망을 불러왔습니다."

골리앗의 장애를 가장 완벽하게 설명한 이는 이스라엘의 신경학자 블라디미로였다. 골리앗 곁에 있던 방패지기의 본래 역할이 의심스럽다고 강조한 이가 베르기너다. Vladimir Berginer and Chaim Cohen, "The Nature of Goliath's Visual Disorder and the Actual Role of His Personal Bodyguard," *Journal of Ancient Near Eastern Studies* 43(2006): 27-44 참조. 베르기너와 코헨은"따라서 우리는 '방패지기'라는 말이 블레셋인이 블레셋의 영웅적 전사의 군사적 명성을 더럽히지 않기 위해 시각장애가 있는 골리앗의 안내인 역할을 한 사람을 명예롭게 부르는 완곡한 명칭이었다고 추측한다. 블레셋인은 그의 진짜 역할을 감추기 위해 그에게 들고 다닐 방패를 주었을 것이다!"

01 | 규칙을 역이용하는 약자의 전술

1 약소국의 승리를 다룬 이반 아레귄 토프트의 책: *How the Weak Win Wars* (Cambridge University Press, 2006).

2 "어두워진 뒤에는 섣불리 물을 뜨러 가면 안 된다": T. E. Lawrence, *Seven Pillars of Wisdom*(Wordsworth Editions, 1999).

3 로저 크레이그는 단순한 전직 프로 운동선수가 아니었다는 말을 꼭 해야겠다. 지금은 은퇴했지만 그는 전미미식축구연맹 사상 최고의 러닝백 중 한 명이었다.

4 비재래식 전쟁을 다룬 윌리엄 R. 포크의 역사서: *Violent Politics: A History of Insurgency, Terrorism, and Guerrilla War, from the American Revolution to Iraq*(Harper, 2008).

02 | 더 크고 더 강하고 더 부유한 자의 딜레마

1 아마 학급 규모 축소의 효과에 대한 가장 유명한 연구는 1980년대에 테네시 주에서 이루어진 프로젝트 STAR(학생 대 교사 성취 비율Student-Teacher Achievement Ration)일 것이다. STAR는 6천 명의 아이들을 소규모 학급과 대규모 학급에 무작위로 배정한 뒤 초등학교 생활 내내 이들을 추적 관찰했다. 이 연구에서는 소규모 학급의 학생들이 대규모 학급의 학생들보다 작지만 유의미한 차이로 더 나은 결과를 낸 것으로 나타났다. 이후 여러 국가들과 미국이 학급 규모 축소에 수십 억 달러를 사용한 데는 STAR의 결과가 큰 몫을 했다.

하지만 STAR는 완벽하지 못했다. 예컨대, 실험 대상인 대규모 학급과 소규모 학급 사이에 이례적인 규모의 이동이 있었다는 강력한 증거가 있다. 의욕이 강한 부모 다수가 아이를 소규모 학급으로 옮기는 데 성공했고 성적이 나쁜 아이들이 그 학급에서 떨어져 나갔을 것으로 보인다.

더 큰 문제는 맹검 연구가 아니었다는 점이다. 소규모 학급을 맡은 교사들은 자신의 학급이 철저한 검토를 받을 것임을 알고 있었다. 일반적으로 과학에서는 "자각된" 실험의 결과는 의심스럽다고 여겨진다.

STAR에 대한 설득력 있는 비판은 Eric Hanushek, "Some Findings from an Independent Investigation of the Tennessee STAR Experiment and from Other Investigations of Class Size Effects," *Educational Evaluation and Policy Analysis* 21, no. 2(summer 1999): 143-63 참조.

학스비가 수행한 형태의 "자연 실험"이 훨씬 더 가치 있다. 학스비의 연구 결과는 Caroline Hoxby, "The Effects of Class Size on Student Achievement: New Evidence from Population Variation," *Quarterly Journal of Economics* 115, no. 4(November 2000): 1239-85 참조.

학급 규모에 관한 더 많은 논의는 Eric Hanushek, *The Evidence on Class Size*(University of Rochester Press, 1998); Eric Hanushek and Alfred Lindseth, *Schoolhouses, Courthouses and Statehouses: Solving the Funding-Achievement Puzzle in America's Public Schools*(Princeton University Press, 2009), 272와 Ludger Wossmann and Martin R. West, "Class-Size Effects in School Systems Around the World: Evidence from Between-Grade Variation in TIMSS," *European Economic Review*(March 26, 2002) 참조.

2 교육경제학자 에릭 하뉴섹이 저서《학급 규모에 관한 증거The Evidence on Class Size》에서 수백 건에 이르는 학급 규모 연구에 대해 최종적인 분석을 수행했다. 하뉴섹은 "아마 학급 규모만큼 많이 연구된 학교의 측면은 없을 것이다. 이 연구는 수년간 계속 진행되어 왔다. 그리고 학급 규모와 성적에 어떤 일관된 관계가 있다고 믿을 이유가 없다"라고 언급한다.

3 돈과 행복에 관한 연구는 Daniel Kahneman and Angus Deaton, "High Income Improves Evaluation of Life but Not Emotional Well-Being," *Proceedings of the National Academy of Sciences* 107, no 38(August 2010): 107 참조. 배리 슈워츠와 애덤 그랜트는 "Too Much of a Good Thing: The Challenge and Opportunity of the Inverted U," *Perspectives on Psychological Science* 6, no. 1(January 2011): 61-76에서 역U자형 곡선 측면에서 행복에 대해 논했다.

4 심리학자 배리 슈워츠와 애덤 그랜트는 한 뛰어난 논문에서 실제로 거의 모든 결과가 역U자형 곡선을 따른다고 주장했다. "심리학의 많은 영역에서 X가 Y를 어느 지점까지 증가시키다가 그 뒤로는 Y를 감소시킨다. 완전한 장점 같은 건 존재하지 않는다. 모든 긍정적인 특성, 상태, 경험에는 높은 수준에 이르면 그 이점을 넘어서기 시작하는 대가가 있다."

5 수학자이자 이런 문제에서 매우 깐깐한 내 아버지는 나와 생각이 좀 다르다. 아버지는 내가 상황을 지나치게 단순화하고 있다고 지적했다. 역U자형 곡선에는 실제로 네 부분이 있다는 것이다. 직선 형태가 나타나는 1단계, "초기의 선형적 관계가 약해지는" 한계수확체감 영역인 2단계, 추가 자원이 결과에 아무 영향을 미치지 못하는 3단계, 더 많은 자원이 역효과를 내는 4단계가 그것이다. 아버지는 "주택 건설 용어인 '기초footing'를 빌려와 1단계의 이름을 붙이고, 기억하기 쉽게 각 단계를 '기초, 둔화, 정체, 하락'이라고 부를 수 있다"라고 썼다.

6 고전적인 역U자형 곡선은 음주와 건강의 관계에서 볼 수 있다. 술을 전혀 마시지 않다가 일주일에 와인 한 잔을 마시면 수명이 늘어날 것이다. 일주일에 두 잔을 마시면 조금 더 오래 살고 석 잔을 마시면 그보다 좀 더 오래 살 것이다. 일주일에 약 일곱 잔까지는 쭉 이렇게 수명이 늘어난다(이 수치는 여성이 아니라 남성에게 해당된다). 여기까지는 상향 곡선을 그린다. 더 많이 마실수록 즐거움이 더 커진다.

일주일에 일곱 잔에서 열네 잔 사이를 마시는 구간이 나타난다. 이 영역에서는 더 많이 마신다고 건강에 도움이 되지는 않는다. 그렇다고 딱히 건강을 해치는 것도 아니다. 이 구간이 곡선의 중간 부분이다.

마지막으로, 곡선의 오른쪽 부분인 하향 곡선이 있다. 일주일에 와인 열네 잔을 넘겨서 더 많이 마실수록 수명이 줄어드는 단계다. 알코올이 본질적으로 좋거나 나쁘거나 중립적인 것이 아니다. 처음에는 좋다가 중립적이 되었다가 끝에는 결국 나쁜 것이 된다.

역U자형 곡선을 이용한 음주와 건강의 관계: Augusto Di Castelnuovo et al., "Alcohol Dosing and Total Mortality in Men and Women: An Updated Meta-analysis of 34 Prospective Studies," *Archives of Internal Medicine* 166, no. 22(2006): 2437-45 참조.

7 Joshua Angrist and Victor Lavy, "Using Maimonides' Rule to Estimate the Effect of Class Size on Scholastic Achievement," *Quarterly Journal of Economics*(May 1999)에서 그들이 보고 있는 것이 곡선의 왼쪽에서 나타나는 현상일 가능성을 인정한다.

"또한 이스라엘의 결과가 미국이나 다른 선진국들에 유의미할 수 있는지 검토해볼 가치가 있다. 문화적 · 정치적 차이에 더해 이스라엘은 미국과 일부 OECD 회원국에 비해 생활수준이 낮고 학생당 교육비 지출이 적다. 그리고 위에서 언급한 것처럼 이스라엘은 또한 미국, 영국, 캐나다보다 학급 규모가 크다. 따라서 여기에서 제시된 결과는 대부분의 미국 학교에는 해당되지 않는 범위에서 학급 규모를 축소했을 때의 한계수확의 증거를 보여주는 것일 수 있다."

8 학급 규모와 성취에 관한 제시 레빈의 연구는 "For Whom the Reductions Count: A Quantile Regression Analysis of Class Size and Peer Effects on Scholastic Achievement," *Empirical Economics* 26(2001): 221 참조.

소규모 학급에 대한 집착은 실질적인 영향을 미친다. 모든 교육 연구자가 동의하는 한 가지는 교사의 자질이 학급 규모보다 훨씬 중요하다는 것이다. 훌륭한 교사는 1년 6개월 분량의 학습 내용을 1년 안에 가르칠 수 있고, 평균 수준 이하의 교사는 반년 분량의 학습 내용을 1년에 걸쳐 가르칠 수도 있다. 그러면 1년에 1년의 학습 격차가 생긴다. 이는 교실에 앉아 있는 학생의 수보다 교실 앞쪽에 있는 사람에 초점을 맞추면 더 많은 것을 얻을 수 있다는 뜻이다. 문제는 훌륭한 교사가 드물다는 것이다. 해마다 매번 많은 학생 집단에 영감을 주는 데 필요한 전문적이고 복잡한 기술을 갖춘 교사가 충분하지 않다.

그렇다면 우리는 뭘 해야 할까? 능력이 부족한 교사를 해고해야 한다. 아니면 그들이 실력을 향상하도록 지도해야 한다. 아니면 가장 뛰어난 교사들이 더 많은 학생을 맡는 대가로 급여를 더 많이 지급해야 하다. 아니면 교실에서 뛰어난 역량을 발휘할 수 있는 특별한 사람들을 더 많이 끌어들일 수 있도록 교직의 인지도를 높여야 한다.

무능한 교사가 너무 많은 반면 유능한 교사는 충분하지 않은 문제에 대해 우리가 절대 하지 말아야 할 일은 더 많은 교사를 채용하는 것이다. 그런데 다수의 산업화된 국가가 학급 규모 축소에 매달려 최근에 했던 일이 바로 이것이다. 또한 학급 규모 축소보다 비용이 많이 드는 일이 없다는 점도 지적해야겠다. 교사를 추가로 채용하고 교실을 짓는 데 너무 많은 비용이 들어 교사들에게 급여를 지급할 소중한 돈이 거의 남지 않았다. 그 결과 지난 50년 동안 교사의 급여는 다른 직업들에 비해 꾸준히 줄어들었다.

지난 세대에 미국의 교육 제도는 아이들에게 가장 도움이 될 수 있는 방법, 즉 가장 뛰어난 교사들을 찾아 많은 학생을 맡기고 더 많은 급여를 지불하는 방법을 사용하지 않기로 결정했다. 그 대신 구할 수 있는 모든 교사를 채용하고 급여를 덜 지불하는 방법을 택했다. 20세기에 미국의 공교육 지출 증가는 경이적이다. 1890년부터 1990년까지 불변 달러로 환산했을 때 20억 달러에서 1,870억 달러로 증가했고 20세기 말로 갈수록 지출에 가속도가 더 붙었다. 이 돈의 압도적인 비율이 학급 규모 축소를 위해 더 많은 교사를 채용하는 데 쓰였다. 1970년부터 1990년까지 미국 공립학교의 학생 대 교사 비율이 20.5에서 15.4로 떨어졌고, 늘어난 모든 교사에 대한 급여 지급이 당시 추가된 수백억 달러의 교육비 지출에서 가장 큰 몫을 차지했다.

왜 이런 일이 벌어졌을까? 한 가지 대답은 교육계의 정치학, 즉 교사와 교원 노조의 힘과 학교에 대한 자금 지원 방식의 특이성에서 찾을 수 있다. 미국의 대중(그리고 캐나다, 영국, 프랑스 등등의 대중)이 학급 규모 축소에 그 모든 돈을 쓰는 걸 강요당하지는 않았다. 그들이 더 작은 학급을 원한 것이다. 이유가 뭘까?소규모 학급 같은 것에 돈을 쓸 정도로 부유한 사람과 국가는 그들의 부로 살 수 있는 것들이 항상 그들의 삶을 더 낫게 하지는 않는다는 점을 잘 이해하지 못하기 때문이다.

9 명확한 예외가 있다. 심각한 행동장애 혹은 학습장애가 있는 아동들이다. 특수 장애가 있는 학생들의 경우 역U자형 곡선이 훨씬 더 오른쪽으로 이동한다.

10 호치키스의 웹사이트는 열두 대의 스타인웨이 피아노가 있다고 주장하지만 이 학교의 음악 감독은 실제로는 스무 대가 있고 여기에 더해 공연용 그랜드 피아노의 롤스로이스라고 할 수 있는 파지올리Fazioli 피아노도 있다고 다른 곳에서 밝혔다. 전부 합해 100만 달러가 넘는 가치의 피아노들을 보유하고 있는 것이다. 호치키스의 연습실에서 "젓가락행진곡"을 연주하면 정말 멋진 소리가 나겠다.

03 | 큰 연못엔 큰 물고기가 살지 않는다

1 인상파 화가들에 대한 논의는 여러 책을 기반으로 하였다. 주로 참고한 책은 John Rewald, *The History of Impressionism*(MOMA, 1973); 살롱전의 세계에 대한 놀라운 설명이 담긴 Ross King, *The Judgment of Paris*(Walker Publishing, 2006), Sue Roe, *The Private Lives of the Impressionists*(Harper Collins, 2006); Harrison White and Cynthia White, *Canvases and Careers: Institutional Change in the French Painting World*(Wiley & Sons, 1965), 150이다.

2 스투퍼의 연구(Edward A. Suchman, Leland C. DeVinney, Shirley A. Star, and Robin M. Williams Jr.와 공저): *The American Soldier: Adjustment During Army Life, vol. 1 of Studies in Social Psychology in World War II* (Princeton University Press, 1949), 251.

3 이 예는 이 현상에 대해 광범위한 저술을 해온 경제학자 메리 데일리의 연구에서 가져온 것이다. 캐럴 그레이엄이 쓴《세상의 행복 : 행복한 농부와 불행한 백만장자의 역설Happiness around the World: The Paradox of Happy Peasants and Mis-

erable Millionaires》에서 또 다른 예를 들어보자.

칠레의 가난뱅이와 온두라스의 가난뱅이 중에서 어느 쪽이 더 행복할 것 같은가? 논리적으로 말하면 칠레일 것이다. 칠레는 현대화된 선진경제국이니까. 칠레의 가난한 사람이 온두라스의 가난한 사람보다 두 배 가까운 돈을 벌 것이다. 더 좋은 집에서 살고 더 좋은 음식을 먹으며 더 많은 물질적 안락을 누릴 형편이 된다는 뜻이다. 하지만 양국의 가난한 사람들의 행복지수를 비교해 보면 온두라스가 칠레를 가뿐히 뛰어넘는다. 왜일까?

온두라스인은 다른 온두라스인이 어떻게 사는지에만 신경 쓰기 때문이다. 그레이엄은 "평균 국가 소득은 행복에 중요하지 않다. 평균에서 상대적으로 얼마나 떨어져 있는지가 중요하다. 가난한 온두라스인이 더 행복한 이유는 평균소득과의 차이가 더 작기 때문이다." 게다가 온두라스에서는 칠레에 비해 가난한 사람들의 부의 수준이 중산층과 훨씬 더 가깝기 때문에 자신이 실제보다 더 잘 산다고 느낀다.

이른바 행복한 국가들에 대한 연구는 Mary Daly, Andrew Oswald, Daniel Wilson, and Stephen Wu, "Dark Contrasts: The Paradox of High Rates of Suicide in Happy Places," *Journal of Economic Behavior and Organization* 80(December 2011)와 Carol Graham, *Happiness Around the World: The Paradox of Happy Peasants and Miserable Millionaires*(Oxford University Press, 2009) 참조.

4 학교 선택과 관련한 상대적 박탈감 문제를 처음 제기한 학술 문서는 James Davis's "The Campus as Frog Pond: An Application of the Theory of Relative Deprivation to Career Decisions of College Men," *The American Journal of Sociology* 72, no. 1(July 1966)이다. 데이비스는 다음과 같은 결론을 내렸다.

"개인 수준에서 (내 연구 결과들은) '가능한 가장 좋은' 학교에 들어가는 것이 직업 이동에 가장 효과적인 경로라는 개념에 이의를 제기한다. 카운슬러와 부모는 아이를 '좋은' 대학에 보냈을 때 졸업반에서 최하위권에 속할 가능성이 상당히 분명할 경우 그 선택의 강점뿐 아니라 결점도 검토하는 것이 당연하다. '큰 연못의 작은 개구리가 되기보다 작은 연못의 큰 개구리가 되는 것이 더 낫다'라는 경구는 완벽한 조언은 아니지만 무시할 소리도 아니다."

5   허버트 마시는 옥스퍼드대학교 교육학과에서 학생들을 가르치고 있으며, 뛰어난 학문적 성과를 거두었다. "큰 물고기/작은 연못"이라는 주제에 대해서만도 수많은 논문을 썼다. 그중 가장 먼저 읽으면 좋은 논문이 H. Marsh, M. Seaton, et al., "The Big-Fish-Little-Pond-Effect Stands Up to Critical Scrutiny: Implications for Theory, Methodology, and Future Research," *Educational Psychology Review* 20(2008): 319-50이다.

6   STEM 프로그램에 대한 통계는 Rogers Elliott, A. Christopher Strenta, et al., "The Role of Ethnicity in Choosing and Leaving Science in Highly Selective Institutions," *Research in Higher Education* 37, no. 6(December 1996)와 Mitchell Chang, Oscar Cerna, et al., "The Contradictory Roles of Institutional Status in Retaining Underrepresented Minorities in Biomedical and Behavioral Science Majors," *The Review of Higher Education* 31, no. 4(summer 2008) 참조.

7   이 통계는 사회학자 로저스 엘리엇과 A. 크리스토퍼 스트렌타 등이 쓴 〈경쟁이 치열한 선발제 교육기관에서 과학을 선택했다가 그만두는 데 있어 인종의 역할〉이라는 논문에서 나온 것이다. SAT 점수는 1990년대 초기의 것이며 오늘날은 다소 다를 수 있다.

8   이 연구 결과는 중요하기 때문에 좀 더 상세히 설명할 만한 가치가 있다. 미첼 챙과 공동저자들은 대학 1학년생 수천 명으로 이루어진 표본을 살펴보고 학생이 과학 전공에서 낙오될 가능성에서 어떤 요인이 가장 중요한 역할을 했는지 평가했다. 가장 중요한 요인이 무엇이었을까?

해당 대학 학생들의 학업 능력이었다. 저자들은 "주어진 기관에서 신입생 집단의 평균 SAT 점수가 10점 올라갈 때마다 전공을 유지할 가능성이 2퍼센트포인트 감소한다"라고 썼다. 흥미롭게도, 소수민족에 속하는 학생들을 살펴보면 그 수치가 더 높게 나타나 SAT 점수가 10점 오르면 전공 유지 가능성이 3퍼센트포인트 떨어진다. 저자들은 "자신의 1지망 학교에 다니는 학생들은 생의학이나 행동과학 전공을 유지할 가능성이 더 낮다"라고 썼다. 당신은 할 수 있는 한 가장 근사한 학교에 가고 싶다고 생각할 것이다. 그런데 실제로는 가장 근사한 학교에 가는 것이 아니다.

9 연구논문들에 대한 존 P. 콘리와 알리 시나 왼데르의 분석: "An Empirical Guide to Hiring Assistant Professors in Economics," *Vanderbilt University Department of Economics Working Papers Series*, May 28, 2013.

10 명확히 해야 할 작은 부분이 있다. 콘리와 왼데르가 작성한 표는 경제학자들이 발표한 총 논문 수의 목록이 아니다. 정확히 말하면 가중치를 부여한 수치다. 즉, 가장 저명한 잡지 중 하나(〈아메리칸 이코노믹 리뷰〉나 〈이코노메트리카〉)에서 인정한 논문에 대해 경쟁이 덜 치열한 저널에 실린 논문보다 높은 중요도를 적용하여 계산했다. 다시 말하면 이 수치들은 한 학자가 얼마나 많은 논문을 내놓았는지가 아니라 양질의 논문을 얼마나 많이 게재할 수 있는지 축정할 것이다.

11 프레드 글림프의 "행복한 하위 25퍼센트" 정책에 대한 언급: Jerome Karabel, *The Chosen: The Hidden History of Admission and Exclusion at Harvard, Yale, and Princeton*(Mariner Books, 2006), 291. 이 흥미로운 책에서 저자는 다음과 같이 언급했다.
"글림프는, '하위권에 있는 것에 만족하는 학생들이라면 더 낫지 않을까?'라고 암시했다. 이렇게 하여 '행복한 하위 25퍼센트'라고 불리는 하버드의 유명한(어떤 사람은 '악명 높은'이라고 말하겠지만) 입학 관행이 탄생했다. (…) 글림프의 목표는 '적절한 하위 25퍼센트의 학생들, C 학점 수준에서 자신들의 기회를 최대한 활용하는 한편 자기 존중감(혹은 그 비슷한 무엇이건) 유지를 위한 균형감이나 자아 강도나 교과과정 외의 배출구를 가진 사람들을 식별하는 것이었다.'"
소수집단 우대정책 문제는 좀 상세하게 다룰 가치가 있다. 리처드 샌더와 스튜어트 테일러의 연구 *Mismatch: How Affirmative Action Hurts Students It's Intended to Help, and Why Universities Won't Admit It*(Basic Books, 2012)에 나오는 다음 표를 살펴보자. 이 표는 로스쿨의 학급에서 흑인의 성적

을 백인과 비교해서 보여준다. 성적 등급은 1부터 10까지로 나뉘며, 1이 학급에서 하위 10퍼센트, 10이 상위 10퍼센트에 해당된다.

등급	흑인	백인	기타
1	51.6	5.6	14.8
2	19.8	7.2	20.0
3	11.1	9.2	13.4
4	4.0	10.2	11.5
5	5.6	10.6	8.9
6	1.6	11.0	8.2
7	1.6	11.5	6.2
8	2.4	11.2	6.9
9	0.8	11.8	4.9
10	1.6	11.7	5.2

표에 많은 수치가 있지만 실제로 중요한 부분은 평균적인 미국 로스쿨 학급의 최하위권을 인종별로 분류한 첫 번째 행과 두 번째 행뿐이다.

등급	흑인	백인	기타
1	51.6	5.6	14.8
2	19.8	7.2	20.0

샌더와 테일러는 이 정책으로 치러야 하는 대가를 다음과 같은 방식으로 분석했다. 성적과 시험점수가 동일한 두 명의 흑인 로스쿨 학생이 있다고 하자. 두 사람 모두 소수집단 우대정책 프로그램으로 명문 로스쿨에 합격했는데, 한 학생은 이 학교의 입학 제안을 받아들였고 다른 학생은 거절했다.

거절한 학생은 통학 문제나 경제적 이유 혹은 가족 문제로 2지망 학교에 가기로 선택했다. 1지망 학교보다 명성이 낮고 학생 선발에 성적을 덜 중시하는 로스쿨이었다. 샌더와 타일러는 이런 "대응 짝"들의 대규모 표본을 살펴보고 이들이 네 가지 척도에서 어떤 성과를 냈는지 비교했다. 그 척도는 로스쿨 졸업률, 1차 시도에서 변호사시험 합격 여부, 최종 변호사시험 합격 여부, 변호사업 종사 여부였다. 그런데 비교 상대가 되지 않았다. "최고" 학교에 가지 않

경력에서의 성공	백인	흑인	흑인 (소수집단 우대정책)
로스쿨을 졸업한 비율	91.8	93.2	86.2
1차 시도에 변호사 시험에 합격한 비율	91.3	88.5	70.5
최종 변호사 시험에 합격한 비율	96.4	90.4	82.8
변호사업에 종사한 비율	82.5	75.9	66.5

은 흑인 학생들이 최고 학교에 진학한 학생들보다 모든 척도에서 더 나은 결과를 냈다.

샌더와 테일러는 진심으로 변호사가 되고 싶은 흑인이라면 인상과 화가들처럼 해야 하고 큰 연못을 피해야 한다고 매우 설득력 있게 주장한다. 당신의 급을 높여주고 싶어 하는 학교의 어떤 제안도 받아들이지 말라. 소수집단 우대정책이 없었으면 지원했을 학교에 가라. 샌들러와 테일러는 단도직입적으로 말한다. "어떤 로스쿨에서건 최하위권은 형편없는 곳이다."

말이 나왔으니 말인데, 역시 소수집단 우대정책과 로스쿨에 관해 논했던 내 책《아웃라이어》를 읽었던 독자들은 그 책에서 내가 아주 다른 주장에 관심을 기울인 것을 알 것이다. 아이큐와 지능의 이점은 어느 지점을 넘어서면 더 이상 커지지 않으며, 이는 엘리트 기관이 구분해놓은 학생들 간의 차이가 꼭 유용한 것은 아니라는 뜻이다. 다시 말해 아주 좋은 로스쿨에 낮은 성적으로 입학한 학생이 뛰어난 성적으로 입학한 학생보다 덜 유능한 변호사가 될 것이라는 가정은 틀렸다. 나는 이 주장을 뒷받침하기 위해 미시건대학교 로스쿨의 데이터를 사용했다. 이 데이터는 소수집단 우대정책으로 로스쿨에 입학한 흑인들이 어느 모로 보나 백인 졸업생들 못지않게 성공적인 변호사 생활을 했다는 것을 보여주었다.

내가 여전히 이렇게 믿을까? 그렇기도 하고 아니기도 하다. 지능이 아주 높은 범위에 속하는 경우 지능이 주는 이점이 더 이상 커지지 않는다는 전체적인 주장은 유효하다고 생각한다. 하지만 돌이켜 보면《아웃라이어》에서 로스쿨에 관한 구체적인 내 주장은 순진했다고 생각한다. 당시에는 내가 상대적 박탈감 이론을 잘 몰랐다. 이제 나는 소수집단 우대정책 프로그램에 대해 훨씬 더 회의적이다.

12 법학 교수 리처드 샌더는 소수집단 우대정책에 반대하는 큰 연못 논거의 대표적인 지지자다. 그는 이 주제에 관해 스튜어트 테일러와 함께 《부조화: 소수집단 우대정책이 원래 도움을 주려 했던 학생들에게 어떻게 타격을 주는가. 그리고 왜 대학들은 이런 타격을 인정하지 않는가》라는 흥미로운 책을 썼다. 나는 이 책의 끝부분에 있는 주석에 샌더의 주장 중 일부를 요약해 두었다.

예컨대, 샌더가 살펴본 문제 중 하나는 이것이다. 소수집단의 학생이 더 좋은 학교에 진학할 경우 법률가가 되기가 더 어렵다. 이건 분명하다. 하지만 더 좋은 학교의 학위가 더 가치가 있다는 사실이 그런 어려움을 상쇄한다면 어떨까? 샌더와 테일러는 그렇지 않다고 주장한다. 괜찮은 학교에서 뛰어난 성적을 얻는 것이 뛰어난 학교에서 괜찮은 성적을 얻는 것과 비슷하고 어쩌면 더 낫다. 이들은 다음과 같이 썼다.

"30위 대학인 포드햄에 간 학생이 과에서 다섯 손가락 안에 드는 성적으로 학교를 마치면 훨씬 더 경쟁이 치열한 5위 대학인 컬럼비아에 진학해 과에서 중간보다 약간 낮은 성적을 받은 학생과 비슷한 일자리와 소득을 얻는다. 나는 이와 같은 경우의 대부분에서 포드햄 학생이 취업시장에서 더 유리하다는 것을 밝혔다."

그리 놀랄 만한 일은 아니다. 흑인 학생들이라고 해서 왜 과에서 가장 불리한 입장에서 배워야 하는 나른 누군가들과 다른 행동 양상을 보이겠는가? 샌더의 주장에 대해서는 논란이 많다. 그의 연구 결과 가운데 일부는 데이터를 상이하게 해석하는 다른 사회학자들에게서 반박을 받았다. 하지만 전반적으로 큰 연못의 위험에 관한 그의 주장들은 제2차 세계대전 때 스투퍼의 연구까지 거슬러 올라가 다수의 심리학자가 상식적이라고 생각할 것이다.

04 | 난독증일 때 발견되는 능력

1 난독증 문제에 대한 훌륭한 일반 입문서는 Maryanne Wolf, *Proust and the Squid: The Story and Science of the Reading Brain* (Harper, 2007)이다.

2 비요크 부부는 "바람직한 어려움"이라는 주제에 관해 폭넓고 뛰어난 글을 써 왔다. Elizabeth Bjork and Robert Bjork, "Making Things Hard on Your- self, But in a Good Way: Creating Desirable Difficulties to Enhance Learning," *Psychology and the Real World*, M. A. Gernsbacher et al., eds. (Worth Publishers, 2011), ch. 5에 두 사람의 연구가 잘 요약되어 있다.

3 야구공과 방망이, 부품 문제: Shane Frederick, "Cognitive Reflection and Decision Making," *Journal of Economic Perspectives* 19, no. 4 (fall 2005), 애덤 알터와 대니얼 오펜하이머가 프린스턴에서 CRT를 실험한 결과: Adam Alter et al., "Overcoming Intuition: Metacognitive Difficulty Activates Analytic Reasoning," *Journal of Experimental Psychology: General 136* (2007). 알터는 이 연구 선상에 있는 훌륭한 신간도 썼다. *Drunk Tank Pink* (Penguin, 2013).

4 실제로 더 짧은 검사도 있다. 가장 뛰어난 현대 심리학자 중에 아모스 트버스 키라는 사람이 있다. 트버스키가 어찌나 똑똑하던지 동료 심리학자들이 "트 버스키 지능검사"라는 것을 고안했다. 트버스키가 당신보다 더 똑똑하다는 것을 더 빨리 알아차릴수록 당신은 더 현명하다. 애덤 알터가 내게 이 검사에 대해 말해주었는데, 그는 이 검사에서 매우 높은 점수를 받을 것이다.

5 프레더릭은 자신의 검사가 다른 능력이 아니라 지능을 측정한다는 것을 분명 히 하기 위해 CRT 점수와 다른 요소들과의 상관관계를 보여주었다. 그는 "이 대답들을 분석하면 CRT 점수가 사과와 오렌지, 펩시와 코크, 맥주와 와인, 혹 은 랩 콘서트와 발레 사이의 선호와는 무관하다는 걸 알 수 있다"라고 썼다. "하지만 CRT 점수는 잡지 〈피플〉과 〈뉴요커〉 중 무엇을 선택할지에 대해서는 예측력이 높았다. CRT 점수가 낮은 집단에서는 67퍼센트가 〈피플〉을 선호 했고 CRT 점수가 높은 집단의 경우 64퍼센트가 〈뉴요커〉를 선호했다. (나는 〈뉴요커〉의 필자다. 그러니 어떻게 이 이야기를 언급하지 않을 수 있겠는가?)

6 기업가들의 난독증에 대한 줄리 로건의 연구: "Dyslexic Entrepreneurs: The Incidence; Their Coping Strategies and Their Business Skills," *Dyslexia* 15, no. 4(2009): 328–46.

7 2010년 1월에 블랜큰혼이 증인석에 섰을 때는 이 사건이 페리 대 슈워제네거 사건으로 불렸고, 2013년에 대법원에서 홀링스워스 대 페리 사건이 되었다.

8 그레이저가 제작한 많은 영화 가운데 〈스플래시〉, 〈아폴로 13호〉, 〈뷰티풀 마인드〉, 〈8마일〉 등이 대표적이다. 또한 내가 쓴 다른 책《블링크》에서 배우들을 캐스팅하는 기술을 논하는 부분에도 그가 언급되어 있다.

9 "빅 파이브"는 사회심리학자들이 성격을 측정하기 위해 사용하는 기준이다. 일부 사회학자는 가령 '마이어스-브릭스' 같은 성격 테스트를 그다지 선호하는 편은 아니다. 이런 "비전문적" 테스트는 중요 특성을 간과하거나 다른 특성을 잘못 설명한다고 생각하기 때문이다.

10 이케아의 역사를 다룬 가장 뛰어난 저서는 Kamprad and Bertil Torekull's *Leading by Design: The IKEA Story*(Collins, 1999)다. 캄프라드는 토레콜과의 인터뷰에서 놀랍게도 그가 냉전이 한창이던 시절 공산주의 국가에서 사업을 하는 것에 대해 일말의 망설임도 없었음을 시사한다. 그 반대로 캄프라드는 그 문제에 대해 거의 무심했던 것으로 보인다. "처음에 우리는 밀수를 좀 했어요. 줄 같은 도구, 예비 기계부품, 심지어 오래된 타자기용 먹지들도 불법적으로 들여왔죠."

11 난독증은 읽기에만 영향을 준다는 점을 언급해야 한다. 콘은 수와 관련된 능력에는 영향을 받지 않았다. 콘에 따르면, 어린 시절 내내 그를 믿어주었던 한 사람은 할아버지였다. 할아버지는 어린 게리가 가족이 하던 전기 도급 사업의 물품들을 전부 기억하는 걸 알고 그를 믿게 되었다.

12 이 장이 그 정도 길이다. 게리 콘이 자신에 관해 쓴 이 장을 읽길 원하면 자리에 앉아서 스케줄의 상당 부분을 비워야 할 것이다. "내용을 정말로 이해하기 위해서는 읽고, 의미를 파악하고, 모르는 단어들을 전부 찾아보고, 단어를 찾아서는 아, 이 단어가 아니구나, 내가 잘못 찾고 있구나라고 깨달으며 사흘 연속 두 시간씩 매달려야 해요"라고 그가 말했다. 그는 바쁜 사람이다. 그럴 시

간을 내기 힘들다. "제가 읽지 않을 당신의 책에 행운을 빕니다." 인터뷰를 마칠 즈음 그가 웃으며 말했다.

05 | 사람을 강하게 만드는 폭격

1 런던 대공습에 관한 자료 출처 중 하나는 Tom Harrisson, *Living Through the Blitz*(Collins, 1976)다. "윈스턴 처칠은 런던을 '세계에서 가장 큰 표적'이라고 묘사했다": p. 22.

2 런던 대공습에 관한 그 외의 자료 출처는 Edgar Jones, Robin Woolven, et al., "Civilian Morale During the Second World War: Responses to Air-Raids Re-examined," *Social History of Medicine* 17, no. 3(2004); J. T. MacCurdy, *The Structure of Morale*(Cambridge University Press, 1943)이다. "1940년 10월에 런던 사우스이스트 지역에 차를 몰고 지나갈 기회가 있었다": p. 16.

3 J. T. MacCurdy, *The Structure of Morale*(Cambridge University Press, 1943), "공동체의 사기는 생존자의 반응에 달려 있다": pp. 13-16.

4 J. T. MacCurdy, *The Structure of Morale*(Cambridge University Press, 1943), "첫 사이렌이 울렸을 때": p. 10.

5 Tom Harrisson, *Living Through the Blitz*(Collins, 1976), "나는 이루 말로 표현할 수 없는 행복과 승리감을 느끼며 누워 있었다": p. 81.

6 Tom Harrisson, *Living Through the Blitz*(Collins, 1976), "아니, 이걸 다 피해놓고?": p. 128.

7 프라이라이히가 의학 공부를 마쳤을 때 먼 친척이 죽으면서 그에게 600달러를 남겼다. "환자 중에 제게 중고차를 팔겠다는 중고차 딜러가 있었어요"라고 프라이라이히가 말했다. "1948년식 폰티악이었어요. 어느 날 밤 제가 여자 몇 명이랑 파티를 하면서 술에 취해서는 신상 링컨콘티넨털의 옆구리를 들이박았어요. 교도소에 갈 만한 짓이었지만 경찰이 오더니 제가 카운티병원의 인턴이라는 걸 바로 알아봤어요. 경찰이 '우리가 처리하겠습니다'라고 말하더군요." 당시에 의사가 된다는 건 이런 것이었다. 지금이야 그럴 일은 분명히 없

겠지만.

8 그 열두 명은 조지 워싱턴, 토머스 제퍼슨, 제임스 먼로, 앤드류 잭슨, 앤드류 존슨, 러더포드 헤이스, 제임스 가필드, 그로버 클리블랜드, 허버트 후버, 제럴드 포드, 빌 클린턴, 버락 오바마다.

9 브라운은 여덟 살 때 어머니를 잃은 워즈워스의 인상적인 시구로 글을 시작했다.

"우리의 모든 배움과 사랑의 중심이고

축이셨던 어머니

어머니가 떠나고 곤궁해진 우리는 당연하게도

똘똘 뭉쳤네"

10 유명한 시인과 작가들에 대한 비공식 조사: Felix Brown, "Bereavement and Lack of a Parent in Childhood," in *Foundations of Child Psychiatry*, Emanuel Miller, ed.(Pergamon Press, 1968). "고아가 되는 것을 지지한다는 말이 아니다": p. 144. J. 마빈 아이젠슈타트의 연구는 Parental Loss and Genius," *American Psychologist*(March 1978): 211에 상세히 설명되어 있다.

영국 총리들의 배경에 관한 루실 이레몽거의 연구 결과: Lucille Iremonger, *The Fiery Chariot: A Study of British Prime Ministers and the Search for Love*(Secker and Warburg, 1970), 4. 이레몽거는 계산 실수를 했는데 역사가 Hugh Berrington이 *British Journal of Political Science* 4(July 1974): 345에서 이를 바로잡았다.

부모를 잃는 것과 저명해지는 것 사이의 연관관계에 관한 학술 문헌은 상당히 많다. 그 외의 연구로는 Parental Loss and Scientists," *Science Studies* 4(1974); *Robert S. Albert, Genius and Eminence*(Pergamon Press, 1992); *Colin Martindale*, "Father's Absence, Psychopathology, and Poetic Eminence," *Psychological Reports* 31(1972): 843; Dean Keith Simonton, "Genius and Giftedness: Parallels and Discrepancies," in Talent Development: *Proceedings from the 1993 Henry B. and Jocelyn Wallace National Research Symposium on Talent Development*, vol. 2, N. Colangelo, S. G.

Assouline, and D. L. Ambroson, eds., 39-82(Ohio Psychology Publishing)가 있다.

11 혹은 영국의 수필가 토머스 드퀸시가 한 유명한 말처럼, "어린 나이에 고아가 되는 것이 인간의 본성에 따라 이점일 수도, 아닐 수도 있다."

12 백혈병과의 싸움의 전체적인 과학적 맥락을 이해하고 싶으면 싯다르타 무케르지의 퓰리처상 수상작《암: 만병의 황제의 역사》보다 더 나은 자료는 없다. 무케르지는 책의 한 장 전체를 백혈병과의 전쟁에 할애했다. 읽어볼 만한 가치가 충분하다.

13 소아 백혈병과의 투쟁 역사를 다룬 뛰어난 문헌 두 가지는 John Laszlo, *The Cure of Childhood Leukemia: Into the Age of Miracles*(Rutgers University Press, 1996)과 Siddhartha Mukherjee, *The Emperor of All Maladies* (Scribner, 2011)다. "위원회에 칼 무어 박사라는 선배 혈액학자가 있었는데" 는 라즐로의 책 183쪽에 나온다. 라즐로는 그 시기의 모든 주요 인물과 일련의 인터뷰를 했고 이 책의 각 장은 개별적인 구술 역사서라고 할 수 있다.

14 1960년대에 소설가 피터 드 브리스의 딸이 백혈병으로 세상을 떠났다. 그는 그때의 경험을 바탕으로《어린 양의 피The Blood of the Lamb》라는 애절한 소설을 썼다.

"그래서 우리는 소아병동으로 돌아갔다. 그리고 익숙한 광경이 다시 펼쳐졌다. 죽은 것이나 다름없는 아이를 붙들고 있는 어머니들, 자비의 가면, 무고한 아이들의 학살. 다리가 하나뿐인 여자아이가 간호사들의 능숙한 격려를 받으며 목발을 짚고 휘청거리며 복도를 걸어왔다. 닫힌 문의 판유리로는 머리 곳곳에서 피를 흘리며 침대에 앉아 있는 남자아이가 보였다. 신부가 아이에게 가까이 다가가려고 잔뜩 긴장한 채 벽에 기대 서 있었다. 옆방에서는 다섯 살짜리 아이의 두개골에 메토트렉세이트가 주입되고 있었다. 아니, 더 정확히 말하면 아이는 멈춰 선 기계 주위에 엄숙하게 모여 있는 기계공 무리를 보고 있었다. 그다음 방에서는 아기가 앉아 패널 쇼가 방송중인 텔레비전을 보고 있었다. (…)

연장된 작별의 지옥 속에 함께 내팽개쳐진 부모와 아이들 사이로 검사실에서 온 흡혈귀 간호사들이 그들을 괴롭히는 각각의 적이 어떻게 되어가나 보려고 뼈와 혈관에서 샘플을 뽑으며 끝없이 돌아다녔다. 도살업자 옷을 입은 의사들은 팔다리를 절단하고 뇌를 도려내고 악마가 여기저기 살고 있는 장기들을 칼로 찔렀다. 그들은 천만 시간의 헌신적인 노역이 낳은 최고 결실들에 대해 어떻게 생각할까? 그들은 자신들의 기술을 연습할 곳이 더 이상 남지 않을 때까지 장기와 관절 여기저기로 범인을 따라다녔다. 그 기술이란 바로 병을 연장하는 기술이다."

15 미래의 어떤 상황에서 어떻게 느낄지에 대한 예측은 "정서 예측affective forecasting"이라고 불리며, 인간은 아주 서투른 정서 예측자라는 게 증명되었다. 예컨대, 심리학자 스탠리 R. 래크먼이 뱀을 무서워하는 사람들을 데려와 뱀을 보여주거나 밀실공포증이 있는 사람들을 작은 금속 벽장 안에 서 있게 하는 실험을 했다. 그 결과로, 두려워하던 일을 실제 경험하면 상상했던 것보다 훨씬 덜 무섭다는 것을 알게 되었다.

공포증이 있는 사람들을 대상으로 한 스탠리 래크먼의 실험: "The Over-prediction and Underprediction of Pain," *Clinical Psychology Review* 11(1991).

16 "잔해 속에서 목소리가 흘러나왔다": Diane McWhorter, *Carry Me Home: Birmingham, Alabama; The Climactic Battle of the Civil Rights Revolution*(Touchstone, 2002), p. 97.

17 Diane McWhorter, *Carry Me Home: Birmingham, Alabama; The Climactic Battle of the Civil Rights Revolution*(Touchstone, 2002), "제기랄, 그래요, 우린 버스에 탈 겁니다": p. 98.

18 Diane McWhorter, *Carry Me Home: Birmingham, Alabama; The Climactic Battle of the Civil Rights Revolution*(Touchstone, 2002), "믿을 수 없게도 그녀의 아버지는": p. 109.

19 Diane McWhorter, *Carry Me Home: Birmingham, Alabama; The Climactic Battle of the Civil Rights Revolution*(Touchstone, 2002), "오늘은 한 해에 두 번째로": p. 110.

20 Diane McWhorter, *Carry Me Home: Birmingham, Alabama; The Climactic Battle of the Civil Rights Revolution*(Touchstone, 2002), "콜라병이 날아와 차창을 산산조각 냈을 때": p. 215.

21 "오래전 이런 환자가 있었습니다." 뉴욕의 정신과의사 피터 메잔이 내게 들려준 이야기다. "거대 기업의 창업자였는데, 자신의 비참했던 어린 시절에 대해 이야기했어요. 그가 여섯 살 때 어머니가 그가 보는 앞에서 돌아가셨어요. 아버지가 노발대발하여 어머니에게 소리를 지르고 있을 때였죠. 어머니는 경련을 일으켰어요. 깡패였던 아버지는 그 뒤 살해당했고 그와 형제들은 고아원에 보내졌습니다. 그는 온통 스스로 극복해야 할 것밖에 없는 곳에서 자랐습니다. 그래서 다른 사람이라면 하지 않을 모험을 마다하지 않았습니다. 잃을 게 없다고 느꼈기 때문일 겁니다."

메잔이 수년 동안의 진료 경험을 바탕으로 볼 때, 어린 시절에 겪은 이런 엄청난 고통과 부모와 사별한 아이들 중 일부가 나중에 어른이 되어 전설적인 성공을 거두는 경우는 전혀 신비스러운 일이 아니었다. 그런 정신적 외상을 견디고 극복했다는 사실이 자유를 주는 효과가 있다. 메잔은 "이들은 알려진 세계의 틀, 즉 암이건 물리학 법칙이건 사람들이 믿는 것, 가정하는 것, 상식적인 것, 익숙한 것, 모두가 당연하게 여기는 것들을 깰 수 있는 사람들입니다"라고 말한다. "이들은 틀에 얽매이지 않습니다. 이들에겐 틀 밖으로 나갈 능력이 있어요. 제가 생각하기엔 이들에겐 어린 시절의 일반적인 틀이 존재하지 않기 때문입니다. 그 틀은 산산조각이 났거든요."

22 환자가 암에서 벗어난 것처럼 보인 뒤에도 화학요법을 반복적으로 실시하는 방법은 1950년대 말 국립암연구소의 M. C. 리와 로이 허츠가 제안한 것이다. 리는 희귀 자궁암인 융모암을 마침내 환자의 몸에서 몰아낼 때까지 메토트렉세이트를 여러 차례 주사했다. 이것은 고형 종양이 화학요법으로 치유된 최초의 사례였다. 처음에 이 방법을 제안했을 때 리는 중단하라는 말을 들었다. 사람들은 야만적인 짓이라고 생각했다. 하지만 리는 고집을 부렸고, 환자의 병을 고쳤지만 그는 해고되었다.

"당시 분위기가 그랬어요"라고 드비타가 말한다. "그때 융모암에 관해 논의하기 위해 병례검토회가 열렸던 게 기억나요. 대화의 주제는 이 사례가 병이 자연 소멸된 것인지 아닌지였어요. 메토트렉세이트가 실제로 환자의 병을 고쳤다는 생각을 아무도 이해조차 하지 못했어요." 말할 필요도 없이 프라이라이히는 지금도 경외심을 담아 리에 대해 이야기한다. 한번은 학술회의에서 어떤 강연자가 리의 성취를 폄하하자 강연 도중에 프라이라이히가 벌떡 일어나더니 "M. C. 리는 융모암을 치유했습니다!"라고 고함을 쳤다.

23 프라이라이히의 일화는 무궁무진하다. 한때 그는 국립암연구소 임상센터의 12층까지 진출하는 모험을 감행했다. 12층은 성인 만성 골수성 백혈병 환자들이 있는 병동이었다. 만성 골수성 백혈병은 혈구를 과잉생산하는 병이다. 환자의 몸에서 세포를 만들어내는 체계가 과열된 것이다. 반면 프라이라이히가 치료하던 아이들은 급성 림프성 백혈병을 앓았다. 급성 림프성 백혈병은 결함이 있는 백혈구를 과잉생산하는 암이다. 환자들이 감염에 무력한 것은 이 때문이다. 그래서 프라이라이히는 12층에 입원한 성인 백혈병 환자들의 피를 뽑아 2층의 소아 백혈병 한자들에게 수혈하기 시작했다. 만성 골수성 백혈병 환자의 백혈구를 추출한다는 것이 이상하게 여겨졌을까? "미친 짓으로 여겨졌죠"라고 하며 프라이라이히가 그때 일을 돌아보며 말했다. "모든 사람이 미친 짓이라고 했어요. 만약 아이들이 만성 골수성 백혈병에까지 걸리면? 아이들의 병세가 더 심해지면?" 프라이라이히는 어깨를 으쓱했다. "그 아이들은 몇 달 내에 100퍼센트 죽을 상황이었어요. 우리는 잃을 게 없었어요."

24 나는 백혈병 이야기를 간단하게 다루었다. 좀 더 완전한 내용을 보려면 무케르지의 《암: 만병의 황제의 역사》를 참조하기 바란다. 프라이라이히와 프라이가 전례가 없던 용량의 약물을 투여하는 화학요법을 써서 백혈병 퇴치에 진전을 이룰 수 있음을 보여준 뒤 종양전문의 도널드 핀클이 연구를 이어받아 이 논리를 더 밀어붙였다. VAMP의 두제곱이라고 표현하면 가장 적절할 "토털 테러피total therapy"의 개척자가 바로 멤피스에 있는 세인트주드 소아연구병원의 핀클의 팀이었다. 오늘날 대단히 성공적인 백혈병 치료법은 본질적으로 VAMP 요법의 효과를 강력하게 끌어올린 핀클의 버전이다.

25 회고록 《지옥의 이론과 실제The Theory and Practice of Hell》에서 오이겐 코곤은

독일의 강제수용소 부헨발트에서 나치 당원들이 수용소 지도자들을 찾아가 그들과 같은 지위의 사람들 중에서 가스실로 보낼 "사회적으로 부적절한" 사람들을 뽑으라고 요구할 때마다 일어난 일에 관해 썼다. 그 요구에 따르지 않는 것은 재앙을 의미했다. 그러면 나치는 당시 유대인, 정치범과 함께 부헨발트에 수감되어 있던 가학적 범죄자들인 "녹색 수용자들"(죄수복에 녹색 삼각형 표식이 달려 있어 이렇게 불림)에게 수용자 지도부 자리를 넘길 것이다. 코곤은 "결코 순수한 마음으로" 그런 결정을 내릴 수는 없었다고 썼다. 때때로 인간의 생존은 더 큰 선을 위해 해를 끼치도록 요구한다. 그리고 코곤은 "양심이 민감할수록 그런 결정을 내리기가 더 힘들었다"라고 썼다.

오이겐 코곤의 회고록: *The Theory and Practice of Hell*(Berkley Windhover, 1975). "양심이 민감할수록 그런 결정을 내리기가 더 힘들었다": p. 278.

06 | 불구덩이로 뛰어드는 사람들

1 이 사진과 민권운동의 모든 상징적 사진에 대한 이야기는 Martin Berger, *Seeing Through Race: A Reinterpretation of Civil Rights Photography* (University of California Press, 2011)에 탁월하게 설명되어 있다. 이 사진과 사진이 미친 영향에 관한 모든 논의의 출처가 버거의 책이다. 1960년대에 미국의 주류 백인들은 흑인 활동가들이 수동적이고 "성자처럼" 보이길 원했다는 버거의 주장은 시사하는 바가 크다. 그렇게 해야 그들의 대의가 더 받아들일 만한 것으로 보였다.

킹과 워커가 시위에 아이들을 이용한 데 대한 비난: pp. 82-86, 자신의 행동에 대한 개즈던의 설명("저는 자동적으로 무릎을 치켜올렸어요."): p. 37

2 윌리엄 넌넬리는 코너의 전기《불 코너》에서 버밍햄시 법령의 관련 조항이 제369조라고 확인했다. 이 조항은 7피트(약 2.1미터) 높이의 칸막이로 분리되고 입구를 따로따로 만들지 않은 방에 "백인과 유색인"이 있는 것을 금지했다.

3 킹의 버밍햄 캠페인에 대한 최고의 설명서이자 이 장을 쓸 때 큰 도움을 받은 책은 Diane McWhorter, *Carry Me Home: Birmingham, Alabama; The*

Climactic Battle of the Civil Rights Revolution(Touchstone, 2002)이다. 워커의 이야기가 놀랍다고 생각되는 사람이라면 맥호터의 책을 읽어보길 권한다. 내가 읽은 어느 역사서 못지않게 훌륭한 책이다. "버밍햄에서는 (…) 범죄학에서 사실로 간주되었다": p. 340 주석, "회의 참석자 중에 영부인이 있었는데": p. 292, "유대인은 '안팎이 뒤집힌 깜둥이'일 뿐": p. 292, "어느 날 아침 시카고의 한 흑인이 잠에서 깨더니": p. 30, "킹을 보고 깜짝 놀랐다": p. 277, "닥터 수스의 책에서 튀어나온 투사": p. 359, "우리는 우리가 이미 가지고 있는 것을 이용해야 했습니다": p. 363, "케이나인 부대는": p. 372, "물론 사람들은 개에게 물리기도 했어요": p. 375. 맥호터는 켈리인그램공원에서의 결전을 매우 훌륭하게 설명했다. 이 책에서는 그 내용을 간단히 요약했다.

4 킹의 모의 추도: Taylor Branch's *Parting the Waters: America in the King Years 1954-63*(Simon and Schuster, 1988), 692. 와이어트 워커에 대한 브랜치의 묘사("그는 짙은 색 테의 안경을 써서"): p. 285, "워커는 원칙적으로 모든 것을 구축해야 한다고 주장했다": p. 689, 아이가 체포된 부모들에게 킹이 한 말: pp. 762-64.

5 "아내와 아이들에게 작별 입맞춤을 할 때"는 1989년 4월 20일에 앤드류가 뉴욕 가나안 침례교회에서 와이어트 워커와 진행한 인터뷰에 나온다. 앨라배마 주 버밍햄의 버밍햄 공공도서관에 이 인터뷰의 필기록이 보관되어 있다. "이 사람은 제정신이 아닌 게 분명해": 같은 인터뷰 p. 14, "그들은 백인의 시각으로만 봤어요": p. 22.

6 서인도제도에 살았던 내 어머니는 어릴 때 아난시의 이야기를 알게 되었고, 나와 형제들이 어렸을 때 그 이야기를 들려주셨다. 아난시는 자신의 목적을 위해서라면 자기 자식(언제나 자식이 많았다)도 속이고 희생시키는 악당이다. 내 어머니는 고상한 자메이카 여성이지만 아난시 이야기를 할 때면 장난기가 넘쳤다.

7 《흑인 문화와 흑인의 의식: 노예에서 자유에 이르기까지 미국 흑인들의 민속사상》에서 로렌스 레빈은 "이 토끼는 그에 대한 이야기를 짜 맞추는 노예들과 마찬가지로 자신이 가진 것들로 버텨야 했다. 작은 꼬리와 타고난 지적 능력

(이것들만으로 만족해야 했고 그러기 위해 토끼는 그가 이용할 수 있는 어떤 수단에라도 의지했다)은 그를 도덕적으로 더럽혔을 수도 있지만 그가 살아남고 이길 수 있게 해준 수단들이었다"라고 썼다.

8 "그 토끼는 주님이 만드신 모든 동물 중에서 가장 약아빠졌어요": Lawrence Levine, *Black Culture and Black Consciousness: Afro-American Folk Thought from Slavery to Freedom*(Oxford University Press, 2007), 107. 레빈의 책에서는 다음 부분들도 발췌했다. "이 토끼는 그에 대한 이야기를 짜 맞추는 노예들과 마찬가지로": p. 112, "고통스러울 정도로 현실적인 이야기": p. 115, "19세기의 노예제도 관찰자들과 주인들이 남긴 기록들은": p. 122, 테라핀 이야기: p. 115.

9 "난 같이 어울리기 어려운 사람은 아니에요, 달링"은 존 브리턴이 민권 문서화 프로젝트Civil Rights Documentation Project의 일부로 와이어트 워커와 했던 인터뷰에 나온다. 이 프로젝트에서 구축된 문서들은 하워드대학교의 무어랜드 스핀간 연구센터Moorland-Spingarn Research Center에 보관되어 있다. 필기록 p. 35 참조. 이 인터뷰에서는 다음 부분도 발췌했다. "당신이 내 길을 방해하면" p. 66, "만약 제게 면도칼이 있었다면": p. 15, "때때로 나는 내 윤리의식을 일에 맞추거나 바꿉니다": p. 31, "아, 좋은 시절이었죠": p. 63, "자기 손 안의 패를 보이도록 말이야": p. 59, "저는 킹 박사에게 전화를 걸어서": p. 61, "버밍햄은 무더웠어요.": p. 62.

10 역사가 테일러 브랜치는 워커에 대해 다음과 같이 썼다. "워커는 성미가 급한 사람이었다. 1940년대에 뉴저지고등학교 학생일 때 그는 폴 로브슨이 자유와 평등을 지지하는 것이 빨갱이라는 뜻이라면 자신은 빨갱이라고 한 말을 들었다. 워커는 곧바로 청년공산주의자연맹에 가입했다. 고등학교 때 그가 제출한 과제 중 하나는 미국에 소련식 경제체제 수립을 위한 5개년계획이었다. 또 지도자격인 인종분리주의자들을 기술적으로 기발한 방법으로 암살하는 꿈을 꾸었다."

11 워커는 "폭도들에게 우리를 넘기면 그들을 달래 진정시킬 거라고 느낀 거죠. 내 생각엔 우리를 때려죽일 수 있게 갖다 바치는 건데"라고 말을 이어갔다.

12 로버트 펜 워렌은 저서 《누가 흑인을 위해 목소리를 내는가 Who Speaks for the Negro?》를 위한 조사 작업으로 민권 활동가 및 지도자들과 여러 차례 인터뷰를 했다. 이 인터뷰들은 로버트 펜 워렌 민권 구술 역사 프로젝트에서 수집하여 켄터키대학교 루이스 넌 구술역사센터에 보관되어 있다. "순수한 기쁨"은 1964년 3월 18일에 와이어트 워커와 진행한 인터뷰의 테이프 1에 나온다.

13 사기꾼 민담이 민권운동에 영향을 미쳤다는 주장은 그 이전부터 나왔다. 예컨대 Don McKinney, "Brer Rabbit and Brother Martin Luther King, Jr: The Folktale Background of the Birmingham Protest," *The Journal of Religious Thought* 46, no. 2(winter-spring 1989-1990): 42-52. 매킨지는 다음과 같이 썼다(p. 50).

"토끼 형제가 잔꾀로 호랑이 형제를 속여 작은 동물들이 원하는 바로 그 일을 하게 만든 것처럼(즉, 호랑이가 자기 몸을 묶어 달라고 사정했다), 킹과 그의 영리한 보좌단의 비폭력적인 방법들이 불 코너가 그들이 원하는 바로 그 일을 하게 만드는 데 비슷한 영향을 미쳤다. 다시 말해, 그렇게 많은 흑인 시위들을 감금하자 국민적 관심을 끌었을 뿐 아니라 버밍햄이 마비되다시피 했다."

Trudier Harris, *Martin Luther King, Jr, Heroism and African American Literature*(University of Alabama Press, forthcoming)도 참조.

14 프리쳇의 결혼기념일에 관한 프리쳇과 킹의 상세한 대화: Howell Raines, *My soul Is Rested: The Story of the Civil Rights Movement in the Deep South* (Penguin, 1983), 363-65.

15 프리쳇은 실제로 버밍햄까지 가서 빌 코너에게 킹과 워커에 관해 경고했다. 그는 코너에게 민권 사기꾼들을 다루는 방법을 가르쳐주고 싶어 했지만, 코너는 들을 생각을 하지 않았다. "나는 우리가 그의 사무실에 들어갔을 때를 결코 잊지 못할 겁니다. 그는 우리에게 등을 돌리고 있었습니다. 커다란 임원용 의자에 앉아서. 그러다 몸을 돌렸는데 조그만 남자가 있더군요. 제 말은 키가 그랬단 겁니다. 하지만 목소리는 쩌렁쩌렁했어요. 제게 그날 자기들이 골프장 문을 닫았다고 말하더군요. '놈들이 골프를 칠 수는 있소. 하지만 우리가 홀을 콘크리트로 막아놓았거든. 골프를 쳐봤자 홀에 공을 넣진 못하지'라고 말했어

요. 그 말을 듣자 그가 어떤 사람인지 좀 알겠더군요."

16 이것은 워커가 계속 활용한 주제였다. 한번은 버밍햄시가 남부 기독교 연합회의를 금지해 달라는 가처분 소송을 제기했다. 그래서 워커가 법정에 출두해야 했다. 문제는, 워커가 법원에 묶여 있으면 캠페인 진행은 어떻게 하느냐였다. 워커가 내놓은 답은 법원에 등록을 한 뒤 그 이후에는 매일 그를 대신해 다른 사람이 출두하자는 것이었다. 왜 안 되겠는가? "알다시피 모든 깜둥이가 어차피 다 비슷해 보이는데요"라며 그가 말했다.

17 민권운동에 불 코너의 반대가 필요했던 이유에 대한 워커의 설명("변화가 없으면 언론의 관심도 없을 겁니다"): Michael Cooper Nichols, "Cities Are What Men Make Them: Birmingham, Alabama, Faces the Civil Rights Movement 1963," *Senior Thesis*, Brown University, 1974, 286.

18 스튜어트는 버밍햄에서 거물이었다. 모든 흑인 10대가 그의 방송을 들었다. 그가 청취자들에게 보낸 메시지의 다음 부분은 "칫솔을 들고 오세요, 점심이 제공됩니다"였다. "칫솔"은 "교도소에서 몇 밤 보낼 차림과 준비를 하라"는 암호였다.

19 K-9 부대의 동원에 대한 워커의 반응("우리가 변화를 일으켰어. 변화를 일으켰다고"): James Forman, *The Making of Black Revolutionaries: A Personal Account*(Macmillan, 1972)에 나온다.

20 포먼은 "무고한 사람들에게 만행을 저지르는 경찰에 기뻐하는 것은 매우 냉정하고 잔인하며 계산적으로 보였다. (…) 어떤 목적에 도움이 된다 하더라도"라고 썼다.

21 킹은 아이들을 이용하는 데 동의하기 전에 오랫동안 깊이 고민했고, 제임스베벨에게 설득되었다. 그들이 최종적으로 내린 결정은 누군가가 교회에 다닐정도의 나이가 되었다면, 즉 자신의 삶과 영혼에 그렇게 중요한 결정을 내릴정도로 나이가 들었다면 자신의 삶과 영혼에 중요한 대의를 위해 싸울 만한충분한 나이가 되었다는 것이었다. 침례교의 전통에서는 학교에 다닐 나이가되면 교회에 다닐 수 있다. 이는 킹이 불 코너와 맞서기 위해 예닐곱 살 된 아이들을 이용하는 데 동의했다는 뜻이다.

22 〈라이프〉 사진기자에 대한 킹의 질책("세상은 그 일이 벌어졌다는 걸 모릅니다"): Gene Roberts and Hank Klibanoff, *The Race Beat: The Press, the Civil Rights Struggle, and the Awakening of a Nation* (Random House, 2006).

23 워커는 코너가 쏜 물대포에 맞고 있는 시위자들을 담은 유명한 사진들에 대해서도 비슷한 주장을 했다. 그는 사진 속의 사람들이 시위자가 아니라 개즈던 같은 구경꾼이었다고 말한다. 그들은 오후 내내 16번가 침례교회 밖에 서 있었다. 버밍햄의 전형적인 습한 봄날에. 몹시 무더웠다.

"그 사람들은 공원의 그늘진 구역에 모여 있었어요. 소방관들은 공원의 두 곳에 호스를 준비했어요. 한 곳은 15번가 쪽, 다른 한 곳은 16번가 쪽. 분위기가 꼭 로마의 휴일 같았어요. 축제 같았죠.

구경꾼 중에 화가 난 사람은 아무도 없었어요. 아주 오랫동안 기다렸고, 어두워지기 시작했지요. 누군가가 벽돌 하나를 집어 들었어요. 사람들은 알고 있었거든요. 실제로 사람들은 '호스를 열어. 호스를 열어'라고 말했어요. 그리고 누군가가 벽돌을 던지자 불 코너가 호스를 열었어요. 사람들은 호스가 뿜어내는 물줄기 속에서 춤을 추며 놀았어요. 사람들이 손을 잡고 있는 이 유명한 사진은 그냥 사람들이 넘어지지 않고 서 있으려 애쓰는 놀이였고(이해하기 힘들지만), 그중 일부는 물줄기에 넘어지기도 했어요. 그러면 일어나서 다시 달려오고 그러다 보도를 따라 미끄러졌죠. 그러자 소방관들이 다른 곳에서 호스를 풀기 시작했는데, 흑인들 대신(이해하기 힘들지만) 그 사람들이 호스로 달려갔어요. 그들에게는 그게, 그러니까 축제였어요.

두 시간 동안 이런 상황이 이어졌어요. 정말 웃겼죠. 모두 기분이 들뜨고 신이 났어요. 흑인 구경꾼 쪽에서도 어떤 신랄한 반응도 없었는데, 제겐 이것도 정신적 변화를 보여주는 사례라고 느껴졌어요. 한때 흑인들이 경찰과 혹여 물호스 앞에서 겁을 먹었다면 이곳에선 그런 것들을 완전히 무시했어요. 오히려 농담거리로 만들어버렸죠."

07 | 약자가 그럴 수밖에 없는 이유

1 "세상에! 스카치 큰 걸로 한 잔 주게": Peter Taylor, *Brits*(Bloomsbury, 2002), p. 48.

2 반란을 어떻게 다룰 것인지에 대한 네이선 라이츠와 찰스 울프 주니어의 보고서: *Rebellion and Authority: An Analytic Essay on Insurgent Conflicts* (Markham Publishing Company, 1970). "우리는 (…) 기반하여 분석했다": p. 30.

3 이언 프리랜드에 대한 묘사: James Callaghan in *A House Divided: The Dilemma of Northern Ireland*(Harper Collins, 1973), p. 50.

4 "호랑이 사냥에 나선 영국령 인도의 영국인들" 같았다: Peter Taylor, Provos: *The IRA and Sinn Fein*(Bloomsbury, 1998), p. 83.

5 혁명은 정부의 어리석음과 야만성이 일으킨다는 숀 맥스티오페인의 말: Richard English, *Armed Struggle: The History of the IRA*(Oxford University Press, 2003): p. 134.

6 정당성의 원칙은 많은 학자가 명확하게 설명했지만 다음 세 가지를 특별히 언급할 가치가 있다. Tom Tyler, *Why People Obey the Law*(Princeton University Press, 2006)의 저자; David Kennedy, *Deterrence and Crime Prevention*(Routledge, 2008)의 저자; Lawrence Sherman, *Evidence-Based Crime Prevention*(Routledge, 2006)의 공동편집자. 같은 원칙의 또 다른 사례가 있다. 다음은 2010년에 지하경제, 즉 국민이 세금을 회피하기 위해 의도적으로 감추어놓은 금액의 비율에 따른 선진국의 순위다. 이는 여러 국가에서 납세자의 정직성을 비교하는 가장 좋은 방법 중 하나다.

Friedrich Schneider, "The Influence of the Economic Crisis on the Underground Economy in Germany and other OECD countries in 2010" (unpublished paper, revised edition, January 2010)에 나오는 목록이다. 이 목록은 놀랍지 않다. 미국, 스위스, 일본의 납세자들은 상당히 정직하다. 다른 서유럽 민주주의 국가들의 대부분도 그러하다. 그리스, 스페인, 이탈리아는 그렇지 않다. 실제로 그리스의 탈세 수준은 매우 심각해서 그리스 국민이

법을 지키고 납부해야 되는 세금을 전부 낸다면 수년간 그리스를 파산 직전 상태로 치닫게 했던 막대한 국가 적자가 거의 사라질 것이다. 왜 세금 문제에서는 미국인이 그리스인보다 훨씬 더 법을 잘 지키는 걸까?

미국	7.8	핀란드	14.3
스위스	8.34	덴마크	4.4
오스트리아	8.67	독일	14.7
일본	9.7	노르웨이	15.4
뉴질랜드	9.9	스웨덴	15.6
네덜란드	10.3	벨기에	17.9
영국	11.1	포르투갈	19.7
오스트레일리아	11.1	스페인	19.8
프랑스	11.7	이탈리아	22.2
캐나다	12.7	그리스	25.2
아일랜드	13.2		

라이츠와 울프라면 그 이유가 미국에서 탈세를 저질렀을 때의 대가가 이득보다 훨씬 크기 때문이라고 여길 것이다. 미국인이 세금을 속일 경우 붙잡혀서 처벌을 받을 가능성이 크다는 것이다. 하지만 그런 생각은 사실무근이다. 미국에서 세무조사를 받는 소득신고는 매년 1퍼센트에 지나지 않는다. 극히 소수다. 그리고 소득 과소 신고가 적발되었을 경우 가장 흔한 처벌은 약간의 가산세를 내는 것뿐이다. 징역형은 드물다. 라이츠와 울프의 정의에 따르면 미국의 납세자가 이성적으로 행동할 경우 미국에는 탈세가 만연할 것이다. 이에 대해 세금경제학자 제임스 앨름은 다음과 같이 말한다.

"실질적인 세무조사 비율이 1퍼센트인 국가에서는 90퍼센트 이상의 부정행위가 관찰되어야 한다. 소득을 1달러 더 신고하면 30, 40센트의 세금을 납부할 것이다. 그 1달러를 신고하지 않으면 세금으로 낼 돈을 전부 가지되 적발될 가능성이 있다. 하지만 적발될 가능성은 1퍼센트 이하다. 그리고 적발된다고 해도 국세청이 탈세가 의도적이었는지 판단해야 한다. 의도적인 탈세가 아니라면 약 10퍼센트의 가산세를 내면 된다. 세무조사를 받아 부정행위가 밝혀지면 약 75퍼센트의 가산세를 낸다. 따라서 적발되었을 때 예상되는 대가가 그리 크지 않다. 이렇게 수학적 계산 결과는 부정행위를 지지하는 쪽으로 크게 기울어진다."

그렇다면 왜 미국인은 세금을 속이지 않는 걸까? 미국인은 미국의 시스템이 정당하다고 생각하기 때문이다. 사람들은 모두를 동등하게 대우한다고 생각할 때, 의견을 거리낌 없이 말하고 들어주는 게 가능할 때, 규칙들이 자리가 잡혀 있어서 내일 당신이 받는 대우가 오늘과 급격하게 달라지지 않을 것이란 확신이 있을 때는 권위를 받아들인다. 정당성은 공정성, 발언권, 예측성을 기반으로 하며, 미국인이 정당성 문제에 대해 항의를 잘하는 만큼 미국 정부는 이 세 가지 기준 모두를 상당히 충족한다.

그리스의 지하경제가 미국보다 상대적으로 세 배 더 크다. 하지만 그리스인이 미국인보다 덜 정직하기 때문은 아니다. 그리스의 시스템이 미국의 시스템보다 정당성이 떨어지기 때문이다. 그리스는 유럽 전체에서 가장 부패한 국가 중 하나다. 세법이 엉망이다. 부유한 사람들은 내부자 거래를 한다. 만약 조세제도가 그렇게 노골적으로 비합법적인 나라, 모든 것이 불공평해 보이고 의견을 들어주지 않으며 규칙이 수시로 바뀌는 나라에 산다면 우리 역시 세금을 제대로 내지 않을 것이다.

7 브라운스빌 출신의 유명인이 놀랄 만큼 많다. 헤비급 복싱 챔피언 두 명(마이크 타이슨과 리딕 보우), 작곡가 아론 코플랜드, 코미디팀 바보 삼총사(모 하워드, 솀프 하워드, 래리 파인으로 구성되었으나 솀프의 자리는 후에 컬리로 교체되었다), 텔레비전 쇼 진행자 래리 킹 등이다. 농구, 풋볼, 야구 스타들의 명단이 긴 것은 말할 것도 없다. 그러나 여기에서 중요한 건 "브라운스빌 출신"이라는 말이다. 브라운스빌을 떠날 수 있는 사람이라면 누구도 그곳에 계속 살지 않는다.

8 다음은 미국의 인종별, 교육수준별 수감률이다.

주요 통계수치는 굵게 표시되어 있다. 1975년부터 1979년 사이에 태어나고 고등학교를 중퇴한 모든 흑인 남성의 69퍼센트가 수감된 적이 있다. 이 수치가 브라운스빌을 간단명료하게 설명해 준다.

백인	1945~49	1960~64	1975~79
고등학교 중퇴	4.2	8.0	15.3
고졸	0.7	2.5	15.3
대학은 다녔으나 졸업 못 함	0.7	0.8	1.2
흑인	1945~49	1960~64	1975~79
고등학교 중퇴	14.7	**41.6**	**69.0**
고졸	10.2	12.4	18.0
대학은 다녔으나 졸업 못 함	4.9	5.5	7.6

9 아일랜드 행진 시즌의 가두행진에 관한 논의: Dominic Bryan, Orange Parades: *The Politics of Ritual, Tradition and Control*(Pluto Press, 2000).

10 벨파스트에서는 12일 축제 행진이 도시를 천천히 가로질러 "필드Field"에서 끝난다. 필드는 대중연설을 위해 사람들이 모이는 대규모 집결지다. 1995년 의 한 연설을 보자. 명심해야 할 건 이 연설을 한 시기가 북아일랜드의 평화협 상 과정을 공식적으로 시작한 다우닝가 선언 이후라는 점이다.

"우리는 200년 전의 역사서들을 읽었습니다. 로마 가톨릭교도들은 이른바 이 단자 개자식들, 그러니까 여러분과 제가 개신교도라고 부르는 사람들을 박멸 하기 위해 '수호자Defenders'라는 집단을 만들었습니다. 지금이 1795년과 다를 바가 없습니다. 교황이 왕좌에 앉아 있습니다. 히틀러와 아우슈비츠 강제수용 소 시절에 활동하던 폴란드인 교황입니다. 그때 그들은 뒤로 물러나 수천 명 이 끌려가 죽는 모습을 한마디 비난도 없이 지켜보았습니다."

11 물론 이 동요는 다양한 버전이 있다. 다소 덜 공격적인 버전은 맨체스터 유나 이티드의 팬들이 최대의 라이벌 리버풀을 두고 부른 것이다. (덧붙이자면 "스 카우저scouser"는 리버풀 출신이거나 리버풀 말씨를 쓰는 사람들을 가리킨다. 비틀즈는 스카우저였다.)

"모닥불을 피워라, 모닥불을 피워라,
스카우저를 꼭대기에 꽂고
도시를 한가운데에 올려놓아라.
그리고 빌어먹을 것들을 태워버려라."

예상하듯이 이 동요를 대단히 열정적으로 부른 영상들이 유튜브에 널려 있다.

12 다음 날 왕당파의 폭도들이 봄베이가의 가톨릭교도 동네를 완전히 불태웠다. 시를 좋아하는 왕당파들은 이 공격에 대해서도 짤막한 노래를 지었다. "8월 15일에 우리는 짧은 여행을 떠났지

봄베이가를 따라 올라가며 모든 똥 덩어리를 불태웠지

우리는 약간의 석유와 작은 총을 들고 갔어

그리고 그 빌어먹을 페니언 단원들이 꽁무니를 뺄 때까지 싸웠어."

Pig in the Middle: The Army in Northern Ireland 1969-1984(Methuen, 1985). "8월 15일에"로 시작하는 짧은 노래: p. 18.

13 신페인당의 리더 게리 애덤스가 몇 년 뒤 말한 것처럼, 통행금지령의 결과는 "물리적 힘을 행사해 본 적이 없는 수천 명의 사람이 이제 물리적 힘이 현실 적으로 필수라는 사실을 인정하게 된 것이었다."

14 1969년에 북아일랜드의 사망과 폭력에 대한 통계: John Soule's "Problems in Applying Counterterrorism to Prevent Terrorism: Two Decades of Violence in Northern Ireland Reconsidered," *Terrorism* 12(1989): 33.

15 북아일랜드의 영국군에 대한 데스먼드 하밀의 언급: *Pig in the Middle: The Army in Northern Ireland 1969-1984*(Methuen, 1985). "IRA는 (…) 되받 았다": p. 32.

16 한편 1973년에도 상황은 더 나아지지 않았다. 그해에 영국군은 더 강경한 진 압에 나섰다. 171명의 민간인이 죽고 5,018건의 총격과 1,007건의 폭탄 테러, 1,317건의 무장 강도가 발생했으며 17.2톤의 폭발물이 군에 압수되었다.

17 프리랜드 장군이 로어폴스를 불시 방문했을 때에 관한 언급: by Sean MacS-tiofain in Sean Of O Fearghail's *Law and Orders: The Story of the Belfast Curfew*(Central Citizens' Defense Committee, 1970). 패트릭 엘리먼의 죽 음에 관한 상세 내용: p. 14.

18 통행금지령에 관한 훌륭한 자료: Taylor's *Provos*, 잠옷 차림의 사내에 관한 상세 내용: Nicky Curtis, *Faith and Duty: The True Story of a Soldier's War in Northern Ireland*(Andre Deutsch, 1998).

19 6년 뒤에 드럼은 벨파스트의 메이터병원에서 치료를 받던 중 침대에서 개신 교 극단주의자의 총에 맞아 사망했다.

20 로어폴스 통행금지령과 관련해 전해지는 많은 이야기 중 하나에 따르면 행진 자들이 밀고 나온 유모차에는 두 가지 목적이 있었다. 첫째는 로어폴스에 우 유와 빵을 가져다주는 것이고, 둘째는 영국군의 의심을 사지 않고 총과 폭탄 을 나르기 위한 것이었다.

08 | 힘과 권한의 역효과

1 현실적으로 설명하면 삼진아웃법은 다음과 같은 의미다. 처음 범법행위(절 도)를 저지를 경우 전에는 2년형을 받았고 지금도 2년형을 받는다. 두 번째로 범법행위(절도)를 저지를 경우 전에는 4.5년형을 받았다면 이제 9년형을 받 는다. 그리고 세 번째로 범법행위(장물죄)를 저지르면, 전에는 2년형을 받았 다면 지금은 25년형 이상 종신형을 받는다. 다른 주들이나 세계의 다른 정부 들도 자체적인 삼진아웃법을 통과시켰지만 캘리포니아주만큼 엄격하지는 않 았다.

2 삼진아웃법 역사에 관한 서술은 여러 자료를 살펴봤으며, 주로 Mike Reyn- olds, Bill Jones, and Dan Evans, *Three Strikes and You're Out! The Chronicle of America's Toughest Anti-Crime Law* (Quill Driver Books/ Word Dancer Press, 1996); Joe Domanick, *Cruel Justice: Three Strikes and the Politics of Crime in America's Golden State* (University of Califor- nia Press, 2004); Franklin Zimring, Gordon Hawkins, and Sam Kamin, *Punishment and Democracy: Three Strikes and You're Out in California* (Oxford, 2001); George Skelton, "A Father's Crusade Born from Pain," *Los Angeles Times,* December 9, 1993을 참고했다.

3 리처드 라이트와 스콧 데커가 유죄 판결을 받은 무장 강도들과 실시한 인터 뷰: *Armed Robbers in Action: Stickups and Street Culture* (Northeastern University Press, 1997). 인용된 진술들: p. 120. 라이트와 데커의 책은 대단 히 흥미롭다. 이 책에 나오는 범죄 심리에 대한 부분을 좀 더 소개하겠다.

"또한 일부 무장 강도는 잡힌다는 생각은 하지 않으려고 노력했다. 그런 생각을 하면 불쾌할 정도로 심한 정신적 괴로움을 겪기 때문이다. 그들은 이런 괴로움을 피하는 가장 좋은 방법은 위험에 대해서는 잊고 일을 운명에 맡기는 것이라고 믿었다. 무장 강도 중 한 명은 그런 심리를 이렇게 표현했다. '이봐요, 난 잡힌다는 말은 입 밖에도 내지 않았어요. 그래봤자 그만큼 걱정만 될 거잖아.' 이런 범법자의 대부분이 빨리 돈을 마련해야 한다는 압박에 시달렸을 뿐 아니라 돈을 마련할 합법적 방법이 없다고 인식했다는 점을 감안하면 이런 심리가 이해가 된다. 범죄를 대신할 유효할 대안이 없는 상황에서 범죄를 저질렀을 때 나타날 수 있는 부정적 결과를 깊이 생각하는 건 무의미하다. 따라서 범죄자들이 대개 잠재적 위험은 무시하고 대신 기대되는 보상에만 집중하는 것이 놀랍지는 않다. '체포되는 위험에 대해 나는 이렇게 생각한다. 빈 털터리로 밖에서 어슬렁대며 돈을 벌 시도조차 하지 않으니 붙잡혀서 갇히는 모험을 택하겠다.'"

4 케네디는 실제 범행 동기를 조사해 보면 위험과 이익의 계산이 "철저하게 주관적"으로 이루어졌다는 것을 알게 된다고 주장한다. 케네디는 "범죄 억제에 중요한 것은 범죄자와 잠재 범죄자에게 중요한 것이 무엇인가다. 중요한 것은 그들이 이해하고 정의하는 이익과 대가다"라고 썼다. 최근 범죄학자 앤서니 둡과 셰릴 마리 웹스터는 모든 주요 처벌 연구를 대대적으로 분석하여 다음과 같은 결론을 내렸다.

"지금까지 이루어진 연구들, 특히 과거 10년간 이루어진 연구들에 초점을 맞추어 합리적 평가를 해보면 형벌의 강도는 사회의 범죄 수준에 아무 영향을 미치지 않는다. 지난 25~30년간 가혹한 처벌이 억제효과가 있음을 보여주는 일관된 문헌이 나오지 않았다."

두 사람의 말은 선진국의 대부분이 곡선의 중간 부분에 위치한다는 것이다. 범죄의 정점을 지난 범죄자들을 감금해 두고 젊은 범죄자들이 전혀 신경도 쓰지 않는 무언가로 그들을 위협하는 방법은 그다지 설득력이 없다.

범죄의 동기에 대한 데이비드 케네디의 논의: *Deterrence and Crime Prevention*(Routledge, 2008), 처벌 연구들에 대한 앤서니 둡과 셰릴 웹스

터의 분석: "Sentence Severity and Crime:Accepting theNullHypothesis," *Crime and Justice* 30(2003): 143.

5 연령과 범죄행위 간의 관계를 보여주는 도표: Alfred Blumstein, "Prisons: A Policy Challenge," in *Crime: Public Policies for Crime Control,* James Q. Wilson and Joan Petersilia, eds.(ICS Press, 2002), 451-82.

6 클리어는 몇 년 전에 《역효과: 투옥이 범죄를 증가시키기 시작하는 시점》이라는 연구보고서에서 자신의 생각을 처음 설명했다. 이 보고서는 너무 많은 사람을 수감하면 의도한 것과 반대의 결과를 낳을 수 있는 이유에 대해 열 가지 주장을 제시했다. 처음에는 아무도 클리어의 글을 게재하지 않으려고 했다. 그는 관련 분야의 주요 학술지에 논문 게재를 시도했지만 모든 곳에서 실패했다. 교정 단체들 외에는 아무도 그의 말을 믿지 않았다.

클리어는 "제 분야에서 잘 알려지지 않은 사실 중 하나가 교정 전문가들이 대부분 자신들이 하고 있는 일이 상황을 개선할 것이라고 기대하지 않는다는 거예요. 그들은 인도적인 교도소를 운영하려고 노력을 하며 최선을 다합니다. 하지만 그들은 무슨 일이 일어나는지 직접 보면서 현장에 있습니다. 그들은 실상을 알고 있습니다. 그리고 '교도관들이 사람들을 학대해요', '죄수들이 더 나아진 상태로 교도소를 떠나지 않을 거예요', '우리는 그들에게 필요한 그 무엇도 주지 않고 있어요' 같은 말을 합니다. 그들에게는 정말 쓰라린 경험이죠. 그래서 제 논문을 돌려보고 서로에게 건넸어요. 그러다 오클라호마 형사사법 연구 컨소시엄Oklahoma Criminal Justice Research Consortium의 어떤 사람이 그 논문을 게재해도 될지 물어보더군요. 전 당연히 된다고 했고, 그 사람이 논문을 게재했어요. 그리고 오랫동안 구글에서 저를 검색해 보면 그 논문이 제일 위에 떴어요.

빈곤 지역에서의 대규모 투옥의 효과에 대한 토드 클리어의 책: *Imprisoning Communities: How Mass Incarceration Makes Disadvantaged Neighborhoods Worse*(Oxford University Press, 2007). 발표에 어려움을 겪은 클리어의 논문: "Backfire: When Incarceration Increases Crime" in the *Journal of the Oklahoma Criminal Justice Research Consortium 3*(1996): 1-10.

7 클리어의 이론을 가장 단순한 형태로 정리하면 다음과 같다. "특정 장소의 많은 젊은이를 수감했다가 다시 그 장소로 돌려보내는 순환은 그곳에 사는 사람들에게 유익하지 않다."

8 삼진아웃법이 캘리포니아의 범죄율에 미친 영향에 관해서는 방대한 연구가 있다. 책 한 권 분량에 이르는 가장 뛰어난 학술연구는 위에서 언급한 Zimring's *Punishment and Democracy*다. 이 법에 대한 가장 최근의 학술적 검토 중 하나를 소개하겠다. 다음은 Elsa Chen's "Impacts of 'Three strikes and You're Out' on Crime Trends in California and Throughout the United States," *Journal of Contemporary Criminal Justice* 24(November 2008): 345-70에 나오는 부분이다.

"삼진아웃법이 캘리포니아와 미국 전역의 범죄에 미친 영향을 1986년부터 2005년까지 주 수준의 데이터를 횡단면 시계열 분석을 하여 검토했다. 이 모형은 범죄 억지효과와 무력화효과를 측정하여 기존의 범죄 동향과 경제적, 인구학적 · 정책적 요인들로 보정하였다. 삼진아웃법은 캘리포니아주 외부에서는 제한적으로 적용되었음에도 불구하고 이 법의 존재가 전국적으로 강도, 가택침입, 절도, 차량탈취 발생이 약간이지만 유의미한 정도로 더 빨리 감소한 것과 관련이 있어 보인다. 삼진아웃법은 또한 살인율의 감소 둔화와도 관련이 있다. 캘리포니아의 법은 삼진아웃 정책을 광범위하고 가장 빈번하게 사용했지만 다른 주들의 훨씬 제한적인 법보다 범죄를 무력화하는 효과가 더 크지는 않았다. 이러한 분석은 가장 엄격한 형량선고 정책이 꼭 가장 효과적인 선택안은 아니라는 것을 시사한다."

9 예컨대, 법에 따르면 검사가 범죄자에게 형을 선고할 때 삼진아웃법의 형벌을 요청할지 선택할 수 있다. 샌프란시스코 같은 일부 도시는 이 법을 잘 적용하지 않는 반면 마이크 레이놀즈 가족이 사는 곳과 가까운 센트럴밸리의 일부 카운티에서는 검사들이 이 법을 스물다섯 배나 더 많이 적용해 왔다. 삼진아웃법이 정말로 범죄를 예방한다면 한 카운티가 이 법을 얼마나 자주 적용하는지와 범죄가 얼마나 빨리 줄어드는지 간에 상관관계가 나타나야 한다. 그런데 상관관계를 찾아볼 수 없다. 또한 삼진아웃법이 정말로 억제 효과가

있다면 이 법의 처벌 대상에 속하는 범죄들의 발생률이 그렇지 않은 범죄의 경우보다 빠른 속도로 떨어져야 한다. 실제로 그랬을까? 그렇지 않았다.

10 1980년대에 캘리포니아주는 예산의 10퍼센트를 고등교육에, 3퍼센트를 교도소에 사용했다. 20년 동안 삼진아웃법을 시행한 뒤로 주는 예산의 10퍼센트 이상을 교도소에 쓰고 있었다. 수감된 모든 남성, 여성에게 매년 5만 달러를 사용한 반면 교육비 지출은 8퍼센트 아래로 떨어졌다.

11 2012년 11월, 25년 이상 종신형을 선고하려면 범죄자의 세 번째 범죄가 "강력하거나 폭력적인" 성격이어야 한다고 명시한 36번 개정안에 캘리포니아주의 유권자 중 68.6퍼센트가 찬성표를 던졌다. 또한 36번 개정안은 삼진아웃법에 따라 선고를 받고 현재 종신형을 살고 있는 범죄자가 강력 범죄로 세 번째 유죄판결을 받지 않은 경우 재심을 청구할 수 있도록 했다.

12 캔더시 더커슨 사건을 훌륭하게 서술한 저서 두 권이 있다. Wilma Derksen, *Have You Seen Candace?*(Tyndale House Publishers, 1992); Mike McIntyre, *Journey for Justice: How Project Angel Cracked the Candace Derksen Case*(Great Plains Publications, 2011).

13 《아미시파의 은총Amish Grace》이라는 책에는 과속차량에 치여 큰 부상을 입은 다섯 살짜리 아이의 젊은 아미시파 어머니 이야기가 나온다. 아미시파는 메노파와 마찬가지로 더크 윌렘스가 남긴 전통의 계승자들이다. 이 교파는 초기에 메노파와 함께 고난을 겪었다. 메노파와 아미시파에는 다음과 같은 이야기가 무수히 전해 내려온다.

"수사관이 음주측정을 하기 위해 운전자를 순찰차에 태우는데 다친 아이의 어머니가 경찰관과 이야기하려고 다가왔다. 어린 딸이 어머니의 옷자락을 잡아당기는 동안 그녀는 '제발 그 아이를 잘 보살펴 주세요'라고 부탁했다. 그녀가 말하는 그 아이가 크게 다친 그녀의 아들인 줄 알았던 경찰은 '구급요원과 의사가 최선을 다할 겁니다. 나머지는 신의 뜻입니다'라고 대답했다. 그러자 그 어머니는 경찰차 뒷좌석의 용의자를 가리켰다. '전 운전자를 말한 겁니다. 우리는 그를 용서했어요.'"

아들이 차에 치여 크게 다친 아미시파 어머니의 이야기: Donald B. Kraybill,

Steven Nolt, and David Weaver-Zercher's *Amish Grace: How Forgiveness Transcended Tragedy*(Jossey-Bass, 2010), 71.

14 윌리엄스는 몇 년 뒤 감형을 받아 풀려났고, 그의 사건은 반反삼진아웃법 운동의 강령이 되었다.

15 북아일랜드 분쟁 동안 영국인이 북아일랜드에서 행사한 권력과 권위에 관해서는 Paul Dixon, "Hearts and Minds: British Counter-Insurgency Strategy in Northern Ireland," *Journal of Strategic Studies* 32, no. 3(June 2009): 445-75 참조. 딕슨은 다음과 같이 말한다(p. 456).

"패디 힐리어드는 1972년부터 1977년까지 16~44세의 가톨릭교도 남성 네명 중 한 명이 적어도 한 차례 체포되었다고 추정했다. 북아일랜드의 모든 가톨릭교 가정이 평균 두 차례 수색을 당했는데, 의심을 받지 않은 가정이 많았기 때문에 특정 구역의 일부 가정이 '아마 열 차례 이상' 수색을 당했을 것이다. 어떤 진술은 선별된 구역에 있는 일부 집의 거주자에 대해 정기적으로 한 달에 네 차례 조사를 했다고 주장한다. '1974년 중반에 군은 북아일랜드의 성인 및 청소년 인구의 34~40퍼센트에 대한 자세한 정보를 보유했다고 추정된다.' 1973년 4월 1일부터 1974년 4월 1일까지 400만 대의 차량이 검문검색을 받았다."

16 1990년대 중반에 IRA는 마치 교도소가 놀이공원인 것처럼 매일 벨파스트 외곽의 교도소로 가는 버스 편을 준비했다. 분쟁이 정점에 달했던 시기에 정치학자 존 소울은 "가톨릭교도 거주지역의 거의 모든 사람이 교도소에 간 아버지나 남자형제나 삼촌이나 사촌을 두었다. 이런 분위기에서 젊은이들은 교도소를 불명예가 아니라 영예의 증표로 알게 되었다"라고 썼다.

북아일랜드 분쟁이 절정일 때 존 소울이 쓴 논문은 "Problems in Applying Counterterrorism to Prevent Terrorism: Two Decades of Violence in Northern Ireland Reconsidered," *Terrorism* 12, no. 1(1989).

17 레이놀즈가 방문객을 데일리플래닛에 데려간 일: Joe Domanick's *Cruel Justice*, 167.

09 | 약자의 무궁무진한 지략

1 르 샹봉 쉬르 리뇽 마을에 대한 훌륭한 소개서: Christine E. van der Zan-den, *The Plateau of Hospitality: Jewish Refugee Life on the Plateau Vivar-ais-Lignon* (unpublished thesis, Clark University, 2003) 참조.

2 트로크메에 관한 저서는 Krishana Oxenford Suckau, *Christian Witness on the Plateau Vivarais-Lignon: Narrative, Nonviolence and the Forma-tion of Character* (unpublished dissertation (Boston University School of Theology, 2011); Philip Hallie, *Lest Innocent Blood Be Shed: The Story of the Village of Le Chambon and How Goodness Happened There* (Harper, 1994); Carol Rittner and Sondra Myers, eds., *The Courage to Care: Rescu-ers of Jews During the Holocaust* (New York University Press, 2012) 참조.

3 "적들을 사랑하고 용서하며 선을 베푸는 것": *Christian Witness*, 6.

4 "이 좋은 국가 원수가 아니라": *Lest Innocent Blood Be Shed*, p. 96.

5 *The Courage to Care*에서, "그래서 제가 '들어오세요'라고 말했어요": p. 101.

6 "라미랑은 산을 휩쓸고 다녔다": *Lest Innocent Blood Be Shed*, p. 99.

7 역사학자 크리스틴 반 데르 잔덴은 이 지역을 '환대의 고원Plateau of Hospitality' 이라고 불렀다. 이 지역은 피난민을 받아들인 역사가 길었다. 1790년에 프랑스 의회는 모든 가톨릭교 성직자에게 교회를 정부에 종속시킨다는 서약을 하지 않으면 투옥시키겠다고 선언했다. 서약에 서명하길 거부한 사람들은 목숨을 걸고 달아났다. 그중 많은 사람이 어디로 갔을까? 이미 저항 기술을 충분히 연습해 온 공동체인 비바레고원이었다. 체제 반대자들의 수가 증가했다. 제1차 세계대전 동안 고원 사람들은 피난민을 받아들였다. 스페인내전 동안에는 프랑코 장군의 파시스트 군대를 피해 달아난 사람들을 받아들였고, 나치 공포 시대의 초기에는 오스트리아와 독일에서 온 사회주의자들과 공산주의자들을 받아들였다.

8 "우리 마을 사람들은 박해가 뭔지 이미 알고 있어요": *The Courage to Care*, p. 101.

9 트로크메의 질문 "나치가 어떻게 (…) 막을 수 있었겠습니까?": Garret Keiz-

er's *Help: The Original Human Dilemma*(HarperOne, 2005), 151.

10 "아버지의 땀구멍에서는 사명감이 흘러나왔다": *Lest Innocent Blood Be Shed*, p. 146.

11 "점잖게 시작하는 사람에게 저주가 있을지니": *Lest Innocent Blood Be Shed*, p. 266.

12 "이게 뭡니까?": *Lest Innocent Blood Be Shed*, p. 39.

13 "합리적이진 않았습니다": *Lest Innocent Blood Be Shed*, p. 233.

14 "그가 가진 신분증에는 이름이 베귀에Béguet라고 되어 있었고": *Lest Innocent Blood Be Shed*, p. 226.

15 "트로크메가 열 살 되던 해": *Lest Innocent Blood Be Shed*, p. 51.

16 "장 피에르! 장 피에르!": *Lest Innocent Blood Be Shed*, p.101.

나가며 | 약자의 힘을 이해하기

1 엘리엇은 베트남에서의 랜드연구소의 활동에 대한 가장 뛰어난 역사서《동남아시아에서의 랜드연구소: 베트남전 시기의 역사RAND in Southeast Asia: A History of the Vietnam War Era》(RAND Corporation, 2010)를 썼다. 그녀는 또한 매우 감동적인 회고록《신성한 버드나무: 어느 베트남 가족의 4대에 걸친 삶The Sacred Willow: Four Generations in the Life of a Vietnamese Family》의 저자이기도 하다. 엘리엇은 결혼 후의 성이며, 역시 뛰어난 베트남 역사가인 남편 데이비드 엘리엇은《베트남전: 메콩 삼각주에서의 혁명과 사회변화, 1930-1975The Vietnamese War: Revolution and Social Change in the Mekong Delta》를 썼다. 베트남전에 관해 더 알고 싶으면 엘리엇 부부의 저서들을 읽어보는 것도 괜찮다.

2 랜드연구소의 동기부여 및 사기 분석 프로젝트에 대한 서술은 대부분 마이 엘리엇과의 인터뷰와 그녀가 쓴 글들에 의지했다. 엘리엇은 레온 구레가 채용한 면담팀의 일원이었고 나중에 랜드연구소의 전쟁 개입에 대한 최고의 역사서 *RAND in Southeast Asia: A History of the Vietnam War Era*(RAND Corporation, 2010)를 썼다. "베트콩이 뭐죠?": p. 49.

3 *RAND in Southeast Asia: A History of the Vietnam War Era*(RAND Corporation, 2010), "그들은 간단히 말해": p. 127.

4 "전형적인 대륙의 교수"와 그 뒤에 나오는 루소의 모든 말: Anthony Russo, "Looking Backward: RAND and Vietnam in Retrospect," *Ramparts*(July 1972.

5 *RAND in Southeast Asia: A History of the Vietnam War Era*(RAND Corporation, 2010), "예산이 얼마였습니까?": p. 126.

6 *RAND in Southeast Asia: A History of the Vietnam War Era*(RAND Corporation, 2010), "바로 여기에 그 대답이 있습니다": p. 103.

7 "우리는 (…) 그들을 피 흘리게 할 것이다": Samuel Zaffiri, *Westmoreland: A Biography of General William C. Westmoreland*(Quill, 1995).

8 전후의 가장 뛰어난 경제학자 중 한 명인 앨버트 O. 허시만도 그의 친척이다. 허시만은 스페인내전에서 싸웠고 나치 유럽에서 유대인을 유럽 밖으로 몰래 탈출시켰다. 또한《경제 개발 전략The Strategy of Economic Development》,《떠날 것인가, 남을 것인가Exit, Voice, and Loyalty》를 포함한 여러 권의 걸작 경제이론서를 썼다. 그의 이야기는 제러미 아델만의 명저《세속적 철학자: 앨버트 O. 허시만의 여정Worldly Philosopher: The Odyssey of Albert O. Hirschman》에 소개되어 있다. 켈른의 아버지가 앨버트 O. 허시만의 어머니의 오빠였다. 켈른과 학창시절 친구들이 괴테의 2행 연구로 농담을 한 이야기: Jeremy Adelman's biography of Hirschman, *Worldly Philosopher: The Odyssey of Albert O. Hirschman*(Princeton University Press, 2013).

9 켈른이 다니던 학교에서 아이들은 괴테의 시 〈마왕〉의 유명한 첫 구절을 큰 소리로 암송하곤 했다. "이 늦은 밤, 바람 속을 말을 몰고 달리는 게 누구인가" 하지만 아이들은 2행 연구("아이를 껴안은 아버지라네")를 제대로 완성하지 않고 배꼽을 잡고 웃으며 "물론 이번에도 유대인이지!"라고 외쳤다. 그 시절 반유대주의는 특권층의 어린 유대인이 아직 비웃을 수 있는 것이었다.

10 "느낌이 들었어요"와 그 뒤에 나오는 켈른의 모든 말은 1968년에 그가 UCLA 에서 했던 세 차례의 세미나에서 나온 것이며 Konrad Kellen, "On Problems in Perceiving Other Nations and Systems," *Security Studies Paper*

15(UCLA, 1968)에 전재되어 있다.

11 군복무 시절의 기억이 계속 그를 괴롭혔다. "남편은 전쟁에 대해 엄청나게 끔찍한 기억을 가지고 있었어요." 패트리샤 켈른이 말한다. "그 기억이 남편에게 깊은 영향을 미쳤어요. 그리고 삶이 끝나갈 무렵 그 기억들이 모두 되살아났죠." 켈른은 삶의 마지막 몇 년을 힘들게 보냈다. "남편은 나치가 밖에 와 있다고 생각했어요. 군인들이나 나치에 대해 이야기하기 시작했고 그들이 바로 밖에 와 있다고 걱정했어요. 겁에 질렸지요."

12 이후에 엘즈버그는 미국의 베트남 개입에 관한 기밀 군사문서인 〈미국·베트남 관계, 1945-1967: 국방부 연구〉를 입수해 언론에 공개하면서 유명해졌다. 이 문서는 나중에 "펜타곤 페이퍼Pentagon Papers"라고 명명되었다. 전쟁에 반대하던 사람들에게 엘즈버그는 영웅이었다.

찾아보기

추천의 글

━━━ 말콤 글래드웰의 가장 도발적인 책. 《다윗과 골리앗》은 역사와 심리학, 그리고 설득력 있는 서술로 무장하여 장애물과 약점에 대한 우리의 사고방식에 이의를 제기하고 주변 세계를 어떻게 볼 것인지, 삶이 던지는 과제들을 어떻게 다룰 것인지 다시 생각해 보게 한다. _**수전 자피 〈콜럼버스 디스패치〉**

━━━ 말콤 글래드웰의 모든 저서와 마찬가지로 《다윗과 골리앗》의 추진력은 독자를 매료하는 특유의 스토리텔링이다. 글래드웰은 익숙한 요소들과 허를 찌르는 반직관적인 생각들을 버무린 뒤 과학적 증거를 흩뿌려 맛을 내는 데 대가다. 그는 눈을 뗄 수 없이 흥미롭고 술술 읽히는 글을 쓴다. 《블링크》, 《아웃라이어》, 《티핑포인트》 같은 책은 수많은 독자에게 한결 더 똑똑해진 것 같은 기분을 선사하며, 세계와 실제로 세계가 어떻게 작동하는지에 관한 밈적 아이디어들을 창출해 낸다. _**롭 브룩스, 〈허핑턴 포스트〉**

━━━ 말콤 글래드웰의 도발적인 생각들은 비즈니스 세계를 단번에 사로잡았다. _**댄 쇼벨, 〈포브스〉**

다윗과 골리앗
David And Goliath

━━━━ 눈을 뗄 수 없이 흥미롭고 본질적인 책. 항상 그렇듯이 말콤 글래드웰은 통찰력으로 책의 한 면 한 면을 채우고 인상적인 인물연구와 일화들을 차례차례 제시하여 이를 설명한다. 특히 '바람직한 어려움'을 논하는 부분이 대단히 흥미롭고 영감을 불러일으킨다. _**헥터 토버, 〈LA타임스〉**

━━━━ 말콤 글래드웰은 일반 통념의 안팎을 뒤집어 그에 대한 생각을 바꾸게 만들 반전이나 관점을 발견한다. _**카이 리스달, 〈마켓플레이스〉**

━━━━ 《다윗과 골리앗》은 특히 상아탑 내에 격렬한 논쟁을 일으키고 있다. 이 베스트셀러 작가이자 〈뉴요커〉 필자의 책이 수백만 권 팔린 것은 자신의 생각을 재미있고 이해하기 쉬울 뿐 아니라 정곡을 찌르는 짧은 글들로 묶어 세계가 어떻게 작동하는지 (임계질량의 힘, 성공의 임의성 등)를 노련하게 설명하기 때문이다. 말콤 글래드웰은 과학자가 아니라 이야기꾼이며, 그 점이 잘난 체하는 적잖은 학자들의 신경을 건드렸다. 나는 부분적으로는 연예인이고 부분적으로는 괴짜이며 부분적으로는 해독하기 힘든 다른 사람들의 생각을 전하는 글쟁이인 말콤 글래드웰의 모습에 감사한다. 까놓고 말해보자. 그가 이 힘든 일을 하지 않았다면 재미있는 도표로 가득 찬 그 이해하기 힘든 동료평가 논문을 아무도 읽지 않았을 것이다. _**라이오넬 비너, 〈USA 투데이〉**

━━━━ 《다윗과 골리앗》의 독자는 엄청난 난관을 극복한 다채로운 인물들과 함께 여행하면서 브리튼 전투, 암 치료, 민권 투쟁에 관한 흥미로운 사실들을 알게 될 것이다. 말콤 글래드웰이 이 책에서 다룬 광범위한 주제 중 몇 가지만 언급해도 이 정도다. 재미난 책이다. _**크리스토퍼 차브리스, 〈월스트리트 저널〉**

━━━━ 말콤 글래드웰은 선동가이자 반골이다. 그의 장기는 겉보기엔 관련 없는 사건들과 행동들 사이의 연관관계를 발견하여 그 관련성이 왜 의미가 있는지 자신감 있게 주장하는 데 있다. 그는 우리의 관점을 뒤흔들고 우리의 관찰에 이의를 제기하여 대화를 촉발한다. _**마거릿 자워스키, 〈석세스〉**

—— 말콤 글래드웰은 일반적인 통념에 의문을 제기하여 명성을 얻었다. 이 책에서 그는 약자가 강자를 이긴다는 있을 법하지 않은 이야기를 검토하여 그런 승리가 전혀 가능성 없는 일이 아니라는 것을 보여준다. _주디스 뉴먼, 〈피플〉

—— 말콤 글래드웰의 책을 읽으면서 세상이 조금 덜 복잡해졌다. _재닛 매슬린, 〈뉴욕 타임스〉

—— 마음을 사로잡는 책이다. 말콤 글래드웰은 삶의 시련과 갈등을 더 잘 이해하고 거대한 도전에 직면했을 때의 이점을 발견하기 위해 고난극복 이야기의 끝판왕인 다윗이 거인을 어떻게 죽였는지에 대한 역사적 기록을 필두로 막강한 적들과 싸우는 다양한 개인을 보여준다. 모든 사람은 약자를 사랑한다. 그리고 글래드웰의 책은 있음 직하지 않은 영웅들의 보고다. 글래드웰은 주인공들의 경험에 생명을 불어넣는 뛰어난 재능이 있다. 또 단순화하되 지나치게 단순화하지 않는 데도 일가견이 있다. '스트렁크 앤드 화이트'식의 깔끔하고 생기 넘치는 문장이 독보적인 스토리텔링을 뒷받침한다. _데이비드 타카미, 〈시애틀 타임스〉

—— 대중문화 전문가인 말콤 글래드웰은 상이한 분야들(사업부터 과학, 성서에 이르기까지)의 개념들을 뒤섞어 세상을 보는 새로운 방식을 만들어내는 아이디어 블렌더다. '티핑포인트', '아웃라이어' 같은 재치 넘치는 문구를 만들어내는 재주가 있는 이 특이한 석학의 저서들은 언제나 베스트셀러 1위를 차지한다. _바버라 오데어, 〈리더스 다이제스트〉

—— 눈을 뗄 수 없는 책이다. 말콤 글래드웰이 또 일을 냈다. 《다윗과 골리앗》에서 그는 독자를 매료하는 대단히 흥미로운 이야기들을 썼다. 그는 지루한 구절은 쓸 줄 모르는 사람 같다. 글래드웰은 우리의 생각을 뒤흔들어 세상을 새롭게 보게 만드는 재주가 있다. 또한 군더더기 없는 문체로 책장이 술술 넘어간다. _앨런 팔로우, 〈AARP〉

—— 언제나 그렇듯 글래드웰은 자신의 주장을 수많은 흥미로운 연구와 매력적인 이야기들로 명확하게 설명한다. 하지만 이전의 저작들과 달리 《다윗과 골리앗》이 특히 공감을 불러일으키는 이유는 아마도 불이익이 상존하는 현실이 되어버린 시기, 소득 불평등, 정부 폐쇄, 티파티, 점거운동의 시대에 나왔기 때문일 것이다. _**재레드 블랜드, 〈글로브 앤드 메일〉**

—— 말콤 글래드웰은 현대 문화 담론에서 가공할 만한 목소리가 되었다. _**오리건 퍼블릭 라디오**

—— 고전 다윗과 골리앗으로 시작해 아라비아의 로렌스, 마틴 루서 킹 주니어 같은 인물에 이르기까지 말콤 글래드웰은 '약자'라는 꼬리표가 붙은 사람들이 약자라는 상태를 어떻게 자신에게 유리하게 이용하여 허를 찌르는 교묘한 요소들로 성공을 거두었는지 보여준다. 그는 자신의 연구를 신선하고 이해하기 쉽게 제시한다. '네가 가지고 있는 것을 이용하라'는 시대의 캐치프레이즈가 될지도 모른다. _**데이비드 지크프리트, 〈북리스트〉**

—— 말콤 글래드웰 특유의 반직관적인 주장들은 매력적인 스토리텔링과 인지적 도약으로 찬사를 받아왔다. 글래드웰이 런던 대공습의 생존자에 관한 연구를 선구자적인 종양학자 에밀리 '제이' 프라이라이히의 활동과 설득력 있게 비교할 때 독자들은 궁금해진다. 대공습과 프라이라이히 중 누가 먼저 그의 연구에 들어왔을까, 아니면 그냥 글래드웰이 어쩌다 많은 걸 알게 된 걸까? 이 이야기들은 도발적이고 종종 아주 감동적이며 미묘한 감정을 안겨준다. _**존 개어릭, 〈보스턴 글로브〉**

—— 말콤 글래드웰은 현대의 삶에 대한 반직관적인 통찰력으로 전개되는 이야기들을 통해 독자를 사로잡는다. _**데이비드 태런트, 〈댈러스 모닝 뉴스〉**

—— 말콤 글래드웰의 어조는 줄기차게 낙관적이다. 그는 흔히 접할 수 있는 사실들을 수집하여 흔하지 않은, 그리고 종종 놀라운 시각으로 바라보는 특기가 있다. _데이비드 모리스, 〈북페이지〉

—— 당신이 알고 있다고 생각하는 것들을 다시 생각해 보게 만들 또 다른 책을 들고 글래드웰이 돌아왔다. 《다윗과 골리앗》에서 그는 강점과 약점을 새로운 시각으로 바라보고 약자와 강자를 만드는 규칙들을 다시 생각하라고 자극한다. 이 새롭고 알찬 책으로 당신의 뇌를 활성화하길. 〈에보니〉

—— 《다윗과 골리앗》에서 말콤 글래드웰은 힘과 성취에 관한 중요한 생각들을 파헤친다. 그는 학급 규모를 줄인다고 학생들에게 꼭 더 도움이 되진 않는다는 연구를 언급할 때처럼 반직관적인 이야기를 할 때 가장 흥미롭다. 그의 글래드웰의 글은 나무랄 데가 없다. _크레이그 셸리그만, 〈블룸버그〉

—— 말콤 글래드웰은 동세대에서 가장 영향력 있는 언론인이 되었다. _톰 주노드, 〈에스콰이어〉

—— 어느 무리에 있든 가장 똑똑한 인물인 말콤 글래드웰은 책을 집어 들면 금세 페이지가 술술 넘어가게 하는 뛰어난 재주를 가졌다. 이 책은 독자의 마음을 비집어 열고 새로운 공기가 흘러 들어가도록 해준다. _대니얼 셰플러, 〈엣지〉

—— 말콤 글래드웰은 내가 탐사 에세이라고 불리는 장르에서 계속 빛나는 성과를 보여준다. 내 생각에 그는 단독으로 이 장르를 개발한 것 같다. 그는 먼저 친숙한 이야기를 굉장히 유익하고 재미있게 들려준 뒤 무심한 관찰자라면 간과했을 증거들을 제시하며 또 다른 관점에서 이야기를 설명한다. 그는 끊임없이 흥미로운 주제를 선택하여 차분하게 글을 써 내려간다. 재미와 깨달음을 동시에 선사하는 그의 능력이 경이롭다. 브라보! _스콧 코프먼, 〈루이빌 쿠리어 저널〉

—— 말콤 글래드웰이 세상을 보는 방식은 신선하다. 《블링크》에서 자연적으로 전략적이 된 베트남 참전용사가 만반의 준비를 한 국방부 팀을 이라크전 모의훈련에서 어떻게 이겼는지 논하건, 《아웃라이어》에서 빌 게이츠가 명성을 얻게 된 시간 및 장소 요인을 분석하건, 《다윗과 골리앗》에서 약자들이 약진한 이야기를 차례로 기록하건, 이 작가는 세상의 소음을 꼼꼼하게 살피고 걸러내 삶의 본질에 초점을 맞추며 사람과 상황을 일반적 생각이 아니라 실제로 그들이 누구이고 어떠한지 인식하는 법을 터득하여 사고의 명확성을 추구한다. _**브라이언 리즈먼, 〈코스토 커넥션〉**

—— 말콤 글래드웰의 신간이 다루는 대중적 주제는 거대기업들이 지구를 지배하는 이 시대, 딱 알맞은 때에 나왔다. 어떤 면에서 《다윗과 골리앗》은 위대한 인물들이 우리가 생각하는 것만큼 그렇게 위대하지 않다고 이야기한 2008년도 베스트셀러 《아웃라이어》의 보완적 속편이라고 할 수 있다. 그가 정말로 큰 감동을 주는 부분은 개인들의 드라마다. 미친 듯한 의학연구자 에밀 프라이라이히에 대한 묘사가 이 책에서 신의 한 수다. _**크레이그 오프먼, 〈글로브 앤드 메일〉**

—— 말콤 글래드웰은 단순한 성공 공식이나 모형에는 관심 없다. 그는 약자 입장의 본질을 깊이 파고들어 왜 강자들이 학업과 운동경기에서, 모든 직업적 성공이나 명성을 노린 다툼에서, 전 세계의 반란과 반란 진압에서 약자를 상대로 오랫동안 그토록 어려움을 겪었는지 검토했다. 그의 감동적인 이야기들과 놀라운 통찰력, 끊임없이 자극을 주는 생각들로 독자에게 보답한다. _**〈키르커스 리뷰〉**

—— 깨우침과 재미를 주는 책. 말콤 글래드웰의 이야기들은 반직관적이지만 그럼에도 불구하고 깊은 안도감을 준다. _**대니얼 액스트, 〈뉴스데이〉**

—— 말콤 글래드웰은 《다윗과 골리앗》을 더 큰 주제를 뒷받침하는 개별적인 사례 연구로 나누고 미니멀리즘적인 책 표지만큼 깔끔하고 간결한 문체로 개인의 이야기들에 사회학적 관찰을 올려놓는다. 빨리 읽히고 돌발적으로 마음을 사로잡는 책. _**키스 스타스키비츠, 〈엔터테인먼트 위클리〉**

추천의 글
Malcolm Gladwell

━━━ 말콤 글래드웰은 단순한 '좋은 작가'를 넘어섰다. 그가 들려주는 이야기들은 한마디로 읽을 가치가 있다. 다시 말하면 이 이야기들은 흥미롭고 당신을 생각하게 만든다. _데이브 베리, 〈프레이코노믹스〉

━━━ 말콤 글래드웰의 책들은 단편적 사실들을 놀랍고 종종 반직관적인 방식으로 연결하여 익숙한 현상에 대한 참신한 이론들을 만들어낸다. 《다윗과 골리앗》은 매우 재미있는 책인데, 여기에는 약자를 응원하려는 우리의 뿌리 깊은 본능도 한몫한다. _브라이언 베튠, 〈매클린스〉

━━━ 말콤 글래드웰이 많은 생각을 불러일으키는 또 다른 이론을 들고 돌아왔다. 대단히 흥미롭고 재미있으며 유익하다. 그는 이번에는 다윗과 골리앗을 비롯하여 그의 주장을 입증해 줄 더 많은 인물의 '진짜' 이야기들을 통해 약자의 힘을 인정하면서 독자가 삶의 걸림돌들을 마주하고 정복하는 문제에 관해 믿고 있던 모든 것에 이의를 제기한다. _셀레스트 윌리엄스, 〈포트 워스 스타 텔레그램〉

━━━ 당신의 마음과 영혼을 풍요롭게 해줄 책. 독자는 주변 세계에서 역경의 가치를 보기 시작할 것이다. _매슈 러브, 〈타임아웃 뉴욕〉

━━━ 말콤 글래드웰은 문화가 어떻게 무의식적으로 강자를 선호할 수 있는지를 능숙한 솜씨로 보여주면서도 근면한 이민자가 미국의 대학과 실리콘밸리에서 큰 성공을 거둔 이유를 적절한 비유로 풀어낸다. _마이클 본, 〈더 밀리언〉

━━━ 불확실성이 말콤 글래드웰의 작품의 핵심이다. 그는 자기계발서 작가가 아니며 신통력이 있는 사람도 아니다. 그는 저널리스트로, 노련하게 써 내려간 이야기들을 통해 경험에 근거한 반직관적인 생각들을 제시하여 '왜 세상은 항상 보이는 그대로가 아닐까?'라는 궁극적으로 답이 없는 질문에 해결의 빛을 던지길 갈망한다. _벤저민 레슈치, 〈내셔널 포스트〉

━━━ 항상 그렇듯 말콤 글래드웰의 글은 숨이 턱 막힐 정도로 놀랍고 많은 생각을 불러일으킨다. 프라이라이히 이야기는 말콤 글래드웰이 그 유명한 '연결'을 시작하는 부분이다. _조 노세라, 〈뉴욕 타임스〉

━━━ 나는 말콤 글래드웰의 글은 다 읽을 것이다. 그는 어떤 주제든 대단히 흥미롭게 만들며 예상치 못한 통찰력을 준다. 그리고 유려하고 명쾌한 산문이 그 모두를 뒷받침한다. _스콧 번스, 〈휴스턴 크로니클〉

━━━ 말콤 글래드웰은 우리의 선입관과 달리 곤궁한 사람들, 장애가 있는 사람들, 탄압받는 사람들, 그리고 결정적으로 비친화적인 사람들이 남들의 생각에 신경 쓰지 않고 종종 삶에서 성공을 거둔다는 것을 보여준다. 팁을 주자면 책 마지막에 있는 주석을 놓치지 말고 읽기 바란다. 이 주석들이 생각보다 중요할 수 있다. _캐슬린 메드윅, 〈모어〉

━━━ 말콤 글래드웰의 전작들과 마찬가지로 《다윗과 골리앗》은 쉽게 이해할 수 있는 일화들 내에 미묘하고 매우 학술적인 생각들을 표현했다. 글래드웰은 박학다식하지만 자신의 증거들을 반박의 여지가 없도록 제시하는 것이 아니라 많은 생각을 불러일으키게끔 펼쳐놓는다. 이렇게 하려면 카리스마와 자신감이 필수인데 그에겐 확실히 이 두 가지가 있다. _세스 새틀리, 〈퍼블리셔스 위클리〉

━━━ 도발적이다. 《다윗과 골리앗》은 군더더기 없이 간결하고 매혹적인 책이다. 이 책에서 가장 교묘하고 매력적인 장은 인상파 운동과 대학 선택을 결합해서 우리가 보통 강점이라고 인식하는 명문교 합격 사실이 성공의 보증서가 아니라는 것을 강조한다. _존 윌월, 〈샌프란시스코 크로니클〉

━━━ 《다윗과 골리앗》은 약자들이 거인을 물리치는 놀라운 원리들을 검토한다. 말콤 글래드웰의 다른 저서들과 마찬가지로 이 책은 시사점이 많을 뿐 아니라 비즈니스 세계에서 피할 수 없는 진실인 교훈들을 공유한다. _알렉스 바나얀, 〈링크드인〉

───── 마음을 끄는 흥미진진한 책이다. 말콤 글래드웰은 통합의 대가다. 계속해서 베스트셀러를 내는 이 작가는 급진적 사고를 자랑하고 우리에게 선례를 따르라고 촉구한다. 이 책에서 반복적으로 등장하며 의도적으로 용기를 북돋워주는 주제는 거인의 실체 폭로다. _헬러 매알핀, 〈워싱턴 포스트〉

───── 말콤 글래드웰은 오랜 믿음과 가정의 대뇌피질로 들어가 뇌를 대전시키고 정신을 고양한다. 책을 다 읽고 나면 독자가 위쪽이 사실은 아래쪽이 아닌지, 혹은 해가 정말로 서쪽으로 지는지 의심할 수도 있을 정도다. 그의 주장들은 흥미진진한 사례들에 힙입어 대단히 흥미롭고 항상 많은 생각을 불러일으킨다. 모두 매우 반직관적이고 몰입하게 만든다. _제임스 맥고완, 〈토론토 스타〉

───── 이 흥미진진한 최신작에서 글래드웰은 약자의 힘을 탐구하고 실세계의 사례들을 이용하여 난관의 극복이 위대함으로 나아가는 열쇠가 될 수 있음을 보여준다. 《다윗과 골리앗》의 책장을 덮을 때면 당신도 인생에서 뭔가를 성취할 수 있을 것 같은 기분을 느낄 수밖에 없을 것이다. _제이슨 와콥, 〈마인드 바디 그린〉

DAVID AND GOLIATH